S0-CMQ-946

About the Author

Mary S. Metz is the Provost and Dean of Academic Affairs and Professor of French at Hood College, Frederick, Maryland. She received her B.A. degree in French from Furman University and her Ph.D. from Louisiana State University. She was a Fulbright scholar in Paris in 1962–1963. She has taught French in high school, at NDEA summer foreign language institutes, at the University of California at Berkeley, and at Louisiana State University. She has conducted numerous workshops in foreign language education and is a frequent speaker at foreign language conventions. In 1976–77 she served as Chairperson of the Southern Conference on Language Teaching and was elected to the Modern Language Association, Delegate Assembly 1976–78. Dr. Metz is coauthor of *Le Français à découvrir and Le Français à vivre.*

Acknowledgments

The author would like to thank the following persons or institutions for granting permission to use literary works contained in the text: *L'Express* for "La vie d'un ouvrier français" by Boris Kidel and "Se priver de vacances? Impossible"; Editions Gallimard for "Déjeuner du Matin," "Familiale," and "Il pleut, il pleut" from *Paroles* by Jacques Prévert; Editions Stock for "Dualisme" from *Toi et moi* by Paul Géraldy; Rina Lasnier for her "Chanson" from *Images et Proses; Le Figaro* for "Une collection de haute couture" by Pierre Fisson; Librairie Hachette for "Les grands ensembles" from *Les Délices des grands ensembles* by Henri Kubnik; Editions de la Table Ronde for *Antigone* from *Nouvelles pièces noires* by Jean Anouilh; Librairie Plon for "Départ pour la France" from *L'Enfant noir* by Camara Laye and "L'Evasion" from *L'Armée des ombres* by Joseph Kessel; *Le Nouvel Observateur* for "Les visiteurs sans bagages" by Michèle Kespi; Marcel Pagnol for his *Marius.*

Reflets du monde français could not have been prepared without the help of many. The author expresses her appreciation to the excellent Foreign Language Editorial Staff of McGraw-Hill Book Company and is especially grateful to Jane Porter Chandler, Kay Martin, and Sheryl Schertz for their assistance in the preparation of the manuscript, and to Jean-Paul Mas who served as native informant.

The author is also indebted to the French Government Tourist Office for permission to include the photographs on pages 10, 58, 62, 106, 109, 112, 119, 126, 128, 209, 310, 314, 360, 362, 369, 371, 376, 377, 380, 386, 397, 400, 403, 404, 406, and 409; to the French Embassy Press and Information Division for the photographs on pages 17, 20, 81, 88, 90, 108, 140, 151, 163, 178, 236, 238, 240, 346, 348, 350, 359; to the French Cultural Services for the photograph on page 170; to Régie Autonome des Transports Parisiens for the photograph on page 71; to Vandamm Studios for the photographs on pages 166 and 169; to the Heritage Theatre Production of *Antigone* for the photograph on page 174; to Patrick Le Lamer for the photograph on page 176; to the Canadian Government Office of Tourism for the photographs on pages 279, 284, and 288 and to the S.N.C.F. for the photographs on pages 292, 298, and 302.

Preface

Reflets du monde français, Second Edition, with its accompanying *Cahier d'Exercices,* Tests, Tapes, and Instructor's Manual is a fully articulated program for French at the intermediate level. It is designed to follow any basic program for French at earlier levels. As the title indicates, cultural, conversational, and literary selections represent a wide range of areas within the French-speaking world, from a geographical as well as a social point of view.

Reflets du monde français, Second Edition, was designed to be comprehensive in its approach. Intermediate French classes vary radically in their needs and abilities, especially in the areas of vocabulary development, grammar proficiency, and reading skill. The textbook presentation in all of these areas is very thorough. The teacher is provided with a complete battery of materials from which to select for various types of classes and students. Under no circumstances should the teacher feel compelled to use all the material. The format of the book permits the omission of entire lessons or sections within any lesson. The vocabulary exercises and the reading selections and conversations can be done independently of the grammar section. The literary selections are separate entities which can be used at the discretion of the teacher.

The second edition of *Reflets du monde français* combines language and culture for students who have studied the basic concepts of French. In this new edition, all lessons have been shortened for quick mastery of small, intensive units of material. Alternating units are either cultural or historical narratives, or conversations dealing with practical tourist or career-oriented vocabulary and expressions. Every fifth unit is a literary selection for those students ready or able to read literature. These units are truly optional, as they contain no structure practice and are not included in the tests (one exception is the last unit in the book, *Marius,* which does contain grammatical concepts). A major goal in this second edition of *Reflets du monde français* has been the promotion of realistic cultural insight with minimal language difficulty.

Each section of each chapter has been organized to assist students of French to grow in language ability and cultural understanding. *Reflets du monde français,* Second Edition, provides a rich source of vocabulary expansion and development, interesting, relevant reading, and a comprehensive review of grammatical concepts and useful conversation. The format has been determined by the most recent studies on reading readiness which indicate that a thorough knowledge of the spoken language is essential to successful reading.

The following is a description of the elements to be found in the 17 culture or conversation units:

Vocabulaire actif

In order to prepare the student orally for fluent reading and direct compre-hension in French, individual words and expressions have been selected from the cultural reading or conversation for pre-reading introduction. Each word or expression is defined or explained in French and is used in a contextual sentence. Familiarity with these new expressions will enable the students to read with greater facility and thus greater enjoyment.

Exercices de vocabulaire

The purpose of these exercises is to assist the students in mastering the vocabulary which they will encounter in the reading or conversation to follow. Too often at the intermediate level, students' active vocabularies stop growing because they don't have an opportunity to practice new words as they did in the beginning levels. It is the goal of these exercises to afford students that practice.

Culture *(odd-numbered lessons)*
Conversation *(even-numbered lessons)*

Each reading selection has been chosen or written to provide greater cultural insights for students of French. High interest level has been a prime requisite in determining the selections to be included. Important passive vocabulary has been sidenoted and defined for the students' reading pleasure.

Each conversation unit provides active, useful vocabulary and idiomatic ex-pressions which will be of assistance to the student in traveling and living in French-speaking countries or areas. The conversation is not intended to be memorized. As in the cultural or historical readings, the sidenotes which accom-pany each *Conversation* will enable students to read with greater facility.

Questions

Following the reading selections and the conversations, questions are used to expand the students' understanding of the text and their ability to verbalize their comprehension. The questions appear in the same order as the events of each cultural reading or conversation so that they may be asked either during reading practice in class or used for individual work outside of class.

Grammaire

Reflets du monde français, Second Edition, provides a comprehensive review of the grammatical concepts of the French language. There are ample oral drills to reinforce each concept. The drill material is organized logically to help the students learn without unnecessary complications. Each grammatical concept is stated simply and succinctly in English with example sentences to illustrate the concept. The grammatical explanation is followed by a variety of drills to practice the concept just stated. This mini-lesson format enables concentrated reinforcement of a small amount of material at a time. Many drills are appropriate for oral and written practice and a multitude of additional written excercises for each lesson appear in the accompanying *Cahier d'Exercices*.

Composition

Each *Culture* lesson ends with *Composition*. These theme suggestions and specific composition questions based on the cultural reading are included to guide the students into correct composition. These suggestions and questions offer several levels of difficulty to permit success for all types of students.

Questions à discuter

Each *Conversation* lesson ends with *Questions à discuter*. These conversation suggestions are included to make use of the vocabulary and expressions presented in the *Conversation* and to stimulate improvised conversation on a related theme. Here, too, a variety of levels of difficulty will be apparent.

The *Littérature* lessons (every fifth lesson) include *Vocabulaire, Exercices de vocabulaire,* the literary selection with an introduction, *Questions,* and *Questions à discuter* as well as *Composition*.

Reflets du monde français, Second Edition, has been created to provide an effective teaching tool as well as an interesting, practical, and realistic means of learning.

MSM

Table of Contents

Culture

Première Leçon   DEUX VISAGES DE PARIS   7

present indicative of first-group verbs   11
spelling features of several regular -er verbs   11
first-group verbs ending in -yer   13
first-group verbs with -é- in the infinitive   14
first-group verbs with -e- in the infinitive   15
direct object pronouns   16
special use of the pronoun le   18

Conversation

Deuxième Leçon   L'ARRIVEE A L'AEROPORT DE PARIS   24

special verbs belonging to the first group   27
special problems of croire and voir   28
the variable base   29
reflexive verbs and reflexive pronouns   30
the negative reflexive   31
interrogative forms of reflexive verbs   32
the imperative of reflexive verbs   33
the present participle of first-group verbs   34

Culture

Troisième Leçon   LA VIE D'UN OUVRIER FRANÇAIS   42

adjectives   46
the partitive with adjectives which precede the noun   51
agreement of adjectives   52
negative patterns   53

Conversation

Quatrième Leçon   LE METRO ET LE BUS   63

regular second-group verbs   66
classification of second-group verbs   67
direct object pronouns in affirmative commands   73

Littérature LA POÉSIE CONTEMPORAINE   79

Culture

Cinquième Leçon UNE COLLECTION DE HAUTE COUTURE   94

adverbs 98
second-group verbs with an internal vowel change 102

Conversation

Sixième Leçon LE CONGÉ ANNUEL   110

comparative of adjectives and adverbs 113
superlative of adjectives and adverbs 114
second-group verbs with an internal vowel change 116
venir and *tenir* 117
second-group verbs with variable bases 117
usage of the present tense 120
present participle of second-group verbs 122
indirect object pronouns 123

Culture

Septième Leçon LES GRANDS ENSEMBLES   133

the imperfect tense of first- and second-group verbs 137
use of the imperfect tense 139
personne, rien, and *aucun/aucune* as the subject pronoun 142

Conversation

Huitième Leçon LE SKI   149

interrogative pronouns 152
the conversational past tense (*passé composé*) 154
    formation of the past participle 154
    the auxiliary verb of the conversational past tense 158
    agreement of the past participle 159
    interrogative patterns with the *passé composé* 160
    negative patterns with the conversational past tense 161

Littérature ANTIGONE   170

Culture

Neuvième Leçon LA CONDITION FÉMININE EN FRANCE   183

the conversational past tense (*passé composé*) 188
    être as the auxiliary verb 188
    the negative of reflective verbs in the conversational past tense 189

the interrogative of reflexive verbs in the conversational past
tense   189
other verbs requiring *être* as the auxiliary verb   191
usage of the conversational past tense   192
indirect object pronouns in affirmative commands   193

Conversation

Dixième Leçon   LES COURSES   201

adverbs of time, place, manner, and intensity   204
usage of adverbs   206
present subjunctive of first- and second-group verbs   210
verbs with internal vowel changes in the present subjunctive   211
verbs with variable bases in the present subjunctive   212
verbs with irregular bases in the present subjunctive   214

Culture

Onzième Leçon   LA FAMILLE FRANÇAISE D'HIER ET D'AUJOURD'HUI   222

usage of the subjunctive   227
impersonal expressions requiring the subjunctive   230
subordinating conjunctions requiring the subjunctive   231
other uses of the subjunctive   233

Conversation

Douzième Leçon   A LA POSTE   241

demonstrative adjectives and pronouns   245
the future tense of first- and second-group verbs   246
the future tense of regular -*er* verbs   247
verbs which use the 3rd person singular of the present tense as the
future stem   248
verbs with special future stems   249
usage of the future tense   249
pronouns *en* and *y*   253

Littérature   DEPART POUR LA FRANCE   263

Culture

Treizième Leçon   LE FAIT CANADIEN FRANÇAIS AU QUEBEC   276

stressed pronouns   280
the conditional tense of first- and second-group verbs   283
usage of the conditional tense   284
indirect interrogative pronouns   287

Conversation

Quatorzième Leçon   LA S.N.C.F.   294

    relative pronouns   297
    third-group verbs   300
    avoir   301
      formation   301
      usage   303

Culture

Quinzième Leçon   LES VISITEURS SANS BAGAGES   312
    être   315
      formation   315
      usage   317
    word order of object pronouns   321

Conversation

Seizième Leçon   CHEZ LE MEDECIN   328

    the literary past tense (*passé simple*)   331
      usage   331
      formation   331
    faire   336
      formation   336
      usage   338

Littérature   L'EVASION   351

Culture

Dix-Septième Leçon   SE PRIVER DE VACANCES? IMPOSSIBLE!   365

    faire in causative construction   370
    aller   374
      formation   374
      usage   376
    direct and indirect object pronouns in affirmative commands   381
    lequel as an interrogative pronoun   382

Littérature   MARIUS   389

    possessive pronouns   398
    savoir   400
    s'asseoir   405
    the compound tenses of French   409
    agreement of the past participle   411

Appendices verbs 415
vocabulary 426
index 435

Culture

Deux visages de Paris

Vocabulaire actif

mépriser — juger quelqu'un ou quelque chose indigne d'estime ou de respect
Un héros méprise le danger.

exprimer — communiquer par le langage, les actes, les traits du visage, etc.
Cet homme exprime bien ses idées.

éprouver — éprouver un sentiment — le ressentir
L'enfant éprouve de la joie en retrouvant sa mère.

au milieu de — au centre de
Le gendarme est au milieu de la rue.

fréquenté, e — se dit d'un endroit où il y a habituellement du monde
La tour Eiffel est fréquentée par beaucoup de touristes.

Embouteillage

quai — m. passage dans une ville au bord d'un fleuve
J'aime me promener sur les quais de la Seine.

feuilleter feuilleter un livre — en tourner rapidement les pages
Je feuillette ce livre avant de l'acheter.

d'occasion un objet d'occasion — un objet qui n'est pas neuf et que l'on achète de seconde main
Mon père achète une voiture d'occasion.

durer continuer d'être
Le film a duré deux heures.

bout — m. partie située à l'extrémité d'un corps ou d'un espace
Nous allons nous promener jusqu'au bout du quai.

ancien, ancienne (avant le nom) — qui n'est plus en fonction (ancien ministre = ex-ministre)
Le discours de l'ancien ministre était intéressant.

II

sembler avoir une certaine apparence (syn. — avoir l'air)
Vous me semblez fatigué.

personnage — m. rôle dans une pièce de théâtre ou dans un roman
Quasimodo est un personnage dans un roman de Victor Hugo.

se rendre compte de avoir conscience de quelque chose
Le Parisien se rend compte des problèmes des grandes villes.

plat — m. pièce de vaisselle de table plus grande et plus creuse qu'une assiette; son contenu
Le garçon sert un plat de poisson.

patron, patronne personne qui dirige une entreprise commerciale
La patronne du restaurant est près de la porte.

achat — m. objet acheté
Je sors pour faire les achats.

vivre être en vie; habiter
Mon oncle vit à Paris près de la place de la Concorde.

embouteillage — m. un encombrement qui empêche la circulation normale des voitures
Il y avait un embouteillage terrible à la place d'Italie.

foule — f. multitude de personnes
Il y a une foule dans le métro à six heures.

échapper sortir de quelque chose; quitter par la ruse ou par la force quelqu'un qui veut vous retenir
Le prisonnier a échappé à ses gardiens.

congé — m. période de cessation de travail, courtes vacances
Les employés ont trois jours de congé cette semaine.

début — m. commencement
Il est parti au début du dernier acte.

EXERCICES DE VOCABULAIRE

I

A Répondez d'après le modèle.

> Modèle: Est-ce que le criminel respecte les agents de police?
> Non, il méprise les agents de police.

1   Est-ce que l'enfant respecte ses parents?
2   Est-ce que l'ouvrier respecte ses supérieurs?
3   Est-ce que le directeur respecte ses employés?

B Répondez aux questions suivantes en employant la réponse donnée.

1   Comment le professeur exprime-t-il ses idées? (clairement)
2   Qu'est-ce que cette poésie exprime? (la tristesse du poète)
3   Pourquoi éprouvez-vous de l'appréhension? (parce que je suis perdu)
4   Qui éprouve de la peur? (la petite fille)

C Répondez d'après le modèle.

> Modèle: La voiture est-elle au centre de la rue?
> Oui, elle est au milieu de la rue.

1   La cathédrale de Notre-Dame est-elle au centre de Paris?
2   L'agent de police est-il au centre du carrefour?
3   L'Arc de Triomphe est-il au centre de la place Charles de Gaulle?

D Répondez aux questions suivantes en employant la réponse donnée.

1   Est-ce que ce restaurant est fréquenté par les Parisiens ou par les provinciaux? (par les provinciaux)

2 Est-ce que cet hôtel est fréquenté par les provinciaux ou par les étrangers? (par les étrangers)
3 Où les touristes se promènent-ils? (sur les quais)
4 Où avez-vous acheté ce livre? (là-bas sur le quai)
5 Qu'est-ce que vous feuilletez? (un roman de Victor Hugo)
6 Qui feuillette ce livre? (l'étudiant)
7 Qu'est-ce que vous achetez? (un livre d'occasion)
8 Allez-vous acheter une nouvelle bicyclette? (non... une bicyclette d'occasion)
9 Depuis combien de temps la fête dure-t-elle? (depuis deux jours)
10 Combien de temps la pièce dure-t-elle? (trois heures)

E   Répondez d'après le modèle.

   Modèle: Le pont Saint-Louis se trouve-t-il au milieu de l'île?
             Non, il se trouve au bout de l'île.

1   Le restaurant se trouve-t-il au milieu de l'avenue?
2   La fontaine se trouve-t-elle au milieu du jardin?
3   L'entrée du métro se trouve-t-elle au milieu de la rue?

   Modèle: Est-ce le professeur de votre frère?
             Non, c'est l'ancien professeur de mon frère.

4   Est-ce le président des États-Unis?
5   Est-ce une résidence royale?
6   Est-ce le ministre de l'Éducation?

II

F   Répondez d'après le modèle.

   Modèle: Les élèves ont l'air de rêver.
             C'est vrai. Ils semblent rêver.

1   Cette petite fille a l'air de pleurer.
2   Ce pauvre enfant a l'air triste.
3   Les ouvriers ont l'air fatigués.

G   Complétez les phrases suivantes en employant le mot *personnage*.

1   Dans cette pièce il y a trois _____ .
2   On admire les _____ de Balzac.
3   Mme Bovary est un _____ dans un roman de Flaubert.

H Répondez aux questions suivantes en employant la réponse donnée.

1 De quoi est-ce que le touriste se rend compte? (de l'importance de ce voyage)
2 Est-ce que le professeur se rend compte de mon absence? (oui)
3 Qu'est-ce qu'on sert comme plat de viande? (du rosbif)
4 Comment trouvez-vous ce plat? (très bon)
5 A qui est-ce que je dois donner l'argent? (à la patronne)
6 De quoi est-il le patron? (d'une usine)
7 Qu'est-ce que la femme montre? (son nouvel achat)
8 Pourquoi allez-vous au marché? (pour faire des achats)

I Dans les phrases suivantes, remplacez *habiter* par *vivre*.

1 Mon ami habite dans un vieil appartement du Quartier latin.
2 Ça fait trois ans que les Boudreaux habitent à Lyon.
3 Où est-ce que ces ouvriers habitent?

J Complétez les phrases suivantes en employant le mot *embouteillage*.

1 Cet _____ est affreux; on n'avance point!
2 Entre six et sept heures il y a toujours des _____ à Paris.
3 Nous avons perdu une heure dans un _____.

K Répondez aux questions suivantes en employant la réponse donnée.

1 Qu'est-ce qu'il y a devant le théâtre? (une foule de spectateurs)
2 Qu'est-ce qu'il y a dans l'amphithéâtre? (une foule d'étudiants)
3 Pourquoi changez-vous d'appartement? (pour échapper au bruit)
4 Pourquoi quittez-vous Paris? (pour échapper à la pollution)
5 Combien de semaines de congé les ouvriers ont-ils? (quatre semaines)
6 Qu'est-ce que les employés demandent? (deux jours de congé)
7 Quand allez-vous en France? (au début des vacances d'été)
8 Quand est-ce que l'enfant est tombé malade? (au début de la semaine)

Deux visages de Paris

s'étend (stretches)

La France, ce n'est pas Paris; ce n'est pas la campagne. C'est un pays très varié qui s'étend de Dunkerque à Perpignan, de Strasbourg à Brest. Jules Michelet, historien français du dix-neuvième siècle, avait raison quand il a écrit: «Il ne faut pas prendre la France pièce à pièce; il faut l'embrasser dans son ensemble...»

Mais, pour l'étranger et pour beaucoup de Parisiens, la France, c'est Paris et ils méprisent ou ignorent le reste du pays. C'est dommage, mais c'est comme ça. Sacha Guitry, acteur et directeur de films, a bien exprimé la dévotion que certains gens éprouvent pour Paris: «Etre Parisien, ce n'est pas être né à Paris, c'est y renaître.»

renaître naître de nouveau (to be born again)
nier ne pas admettre comme vrai

On ne peut pas nier l'importance de cette ville historique et moderne. Mais, il faut admettre que Paris a deux visages; l'un vu par le touriste et l'autre par les gens qui y vivent. Un provincial a décrit Paris de cette façon: «Paris est la plus belle des villes quand on y passe, la plus dure quand on y habite et travaille.»

attirés (attracted)

Les touristes du monde entier sont attirés à Paris par les trésors que la ville a hérités pendant près de deux mille ans. L'histoire de Paris remonte au deuxième siècle avant Jésus-Christ quand des pêcheurs appartenant à la tribu celtique des Parisii se sont installés sur l'île de la Cité. Six cents ans plus tard l'île a pris le nom de ses premiers habitants et est devenue Paris.

remonte se reporte à une date antérieure
pêcheurs (m.) personnes qui essaient d'attraper des poissons
appartenant à faisant partie de
tribu (f.) groupement de familles

Si Paris est le cœur de la France, l'île de la Cité est sûrement le cœur de Paris. L'île se trouve au milieu de la Seine en plein centre de la ville. C'est le quartier le plus fréquenté par les touristes à cause de ses magnifiques souvenirs historiques et ses belles perspectives sur la Seine. A toute heure, il y a des promeneurs qui «font les quais» et s'amusent à feuilleter les livres d'occasion que les «boîtes» des bouquinistes offrent aux curieux.

boîtes (f.) (display cases)

L'île de la Cité est dominée par la cathédrale de Notre-Dame dont la construction a commencé en 1163 et a duré presque deux cents ans. Notre-Dame est connue non seulement comme la première des grandes cathédrales gothiques mais aussi pour les cérémonies qui y ont eu lieu: couronnements, mariages, processions religieuses, services funèbres. ⑬

A l'autre bout de l'île se trouvent le Palais de Justice — ancienne résidence royale — et la Conciergerie où Marie-Antoinette, Charlotte Corday et Mme du Barry ont été emprisonnées pendant la Révolution. En tout, plus de deux mille prisonniers sont partis de la Conciergerie vers les trois guillotines de Paris. ⑯

Dans une cour du Palais de Justice s'élève la Sainte-Chapelle, construite par Saint Louis pour abriter des reliques. Les vitraux de la Sainte-Chapelle sont les plus anciens et les plus beaux de Paris.

ont eu lieu (took place)
couronnements (m.)
(coronations)
funèbres (funeral)

abriter préserver
vitraux (m. pl.) (stained glass windows)

II

Le promeneur qui traverse le pont Saint-Louis, derrière la cathédrale, arrive sur l'île Saint-Louis une toute petite île résidentielle qui semble se détacher de la ville. Les premiers résidents qui y sont venus au dix-septième siècle étaient des seigneurs, des magistrats, des financiers et des commerçants. Ils ont fait construire de très jolies maisons de décor classique. L'île Saint-Louis est devenue le quartier le plus chic et le plus cher de Paris; mais tous les habitants de l'île ne sont pas riches.

Si l'on se promène le long de la seule rue commerciale de l'île, la rue Saint-Louis-en-l'Ile, on verra des boulangeries, des boucheries et des boutiques de toutes sortes. Presque tous ces commerces sont des affaires de famille. Le restaurant «Quasimodo» qui porte le nom d'un des personnages de *Notre-Dame de Paris,* un roman de Victor Hugo, est un exemple parfait de cette tradition française d'entreprise familiale. C'est un petit restaurant sur le quai d'Orléans, qui, nuit et jour, offre à ses clients une vue magnifique sur la cathédrale. Il est probable que le touriste qui déjeune agréablement au «Quasimodo» ne se rend pas compte de ce qu'on fait pour lui servir les plats qu'il trouve si bons. Il ne sait peut-être pas que le patron se lève à cinq heures du matin pour faire les achats et que la patronne et sa nièce travaillent dans le restaurant seize heures par jour. Ils profitent peu des divertissements possibles à Paris — les théâtres, les cinémas, les cabarets — car ils n'ont guère le temps.

Un Français sur cinq vit à Paris, la capitale économique et politique de la France. Depuis longtemps, de nombreux provinciaux montent à Paris pour chercher un emploi, car la région parisienne contient la moitié des activités commerciales et financières du pays. Comme toutes les grandes villes, Paris a des problèmes : le bruit, la pollution, les embouteillages, les prix élevés.

Le soir quand les bureaux et les magasins se ferment, la foule se presse sur les trottoirs, s'entasse dans les bus et envahit le métro et les trains de banlieue. La circulation automobile devient très animée. A-t-il le temps d'admirer la cathédrale de Notre-Dame, la Sainte-Chapelle et l'île St-Louis, celui qui a travaillé huit heures et souffert pendant deux heures dans l'atmosphère asphyxiante des bus et du métro ? Il est certain que le touriste, le vacancier et celui qui n'est pas pressé apprécient davantage les charmes de la capitale.

Bien que Paris soit un lieu de détente pour le touriste, l'ouvrier qui vit et travaille à Paris veut échapper à l'enfer du monde moderne pendant ses jours de congé. Par conséquent, le week-end on voit un grand nombre d'automobilistes qui quittent la ville. Mais, c'est au début des grandes vacances d'été que Paris se vide de ses habitants. Un long cortège de vacanciers de juillet et d'août avance lentement vers la mer et la campagne. A vrai dire, le Parisien, loin de la capitale, est heureux de revivre un peu.

trottoirs (m.) endroits réservés aux piétons
s'entasse se rassemble dans un endroit trop étroit
envahit remplit entièrement
banlieue (f.) quartier périphérique d'une ville

davantage plus

détente (f.) diminution de la tension, de la fatigue
enfer (m.) lieu où l'existence est insupportable

se vide perd

cortège (m.) défilé, procession

QUESTIONS   Répondez aux questions suivantes d'après le texte.

I

1   La France, est-ce Paris ? Est-ce la campagne ? Qu'est-ce que c'est alors ?
2   Quelle idée fausse est-ce que l'étranger a de la France ?
3   Selon Sacha Guitry, faut-il être né à Paris pour être Parisien ?
4   Quels sont les deux visages de Paris ?
5   Pourquoi est-ce que les touristes viennent à Paris ?
6   D'où vient le nom Paris ?
7   Où se trouve l'île de la Cité ?
8   Qu'est-ce qu'il y a à toute heure le long de la Seine ?
9   Comment ces promeneurs s'amusent-ils ?
10   Où se trouve la cathédrale de Notre-Dame ?
11   En quel style Notre-Dame a-t-elle été construite ?
12   Quelles sortes de cérémonies ont eu lieu dans la cathédrale ?
13   Qu'est-ce qui est une ancienne résidence royale ?
14   Où est-ce que Marie-Antoinette a été emprisonnée ?
15   A quelle époque y avait-il trois guillotines à Paris ?
16   Qui a fait construire la Sainte-Chapelle ? Pourquoi ?
17   Comment sont les vitraux de la Sainte-Chapelle ?

1 Où se trouve le pont Saint-Louis?
2 En quel style sont les maisons de l'île Saint-Louis?
3 Quel quartier est le plus chic et le plus cher de Paris?
4 Qu'est-ce que le promeneur verra le long de la rue Saint-Louis-en-l'île?
5 Qui était Quasimodo?
6 A quelle heure le patron du «Quasimodo» se lève-t-il? Pourquoi se lève-t-il si tôt?
7 Qui travaille dans le restaurant seize heures par jour?
8 Un Français sur combien vit à Paris?
9 Qu'est-ce que la région parisienne contient?
10 Quels sont les problèmes de Paris?
11 Quels sont les moyens de transport principaux à Paris?
12 Qui apprécie davantage Paris — l'ouvrier ou le touriste?
13 Quand est-ce que Paris se vide de ses habitants?

Promeneurs

GRAMMAIRE

In the present tense, French verbs are classified into three groups. The first of these groups contains the regular −er verbs, such as *parler*. The present tense of this group of verbs is typified by *three* pronounced forms and *five* written forms. The pronunciation of the third person singular is identical to the pronunciation of the third person plural. More French verbs belong to the regular −er group than to any other group.

parler	**verb base = ils parlent**
je parle	nous parlons
tu parles	vous parlez
on parle	
il parle	ils parlent
elle parle	elles parlent

The three pronounced forms are identical to the pronunciation of the imperatives (command forms).

Parle.	Parlons.	Parlez.

Notice that the *s* is dropped from the 2nd person singular *tu parles* to form the command *parle*.

SPELLING FEATURES OF SEVERAL REGULAR −ER VERBS

Verbs belonging to the first group which end in −cer add a cedilla to the c before the letters *a* and *o* in order to maintain the pronunciation /s/.

commencer — nous commençons

Verbs which end in –*ger* add an e after the *g* before *a* and *o* in order to maintain the pronunciation /ʒ/.

changer — nous changeons

EXERCICES I   Suivez les modèles.

Modèle: Je pense déjà aux vacances de Noël.
           Moi aussi, je pense aux vacances de Noël.

1 Je sonne à la porte.   2 Je change de classe.   3 J'aime la musique classique.

Modèle: J'étudie le français.
           Nous aussi, nous étudions le français.

4 J'arrive souvent en retard.   5 J'éprouve de la joie.   6 Je rêve de voyager en France.

II   Dites à ...

1 Dites à un ami de (regarder le livre.)   2 Dites à un ami de (passer les papiers.)   3 Dites à une amie de (jurer de dire la vérité.)   4 Dites à quelqu'un d'apporter de l'eau.)   5 Dites à quelqu'un d'expliquer la leçon. 6 Dites à quelqu'un de changer l'assiette.

III   Répondez affirmativement.

1 Rêvez-vous de voyager en France?   2 Les étudiantes écoutent-elles le professeur?   3 La patronne semble-t-elle dormir?   4 Aidons-nous les enfants?   5 Le patron méprise-t-il ses employés?   6 Le concert dure-t-il plus d'une heure?   7 Les vacanciers échappent-ils à la ville?

IV   Demandez à quelqu'un...

1 Demandez à quelqu'un s'il arrive toujours en retard.   2 Demandez à quelqu'un si elle change de classe.   3 Demandez à quelqu'un s'il étudie le russe.

Au marché

FIRST-GROUP VERBS ENDING IN −*YER*

Certain first-group verbs which end in −*yer* in the infinitive, such as *envoyer, nettoyer, employer, payer, essayer,* and *ennuyer,* involve an internal spelling and pronunciation change that must be noted.

nettoyer   **verb base = ils nettoient**

je nettoie	nous nettoyons
tu nettoies	vous nettoyez
on nettoie	
il nettoie	ils nettoient
elle nettoie	elles nettoient

EXERCICES· I   Répondez d'après le modèle.

Modèle: Je nettoie ma chambre. Et toi?
               Moi aussi, je nettoie ma chambre.

1 Je paie mes dettes. Et toi?   2 J'envoie la lettre par avion. Et toi?
3 J'essaie de finir la leçon. Et vous?   4 J'envoie des cartes postales. Et vous?

II   Demandez à quelqu'un...

1 Demandez à quelqu'un s'il emploie une femme de ménage. 2 Demandez à quelqu'un si elle envoie le paquet. 3 Demandez à quelqu'un s'il nettoie le salon.

III   Dites à un ami...

1 Dites à un ami d'employer un crayon. 2 Dites à une amie d'essayer le plat de viande. 3 Dites à une amie de payer la facture.

FIRST-GROUP VERBS WITH –É– IN THE INFINITIVE

First-group verbs which have –é– in the next to the last syllable of the infinitive, such as *céder, considérer, compléter, préférer, interpréter, répéter,* and *espérer,* undergo an internal vowel change. The spelling –é– will occur in the 1st and 2nd person plural forms; –è– will occur in all other forms.

céder	verb base = ils cèdent
je cède	nous cédons
tu cèdes	vous cédez
on cède	
il cède	ils cèdent
elle cède	elles cèdent

EXERCICES

I   Répondez affirmativement.

1 Préférez-vous ce restaurant? 2 Espérez-vous échapper à la ville? 3 Complétez-vous vos achats? 4 Nous espérons passer les vacances à Strasbourg. Et Marc? 5 Nous répétons le poème. Et Denise? 6 Nous complétons le travail. Et Hélène?

II   Demandez à ...

1 Demandez à un ami s'il complète la lecture. 2 Demandez à une amie si elle préfère aller à pied. 3 Demandez à un ami s'il espère faire du ski. 4 Demandez à quelqu'un où il préfère dîner. 5 Demandez à quelqu'un pourquoi elle cède aux demandes du professeur. 6 Demandez à quelqu'un comment elle préfère voyager.

Ouvrier

VERBS WITH −*E*− IN THE INFINITIVE

Some other regular −er verbs, such as *lever, acheter, mener, promener, peser,* and *geler,* contain the spelling −e− in the next to the last syllable of the infinitive. When written, the −e− becomes −è− in all forms except the 1st and 2nd person plural forms. The pronunciation of the vowel changes also.

lever	**verb base = ils lèvent**
je lève	nous levons
tu lèves	vous levez
on lève	
il lève	ils lèvent
elle lève	elles lèvent

Some verbs, such as *appeler, jeter,* and *feuilleter,* follow the same pronunciation pattern as that of *lever,* but instead of using the spelling −è− to represent the pronunciation /ɛ/, the following consonant is doubled.

jeter	verb base = ils jettent
je jette	nous jetons
tu jettes	vous jetez
on jette	
il jette	ils jettent
elle jette	elles jettent

Notice that in spite of these internal variations, these verbs are regular –er conjugation verbs.

EXERCICES **I** Répondez aux questions suivantes en employant la réponse donnée.

1 Qu'est-ce que vous achetez? (un livre d'occasion) [2 hand] 2 Qu'est-ce que vous jetez? (mes devoirs d'hier) 3 Combien est-ce que vous pesez? (soixante kilos)

II Dites à...

1 Dites à une amie d'appeler un taxi. 2 Dites à un ami d'acheter ce dictionnaire. 3 Dites à une amie d'amener son ami à la surprise-partie. [vous achetez]

III Répondez affirmativement.

1 Le garçon lève-t-il la main? 2 Pesons-nous nos bagages maintenant?
3 Appelez-vous le patron? 4 Est-ce que les enfants achètent des bonbons?

DIRECT OBJECT PRONOUNS

The forms of the direct object pronouns of French are conditioned by the verb which they precede.

VERB BEGINNING WITH CONSONANT	VERB BEGINNING WITH VOWEL
me	m'
te	t'
le	
la	l'
les	les
nous	nous
vous	vous
les	

Contrastes

When the verb begins with a vowel, the liaison sound /z/ will be pronounced between the pronouns *les, nous, vous* and the verb.

The position of the direct object pronoun is immediately before the verb, except in the affirmative command.

Affirmative sentence:	Je l'accepte.
Negative sentence:	Il ne **la** donne pas.
Affirmative question:	**Me** regardez-vous? Est-ce que vous **me** regardez?
Negative question:	Ne **m'**appelez-vous pas? Est-ce que vous ne **m'**appelez pas?
Negative command:	Ne **me** regarde pas.
Affirmative command:	Oubliez-**le**.

If the verb is in a compound tense, the pronoun precedes the auxiliary verb.

> Affirmative sentence: Je **vous** ai invité hier.
> Negative sentence: Il ne **l'**a pas regardé.

Direct object pronouns precede *voici* and *voilà*.

> **Me** voici.   **Le** voilà.

When the pronoun is the direct object of an infinitive, it precedes the infinitive.

> Je vais **l'**acheter.
> Nous voulons **les** donner.
> Elle commence à ne pas **les** aimer.

SPECIAL USE OF THE PRONOUN *LE*

The pronoun *le* can be used to represent a complete idea.

> Croyez-vous **qu'il arrive aujourd'hui?** Oui, je **le** crois.
> Pensez-vous **qu'il parle bien?** Non, je ne **le** pense pas.

EXERCICES   I   Répondez affirmativement aux questions suivantes en employant le pronom objet direct.

Modèle: Préparez-vous votre leçon?
                Oui, je la prépare.

1 Cherche-t-elle le crayon?   2 Exprime-t-elle ses idées?   3 Méprise-t-il sa mère?   4 Regardes-tu la foule?   5 Achètent-ils les livres d'occasion?   6 M'invite-t-il à la surprise-partie?   7 Me cherche-t-elle?   8 Me regarde-t-elle attentivement?

II Dites à un ami... Employez le pronom objet direct.

1 Dites à Marie que vous l'amenez au cinéma. 2 Dites à Joseph que vous le cherchez. 3 Dites à Henri que vous l'écoutez.

III Répondez négativement aux questions suivantes en employant le pronom objet direct.

1 Regardez-vous le quai? 2 Invitent-elles les garçons? 3 M'aimez-vous? 4 Nous aide-t-il à travailler? 5 Vous envoie-t-on au bureau de poste?

IV Dites à quelqu'un... Employez le pronom objet direct.

1 Dites à quelqu'un de ne pas exprimer ces idées. 2 Dites à quelqu'un de ne pas fermer la valise. 3 Dites à quelqu'un de ne pas oublier les billets. 4 Dites à quelqu'un de ne pas nous mépriser. 5 Dites à quelqu'un de ne pas vous appeler avant huit heures.

V Répondez affirmativement d'après le modèle.

> Modèle: Allez-vous chercher les livres?
>   Oui, je vais les chercher.

1 Allez-vous acheter la robe? 2 Allez-vous prendre les billets? 3 Allez-vous feuilleter le livre? 4 Allez-vous jeter les papiers?

VI Répondez affirmativement ou négativement comme vous voulez en employant le pronom *le*.

> Modèle: Pensez-vous qu'il arrive à l'heure?
>   Oui, je le pense.
>   Non, je ne le pense pas.

1 Pensez-vous qu'il aime cette jeune fille? 2 Pensez-vous que beaucoup de touristes fréquentent la tour Eiffel? 3 Pensez-vous que les patrons du «Quasimodo» travaillent beaucoup? 4 Pensez-vous que les ouvriers vivent bien à Paris?

COMPOSITION 1 Quels sont les plaisirs de visiter Paris? Quels sont les avantages et les inconvénients de vivre à Paris? Faites une conversation entre une personne qui visite Paris et une personne qui habite Paris.
2 Décrivez la visite d'un couple américain à Paris.
3 Dans un paragraphe, décrivez les différences que vous imaginez entre une ville comme Paris et une grande ville aux Etats-Unis.

Conversation

L'arrivée à l'aéroport de Paris

Vocabulaire actif

vol — m.   déplacement d'un avion ou d'un oiseau dans l'atmosphère
Il y a deux heures de vol entre ces deux villes.

aéroport — m.   installations pour le trafic aérien
Beaucoup de touristes arrivent à l'aéroport d'Orly.

atterrir   se poser à terre
L'avion atterrit à l'heure exacte.

homme ou femme   quelqu'un qui gagne sa vie par des activités d'ordre commercial,
d'affaires — m. ou f.   industriel ou financier
Cet homme d'affaires fait son premier voyage en France.

encombrer   causer un embarras, un obstacle par accumulation
Ces valises encombrent la salle.

récupérer   reprendre, retrouver
On récupère les valises ici.

Le Concorde à Orly

Orly

EXERCICES DE VOCABULAIRE

Répondez aux questions suivantes en employant la réponse donnée.

1 Quel vol préférez-vous entre Paris et Rome? (le vol de nuit)
2 Que regardez-vous à la télévision? (le vol des cosmonautes)
3 Quels sont les aéroports principaux de Paris? (Orly, Le Bourget et Charles-de-Gaulle)
4 Comment est-ce que le Président est arrivé à l'aéroport? (en hélicoptère)
5 Qu'est-ce qui vient d'atterrir? (un avion supersonique) *landing*
6 A quelle heure l'avion atterrit-il? (à trois heures dix)
7 Cet homme-là est-il professeur ou homme d'affaires? (homme d'affaires)
8 Où va cet homme d'affaires? (de New York à Londres)
9 Le trafic aérien est-il encombré? (pas en cette saison)
10 Les rues sont-elles encombrées d'autos? (pas à cette heure)
11 Où est-ce qu'on récupère les valises? (dans la salle des bagages)
12 Récupérez-vous votre valise maintenant? (non... pas tout de suite)

L'ARRIVÉE Á L'AÉROPORT DE PARIS

relient rapprochent

accroissement (m.)
augmentation
aérien relatif à l'air

Pour l'étranger qui veut visiter Paris et qui préfère la vitesse de l'avion, le voyage est facilement effectué. Plusieurs vols par jour relient Paris et les autres grandes villes du monde. L'aéroport de Paris a trois centres qui se partagent le trafic international: Orly au sud-est de la ville, au nord-est Le Bourget où Charles Lindbergh a atterri en 1927 et Charles-de-Gaulle à Roissy-en-France, un nouvel aéroport que l'accroissement du trafic aérien et l'évolution des avions ont rendu nécessaire. Roissy-en-France se trouve à dix-sept kilomètres de Paris par l'autoroute du Nord. C'est à Roissy que les gros porteurs «Jumbo Jet» de 500 à 1.000 passagers et les avions supersoniques, *Concorde* et autres, atterrissent.

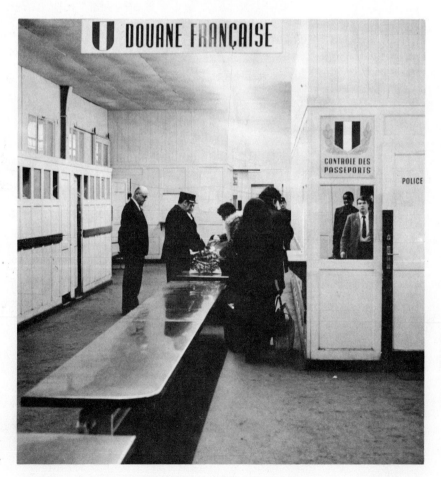

A la douane

L'arrivée à l'aéroport de Paris

Un homme d'affaires arrive de New York à l'aéroport Charles-de-Gaulle. Il compte rester quelques jours à Paris pour s'envoler ensuite vers l'Italie. Il bavarde avec un steward et une hôtesse de l'air qui l'accompagnent de sa descente de l'avion jusqu'à la douane.

s'envoler partir en avion
bavarde parle
douane (f.) (customs)

L'HOMME D'AFFAIRES
Enfin arrivés! Ces voyages en avion fatiguent toujours un peu.

inquiétude (f.) peur
atterrissage (m.) l'acte de se poser à terre

L'HÔTESSE DE L'AIR
C'est probablement à cause de l'inquiétude pendant l'atterrissage.

L'HOMME D'AFFAIRES
J'espère que les formalités à la douane seront rapides. J'ai un rendez-vous à cinq heures.

LE STEWARD
Je pense que oui. En cette saison, le trafic aérien n'est pas encombré.

L'HOMME D'AFFAIRES
Au revoir, mademoiselle et monsieur. Merci.

L'HÔTESSE DE L'AIR
Je vous souhaite un bon séjour à Paris. Au revoir, monsieur.

L'HOMME D'AFFAIRES
Ah! Une question. Où est-ce qu'on récupère les bagages?

L'HÔTESSE DE L'AIR
Dans la salle des bagages qui se trouve au premier étage.

L'homme d'affaires récupère ses bagages et se présente à la douane.

LE DOUANIER
Vous avez quelque chose à déclarer?

L'HOMME D'AFFAIRES
Non, rien de spécial à part quelques paquets de cigarettes, une caméra et un appareil de photo.

caméra (f.) appareil destiné à faire un film

| LE DOUANIER | Ouvrez cette valise, s'il vous plaît. |
| L'HOMME D'AFFAIRES | Voilà. |

douanier (m.) agent de la douane **fouille** explore minutieusement

Le douanier fouille et examine le contenu de la valise. Puis il laisse passer l'homme d'affaires, qui se présente ensuite à l'officier d'immigration.

L'OFFICIER D'IMMIGRATION	Votre passeport, s'il vous plaît.
L'HOMME D'AFFAIRES	Voilà.
L'OFFICIER D'IMMIGRATION	Combien de temps comptez-vous rester en France?
L'HOMME D'AFFAIRES	Une semaine au maximum.
L'OFFICIER D'IMMIGRATION	Merci, monsieur. Passez.

QUESTIONS Répondez aux questions suivantes d'après le texte.

1 Pour le touriste qui préfère voyager en avion, le voyage à Paris est-il facilement effectué?
2 Qu'est-ce qui relie Paris et les autres grandes villes du monde?
3 Qu'est-ce que ces centres se partagent?
4 Comment s'appelle l'aéroport au sud-est de Paris?
5 Qui a atterri au Bourget en 1927?
6 Comment s'appelle le nouvel aéroport?
7 Pourquoi est-ce qu'on a fait construire l'aéroport Charles-de-Gaulle?
8 Qu'est-ce que l'aéroport à Roissy-en-France est capable de recevoir?
9 Qu'est-ce que c'est que le *Concorde*?
10 Combien de jours l'homme d'affaires compte-t-il rester à Paris?
11 Avec qui bavarde-t-il en quittant l'avion?
12 Qui accompagne l'homme d'affaires jusqu'à la douane?
13 Qu'est-ce qui cause la fatigue?
14 Est-ce que les formalités à la douane seront rapides?
15 Quand on arrive à l'aéroport où récupère-t-on les bagages?
16 Après avoir récupéré ses bagages où est-ce que l'homme d'affaires se présente?
17 Qu'est-ce que le douanier demande au voyageur?
18 Le voyageur doit-il ouvrir sa valise?
19 Qu'est-ce que le douanier examine?
20 Qu'est-ce qu'il faut montrer à l'officier d'immigration?

GRAMMAIRE

The majority of verbs belonging to the first group are identified by the –er ending on the infinitive, but the essential feature of this group is that the present tense contains only three oral forms. Certain verbs whose infinitives do not end in –er follow the pattern of three oral forms and are therefore considered members of this group.

These special verbs in the first group take two sets of endings: (1) *ouvrir, couvrir, offrir, souffrir* take –e, –es, –ent, –ons, –ez as do the regular –er verbs.

ouvrir	verb base = ils ouvrent
j'ouvre	nous ouvrons
tu ouvres	vous ouvrez
on ouvre	
il ouvre	ils ouvrent
elle ouvre	elles ouvrent

The imperative forms of these verbs are like those of the regular –er verbs.

Ouvre.	Ouvrez.	Ouvrons.

(2) *Rire, sourire, conclure, courir, secourir, croire, voir,* and *mourir* in the three persons of the singular use the written endings –s, –s, –t. Since these consonants are not pronounced, these verbs follow the oral pattern of the regular verbs of the first group.

courir	verb base = **ils courent**	
je cours	nous courons	
tu cours	vous courez	
on court		
il court	ils courent	
elle court	elles courent	

The imperative form of the 2nd person singular does not lose the –s, as do the regular –er verbs.

Cours.	Courez.	Courons.

EXERCICES   I   Dites à...

1 Dites à quelqu'un de courir à toute vitesse.   2 Dites à quelqu'un de rire silencieusement.   3 Dites à quelqu'un d'ouvrir ses valises.   4 Dites à un ami d'offrir des bonbons aux enfants.   5 Dites à une amie de sourire.   6 Dites à un ami de couvrir le livre.

II   Répondez aux questions suivantes en employant la réponse donnée.

1 Qu'est-ce que vous ouvrez? (mon livre de biologie)   2 Où courez-vous? (chez moi)   3 De quoi souffrez-vous? (d'un rhume)   4 Qui secourez-vous? (ces enfants)   5 Pourquoi riez-vous? (parce que je suis heureux)

III   Répondez affirmativement.

1 Les malades souffrent-ils beaucoup?   2 L'hôtesse de l'air ouvre-t-elle la porte?   3 Est-ce que Marie sourit en parlant?   4 Les enfants rient-ils souvent en classe?

SPECIAL PROBLEMS OF *CROIRE* AND *VOIR*

Like –yer verbs (*envoyer*, *nettoyer*, etc.), *croire* and *voir* have an internal spelling and pronunciation change that must be noted. Both of these verbs follow the same pattern.

croire	verb base = ils croient
je crois	nous croyons
tu crois	vous croyez
on croit	
il croit	ils croient
elle croit	elles croient

EXERCICES   I   Dites à quelqu'un...

1 Dites à quelqu'un que vous croyez qu'il rit trop.   2 Dites à quelqu'un que vous voyez qu'il sourit à l'hôtesse.   3 Dites à quelqu'un que vous croyez qu'elle souffre beaucoup.   4 Dites à quelqu'un que vous voyez qu'elle offre un cadeau à l'enfant.

II   Demandez à quelqu'un...

1 Demandez à quelqu'un s'il croit que les élèves étudient.   2 Demandez à quelqu'un si elle croit que l'avion arrive à l'heure.   3 Demandez à quelqu'un si elle croit que les touristes récupèrent leurs valises.   4 Demandez à quelqu'un s'il voit l'aéroport Charles-de-Gaulle.   5 Demandez à quelqu'un s'il voit l'officier d'immigration.   6 Demandez à quelqu'un si elle voit la salle des bagages.

III   Répondez d'après le modèle.

Modèle: Je crois qu'il a raison. Et vous?
          Nous aussi. Nous croyons qu'il a raison.

1 Je crois que les passagers sont fatigués. Et vous?   2 Je crois que ce passager a peur. Et vous?   3 Je crois que la salle des bagages se trouve au premier étage. Et vous?

Modèle: Je vois les valises là-bas. Et vous?
          Nous aussi. Nous les voyons là-bas.

4 Je vois l'avion supersonique là-bas. Et vous?   5 Je vois la Sainte-Chapelle là-bas. Et vous?   6 Je vois le bus là-bas. Et vous?

THE VARIABLE BASE

Most verbs maintain the same base throughout a conjugation, affixing the necessary oral and written endings to it. Some verbs, however, have a variable base. *The variation always occurs in the 1st and 2nd person plural forms. Mourir* is one of the verbs that has a variable base.

mourir	verb base = ils meurent
je meurs	nous mourons
tu meurs	vous mourez
on meurt	
il meurt	ils meurent
elle meurt	elles meurent

EXERCICES   Répondez d'après le modèle.

Modèle: Je meurs de fatigue. Et les enfants?
          Ils meurent de fatigue aussi.

1 Je meurs de curiosité. Et vous?   2 Je meurs de soif. Et le bébé?
3 Je meurs de faim. Et toi?   4 Je meurs de fatigue. Et les petits?
5 Je meurs de regret. Et vous, Paul et Virginie?

Modèle: Demandez-moi si je meurs de faim.
          Mourez-vous de faim?

6 Demandez-moi si je meurs de curiosité.   7 Demandez-moi si je meurs
de peur.   8 Demandez-moi si je meurs de fatigue.

REFLEXIVE VERBS AND REFLEXIVE PRONOUNS

Many reflexive verbs belong to the first group of French verbs. These
reflexive verbs in the present tense therefore follow the pattern of three
oral forms and five written forms. The distinctive feature of the reflexive
verb is the addition of the reflexive pronouns which have the forms
me, te, se, nous, and *vous* before a verb beginning with a consonant
sound, and the forms *m', t', s', nous* and *vous* before a verb beginning
with a vowel sound.

se réveiller	verb base = ils se réveillent
je me réveille	nous nous réveillons
tu te réveilles	vous vous réveillez
on se réveille	
il se réveille	ils se réveillent
elle se réveille	elles se réveillent

The Reflexive Construction is used:

1. When the subject of the sentence acts upon itself.

> Nonreflexive construction:
>   Je **réveille** mon père.
>
> Reflexive construction:
>   Je **me réveille.**

2. To indicate reciprocal action.

> Nonreflexive construction:
>   Nous **aimons** nos parents.
>
> Reflexive construction:
>   Nous **nous aimons.**

In this construction, the subject must be plural or the pronoun *on* must be used.

EXERCICES **I** Répondez aux questions suivantes en employant la réponse donnée.

1 Que fait maman? (se reposer) 2 Où se trouve la classe de chimie? *chemistry* (là-bas à gauche) 3 Comment Pierre s'amuse-t-il? (à jouer du piano) 4 A quelle heure vous levez-vous d'habitude? (sept heures) 5 Qu'est-ce que vous vous demandez? (où j'ai mis mon crayon) 6 Quand nous retrouvons-nous? (après le concert) 7 Pourquoi nous dépêchons-nous? (pour être à l'heure) 8 Où nous retrouvons-nous? (devant le théâtre)

II Changez les verbes suivants en verbes réciproques d'après le modèle. *meet*

> Modèle: Nous aimons nos amis.
>   Nous nous aimons.

1 Nous écrivons à nos amis. 2 Ils regardent leurs amis. 3 Elles cherchent leurs amis. 4 Les garçons battent leurs amis.

THE NEGATIVE REFLEXIVE

To form the negative of a reflexive verb, *ne* is placed before the reflexive pronoun and *pas, plus, jamais,* etc. after the reflexive verb.

> Je ne me réveille pas.
> Nous ne nous dépêchons jamais.

EXERCICES Répondez négativement aux questions suivantes.
Employez *ne ... pas.*

1 Vous dépêchez-vous pour aller au travail? 2 Jacqueline et Paul se retrouvent-ils au cinéma? 3 Vous et Denise, est-ce que vous vous habillez avec élégance?

Employez *ne ... plus.*

4 Vous arrêtez-vous à la bibliothèque après l'école? 5 Anne s'amuse-t-elle à jouer du piano? 6 Te couches-tu toujours tard?

Employez *ne ... jamais.*

7 Vous levez-vous de bonne heure? 8 Georges se dépêche-t-il pour arriver à l'aéroport? 9 Marie et Paul, est-ce que vous vous reposez le samedi soir?

INTERROGATIVE FORMS OF REFLEXIVE VERBS

Like all other verbs, reflexive verbs can become interrogative by using *est-ce que*, in which case there is no change in the word order of the declarative sentence, or by using inversion of the subject pronoun and the verb. In the inverted form, the subject pronoun is connected to the verb by a hyphen.

1. Using *est-ce que:*

> Il se lève. Est-ce qu'il se lève?

2. Using inversion:

> Vous vous couchez. Vous couchez-vous?

EXERCICES Demandez deux fois à quelqu'un. Employez *est-ce que* et puis l'in[...]

1 Demandez à quelqu'un si elle se moque de vous.   2 Dem[...] quelqu'un s'il se dépêche.   3 Demandez à quelqu'un s'il se couche d[...] bonne heure.   4 Demandez à quelqu'un s'il se réveille d'habitude à sept heures.

THE IMPERATIVE OF REFLEXIVE VERBS

In the affirmative imperative of reflexive verbs, the reflexive pronoun follows the verb and is joined to it by a hyphen. Notice that *te* changes to its stressed form *toi*.

Réveille-toi.	Réveillons-nous.	Réveillez-vous.

In the negative imperative, the reflexive pronoun precedes the verb as it does in the declarative sentence.

Ne te réveille pas.	Ne vous réveillez pas.

À bord de l'avion

1 Dites à quelqu'un de se lever.   2 Dites à quelqu'un de se dépêcher.
3 Dites à quelqu'un de ne pas se reposer.   4 Dites à quelqu'un de ne
pas s'arrêter.   5 Dites à un ami de se réveiller de bonne heure.   6 Dites
à une amie de se reposer sous l'arbre.   7 Dites à un ami de ne pas se
dépêcher.   8 Dites à une amie de ne pas se coucher trop tard.

THE PRESENT PARTICIPLE OF FIRST-GROUP VERBS

Formation

The present participle is built on the 1st person plural form of the present
tense. The *–ons* /ɔ̃/ ending is dropped and the present participle ending
–ant /ɑ̃/ is added. This procedure works for all first-group verbs.

commençons	commençant
nettoyons	nettoyant

Usage

The present participle is used to describe an action that takes place simul-
taneously with the action of the main verb. It can follow the preposition
en or be used alone:

En arrivant, j'ai rencontré Paul.	*While (upon) arriving, I met Paul.*
Arrivant, j'ai rencontré Paul.	

When the present participle is used in this way, its form is invariable.

The present participle of a reflexive verb uses the reflexive pronoun that
corresponds to the subject of the main verb:

En **nous** promenant, **nous** avons vu Paul.
En **se** promenant, **elle** a vu Paul.

EXERCICES   Répondez d'après le modèle.

Modèle: Il travaille. Parle-t-il aussi?
          Oui, il travaille en parlant.

1 Il écoute la radio. Etudie-t-il aussi?   2 Nous parlons. Mangeons-nous aussi?   3 Elle arrive. Sourit-elle aussi?   4 Ils entrent. Courent-ils aussi?   5 Vous vous amusez. Est-ce que vous vous promenez aussi?

QUESTIONS À   1   Imaginez que vous arrivez à l'aéroport Charles-de-Gaulle à Paris. Vous
DISCUTER   accompagnez une femme d'affaires qui ne parle pas français. Aidez-la
                  dans les formalités à la douane.
            2   Vous voyagez avec un passager qui a peur des avions. Faites une
                conversation avec lui et essayez de le rassurer.
            3   Faites une conversation entre deux douaniers qui attendent l'arrivée
                d'un «Jumbo Jet» de New York.

A l'aéroport Charles-de-Gaulle

Culture

La vie d'un ouvrier français

Vocabulaire actif

I

pièce — f.　　　　chaque partie d'un appartement, d'une maison
　　　　　　　　Il habite un appartement de cinq pièces.

[handwritten: more rooms]

boîte aux lettres　　les boîtes aux lettres reçoivent les lettres qu'on envoie.
ou boîte à lettres — f.　Le facteur a mis la lettre dans la boîte aux lettres.

[handwritten: more vox]

rez-de-chaussée — m.　partie d'une habitation située au niveau du sol
　　　　　　　　Mme Dupont habite au rez-de-chaussée.

[handwritten: ground floor]

allumer　　　　　rendre lumineux, faire fonctionner pour donner de la lumière
　　　　　　　　Je vais allumer la lampe du salon.

propriétaire — m. ou f.　personne qui possède une maison, un terrain, etc.
　　　　　　　　M. Lejeune est le propriétaire de cette ferme.

[handwritten: owner, proprietor wright]

lourd, e　　　　difficile à porter, à soulever à cause de son poids
　　　　　　　　Cette valise est vraiment lourde!

[handwritten: heavy]

détendre　　　　faire disparaître la tension, l'anxiéte, la fatigue
　　　　　　　　Un week-end à la campagne l'a détendu.

[handwritten: to relax]

Transport de voitures

se détendre *(to relax)*   cesser d'être tendu
> Mes parents se sont détendus pendant les vacances.

ne... guère *(hardly)*   indique une quantité très minime (syn. — peu, pas beaucoup)
> Les ouvriers n'ont guère de distractions.

avoir envie de — f. *(to feel like)*   désir d'avoir ou de faire quelque chose
> J'ai envie de beaucoup voyager.

assister à *(to attend)*   assister à quelque chose — être présent comme spectateur
> Nous avons assisté samedi soir à un match de football.

événement — m. *(event)*   fait qui se produit (syn. — incident)
> Le journal relate les principaux événements de la journée.

II

détruire *(to destroy)*   détruire un objet — le mettre en ruine, y mettre fin
> L'ouvrier détruit le mur.

utiliser *(to use)*   se servir de, employer
> Mme Lachance utilise sa voiture pour aller en ville.

frais — m. pl. *(cost)*   dépenses occasionnées par quelque chose
> Un voyage à l'étranger entraîne des frais considérables.

convaincre *(to convince)*   convaincre quelqu'un de quelque chose — le persuader de quelque chose
> Ses parents l'ont enfin convaincu de renoncer à ce travail.

s'occuper de *(to take care of)*   s'occuper de quelque chose, de quelqu'un — leur consacrer son activité, les prendre en charge
> Il n'a pas le temps de s'occuper de ses affaires.

EXERCICES DE VOCABULAIRE

I

A   Répondez aux questions suivantes en employant la réponse donnée.

1   Combien de pièces y a-t-il dans cet appartement? (quatre)
2   Est-ce que la salle à manger est la plus grande pièce de la maison? (non... le salon)
3   Qu'est-ce que le facteur a mis dans la boîte aux lettres? (un paquet)
4   Où se trouvent les boîtes aux lettres? (au rez-de-chaussée)
5   Où est-ce que la concierge habite? (au rez-de chaussée)
6   Qu'est-ce qu'il a allumé? (l'électricité)

7 Qui a allumé la télévision? (les enfants)
8 Où est le propriétaire du restaurant? (dans la cuisine)
9 De quoi est-elle propriétaire? (d'un château en Bretagne)

B Complétez les phrases suivantes en employant *lourd* ou *lourde*.

1 Attention! Ce paquet est très _____ .
2 Donnez-moi cette valise; elle est bien _____ .
3 L'enfant ne peut pas ouvrir cette porte; elle est trop _____ .

C Dans les phrases suivantes, remplacez *se reposer* par *se détendre*.

1 Mes parents partent pour la campagne pour se reposer.
2 Je vais me reposer ce week-end.
3 Pendant les vacances d'été, nous nous reposons.

D Dans les phrases suivantes, remplacez *ne... pas* par *ne... guère*.

1 Cet homme travaille tout le temps; il n'a pas de distractions.
2 Cette femme est pauvre; elle n'a pas d'argent.
3 Cet enfant n'a pas d'amis.

E Dans les phrases suivantes, remplacez *vouloir* par *avoir envie de*.

1 Les étudiants veulent faire du ski à Chamonix.
2 Nous voulons louer un appartement de trois pièces.
3 Mon frère veut assister au match de rugby samedi soir.

F Répondez aux questions suivantes en employant *assister à*.

1 Est-ce que les garçons vont au match de boxe?
2 Est-ce que votre tante va à la messe de six heures?
3 Les étudiants vont-ils à la conférence?

G Répondez aux questions suivantes en employant la réponse donnée.

1 De quel événement parlez-vous? (de l'accident)
2 Pourquoi lisez-vous le journal? (pour apprendre les événements de la journée)
3 Quel est l'événement principal de l'été à Cannes? (le festival de cinéma)

II

H Répondez aux questions suivantes en employant la réponse donnée.

1 Qu'est-ce que les enfants détruisent? (leurs jouets)
2 Qu'est-ce que les ouvriers détruisent? (le pont)
3 Qu'est-ce qui a détruit ce village? (les bombardements)

I   Dans les phrases suivantes, remplacez *employer* par *utiliser*.

1   Les Boudreaux emploient leur voiture pour se promener le dimanche.
2   La concierge emploie l'aspirateur pour nettoyer l'appartement.
3   M. Tréboute emploie sa bicyclette pour faire ses courses en ville.

J   Complétez les phrases suivantes en employant le mot *frais*. *cost expenses*

1   Mon dieu! Je n'ai pas pensé aux _____. *roof*
2   Nous ne pouvons pas faire réparer le toit. Cela entraîne trop *to involve*
    de _____.
3   J'hésite à faire ce voyage à cause des _____.

K   Dans les phrases suivantes, remplacez *persuader* par *convaincre*.

1   Nous allons essayer de persuader Jean-Paul de venir avec nous.
2   Ses parents veulent persuader Marie de rester à la maison.
3   Mon professeur m'a persuadé de continuer mes études.

L   Répondez aux questions suivantes en employant la réponse donnée.

1   De quoi s'occupe-t-il? (des chiens)
2   Qui s'occupe de la maison? (ma mère)
3   De quoi les enfants s'occupent-ils? (de leurs devoirs)

La vie d'un ouvrier français

«Ma vie? Je travaille, je dors et je mange», me dit Pierre Doublot. Il prononce ces paroles sans révolte, sans même aucune trace d'amertume.

Il habite un appartement de trois pièces, dans un H.L.M. construit sur un lopin de verdure à quelques centaines de mètres de la R.N. 3, à 6 kilomètres de la Porte de Pantin. Une carte de visite est fixée sur la boîte aux lettres du rez-de-chaussée, «M. et Mme Pierre Doublot et leurs enfants». Doublot me reçoit avec naturel: c'est un homme solide, sûr de lui. Il pose une bouteille de Bordeaux sur la table du salon. L'écran du récepteur de télévision reste allumé pendant toute la soirée. De temps en temps le son se superpose à notre conversation.

Depuis dix-huit ans, Doublot, qui a trente-deux ans, travaille chez Renault...

Depuis dix ans, il est propriétaire d'une auto.

«Pendant deux ans nous étions sans voiture, m'explique sa femme Simone, qu'il a rencontrée à Dijon pendant son service militaire. C'était la période durant laquelle nous avons payé nos meubles.»

Les Doublot possèdent une machine à laver depuis huit ans, la télévision depuis quatre ans et un réfrigérateur depuis deux ans.

Tout a été acheté à crédit. Ce n'est que depuis trois mois, pour la première fois depuis leur mariage... qu'ils n'ont plus de dettes.

«Nous sommes tellement soulagés, dit Simone Doublot, ça faisait lourd.»

Le climat devrait s'adoucir dans cet appartement agréable et bien équipé; en fait, les Doublot demeurent prisonniers de leur morne routine. Car toute leur existence est paralysée par l'énorme distance qui sépare Bondy de l'usine de Boulogne-Billancourt. Chaque jour Doublot passe deux heures et demie dans le train

---

amertume (f.) tristesse, déception

H.L.M. (m.) habitation à loyer modéré (moderately priced apartment building)

lopin (m.) petit morceau de terrain

verdure (f.) arbres, plantes

avec naturel à son aise

écran (m.) (screen)

s'adoucir devenir plus doux

morne triste

usine (f.) entreprise industrielle

---

et le métro. (Selon la Régie Renault, la moyenne du temps passé par les ouvriers en transport est de soixante-dix minutes.)

Pierre Doublot se lève à 5 heures du matin, en même temps que sa femme qui lui prépare son petit déjeuner.

«Pierre aime un bon café, me dit-elle, mais en hiver je me recouche.»

Une demi-heure plus tard, il quitte la maison pour prendre le train de 5 h 50 qui le conduit à la gare de l'Est. En se dépêchant dans les couloirs du métro, il arrive juste à temps pour commencer son travail à 7 heures. Le soir, il quitte l'usine à 17 h 30 pour se retrouver chez lui, à Bondy, à 19 heures.

Il ne dispose alors que de deux heures pour se détendre: vers 21 heures, il est déjà si fatigué qu'il a hâte de se coucher. La télévision mise à part, il n'y a guère de distractions dans le monde de Pierre et Simone Doublot. Ils sont allés au cinéma pour la dernière fois il y a six ans, et ils ne se rendent à Paris que deux fois par an, à Noël et pendant l'été.

Ils n'ont pas envie de se promener dans les rues de Bondy le soir, par exemple, pour prendre un verre dans un café.

«Nous sommes allés voir les feux d'artifice un 14 juillet, raconte Simone Doublot. Et elle ajoute, comme si elle évoquait un mauvais souvenir: Mais j'ai pris froid.» Un autre jour, ils sont allés assister à l'arrivée du Tour de France au parc des Princes. Ils mentionnent l'événement.

II

Maintenant que Simone a cessé de travailler comme concierge dans leur H.L.M., les heures supplémentaires du samedi matin, payées à 50% de plus que le taux normal, ont pris une grande importance. Mais ce sixième jour de travail détruit le week-end. La lassitude pousse Pierre Doublot à rester couché le samedi et le dimanche après-midi.

Ils sortent parfois la voiture de leur garage, qui leur coûte 40 francs par mois, et ils emmènent leurs enfants à Clichy-sous-Bois, à 6 kilomètres de leur maison. Doublot ne semble pas particulièrement enthousiaste pour ces expéditions. Il trouve la circulation dominicale trop fatigante...

Il utilise surtout sa voiture pour les vacances et, de temps à autre, pour rendre visite à la famille de sa femme, en Bourgogne.

mise à part exceptée

feux d'artifice (m.) (fireworks)
ajouter dire en plus de ce qui a été dit précédemment
évoquait rappelait

heures supplémentaires (f.) (overtime)
taux (m.) pourcentage

lassitude (f.) sensation de fatigue

dominicale de dimanche

En dehors des vacances, il fait seulement 3.000 kilomètres par an.

Reçoit-il des amis pendant le week-end?

«Non, répond Doublot, cela entraîne des frais, un billet de 100 francs passe facilement dans un dîner et ensuite j'ai besoin de deux jours pour récupérer mes heures de sommeil perdues.»

Dans cette famille, on ne trouve d'évasion véritable que pendant les vacances. Cette année ils ont loué en partie une villa à Soulac-sur-Mer, en Gironde (840 francs pour trois semaines). Il y a deux ans, ils étaient à Biarritz, mais l'année dernière Doublot a passé le plus clair de ses vacances à décorer l'appartement. Ils estiment qu'ils peuvent partir à la mer une année sur deux. Ils ne sont jamais allés à l'étranger, sauf pour aller à l'Exposition internationale de Bruxelles.

Ils sont convaincus que leur pouvoir d'achat s'est amenuisé depuis quelques années...

Certes, les Doublot aiment bien manger et boire. Même pour le déjeuner d'où son mari est absent, Simone Doublot achète toujours de la viande. Elle me parle avec fierté d'une centaine de pots de confiture et de conserves de fruits qu'elle garde dans sa cuisine...

Pendant qu'il est à l'usine, sa femme s'occupe du ménage et des enfants. Elle aime tricoter et reçoit régulièrement «Modes et Travaux». Quand je leur demande quel est leur désir le plus ardent, ils me répondent tous les deux : devenir un jour propriétaire d'une petite maison. Hélas, les renseignements qu'ils ont pu obtenir ne sont pas précisément encourageants. «Il nous faut 25.000 francs au départ», dit Doublot. Cette somme est totalement hors de leur portée.

Boris Kidel
«La vie d'un ouvrier français»

L'Express

QUESTIONS

1   Comment est-ce que M. Doublot décrit sa vie?
2   Quelle sorte d'appartement habite-t-il?
3   Où se trouve la boîte aux lettres?
4   Qu'est-ce qui est écrit sur la carte de visite?
5   Quand M. Doublot reçoit l'auteur que pose-t-il sur la table?
6   Qu'est-ce qui reste allumé pendant toute la soirée?

Soirée à la maison

7 Depuis combien de temps Doublot travaille-t-il chez Renault?
8 Depuis combien de temps est-il propriétaire d'une auto?
9 Comment ont-ils acheté les choses qu'ils ont?
10 Leur appartement est-il bien équipé?
11 De quoi les Doublot sont-ils prisonniers?
12 Par quoi est-ce que leur existence est paralysée?
13 Quelle est la distraction principale dans le monde des Doublot?
14 Vont-ils souvent au cinéma?
15 Combien de fois par an vont-ils à Paris? A quelles époques?
16 Aiment-ils se promener dans les rues de Bondy le soir?
17 Aiment-ils aller prendre un verre dans un café?
18 Qu'est-ce qu'ils sont allés voir un 14 juillet?
19 Pourquoi est-ce que Mme Doublot n'a pas aimé la soirée?

II

1 Quand Mme Doublot travaillait, que faisait-elle?
2 Pourquoi est-ce que les heures supplémentaires ont pris une grande importance?
3 Qu'est-ce qui détruit le week-end?
4 Qu'est-ce que M. Doublot fait le samedi et le dimanche après-midi?
5 Comment M. Doublot utilise-t-il surtout sa voiture?
6 Pourquoi les Doublot ne reçoivent-ils pas d'amis pendant le week-end?
7 Quand est-ce que la famille Doublot se détend?
8 Que pensent-ils de leur pouvoir d'achat?
9 Pendant que son mari est à l'usine, comment est-ce que Mme Doublot passe son temps?
10 Quel est le désir le plus ardent des Doublot?
11 Auront-ils un jour les moyens de réaliser ce rêve?

GRAMMAIRE

Adjectives agree in number and gender with the noun or pronoun that they modify. The final consonant of most adjectives is heard in the feminine form, but not in the masculine.

Adjectives can immediately precede or follow a noun.

Noun + adjective

> J'ai lu un roman **intéressant.**
>
> J'ai lu une pièce **intéressante.**

The majority of adjectives occur after the noun.

Adjective + noun

> Cette **vieille** femme est malade.

A limited number of very common adjectives precede the noun. They are *joli, jeune, autre, même, mauvais, petit, bon, long, beau, vieux, nouveau,* and *grand.*

The written forms for regular adjectives use the masculine singular form as a base to which −*s* is added for the masculine plural, −*e* for the feminine singular, and −*es* for the feminine plural.

MASCULINE		FEMININE	
SINGULAR	PLURAL	SINGULAR	PLURAL
petit	petits	petite	petites

If the masculine singular ends in —s or —x, there will be no difference in the masculine singular and plural forms. The —x will be replaced by —se in the feminine singular.

MASCULINE		FEMININE	
SINGULAR	PLURAL	SINGULAR	PLURAL
mauvais	mauvais	mauvaise	mauvaises
heureux	heureux	heureuse	heureuses

If the masculine singular ends in —e, there will be no difference in the masculine and feminine singular forms or between the masculine and feminine plural forms.

MASCULINE		FEMININE	
SINGULAR	PLURAL	SINGULAR	PLURAL
jeune	jeunes	jeune	jeunes

Salon d'une famille de la classe moyenne

If the masculine singular form ends in −eau, or −eu, the masculine plural will end in −x.

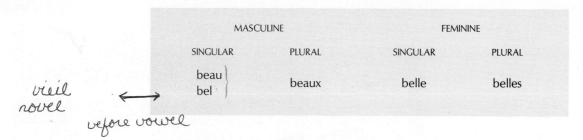

	MASCULINE		FEMININE	
	SINGULAR	PLURAL	SINGULAR	PLURAL
	beau bel	beaux	belle	belles

vieil
nouvel ⟷ *before vowel*

If the masculine singular form ends in −al, the masculine plural forms will usually end in −aux, with a few exceptions such as *fatal, fatals; final, finals.*

	MASCULINE		FEMININE	
	SINGULAR	PLURAL	SINGULAR	PLURAL
	loyal	loyaux	loyale	loyales
	principal	principaux	principale	principales

Certain adjectives undergo special changes from the masculine to the feminine forms.

✓ Masculine singular adjectives ending in −il, −el, −eil, −en, or −on double the final consonant before adding the feminine endings.

MASCULINE	FEMININE
gentil	gentille
cruel	cruelle
bon	bonne

✓ *Gros, épais, nul, muet, paysan, bas, gras,* and *las* also double the final consonant before adding the feminine endings.

Most adjectives with the masculine singular ending in −et change to −ète in the feminine.

Maisons des ouvriers

MASCULINE	FEMININE
complet	complète
inquiet	inquiète
secret	secrète

Adjectives ending in *–er* in the masculine singular become *–ère* in the feminine.

MASCULINE	FEMININE
premier	première
léger	légère

Masculine singular adjectives ending in *–f* change to *–ve* in the feminine.

MASCULINE	FEMININE
actif	active
bref	brève

Certain adjectives with the masculine singular form ending in –c change to –che in the feminine.

MASCULINE	FEMININE
blanc	blanche
sec	sèche
franc	franche

Others ending in –c change to –que.

MASCULINE	FEMININE
public	publique

Other adjectives which undergo a special change from masculine to feminine:

MASCULINE	FEMININE
favori	favorite
long	longue

EXERCICES **I** Répondez aux questions suivantes en employant l'adjectif donné.

Modèle: Comment est le roman? (intéressant)
C'est un roman intéressant.

1 Comment est le voyage? (dangereux) 2 Comment est la cuisine? (excellent) 3 Comment est le film? (merveilleux) 4 Comment est la valise? (lourd) 5 Comment est la soirée? (parfait) 6 Comment est l'idée du professeur? (intelligent) 7 Comment est l'explication du patron? (franc) 8 Comment est la robe? (laid) 9 Comment est le vol de Paris à Rome? (agréable)

Modèle: Est-ce que ce roman est bon?
Oui, c'est un bon roman.

1 Est-ce que ce plat est bon? 2 Est-ce que cette pièce est intéressante?
3 Est-ce que ce garçon est grand? 4 Est-ce que cet homme est vieux?
5 Est-ce que cet appartement est laid? 6 Est-ce que cette fille est jolie?
7 Est-ce que ce restaurant est mauvais? 8 Est-ce que ce patron est
gentil? 9 Est-ce que cette fille est active? 10 Est-ce que cette lettre
est brève?

Modèle: Avez-vous un nouveau livre? (non... ami)
Non, mais j'ai un nouvel ami.

11 Voyagez-vous dans un vieux train? (non... avion) 12 Parle-t-elle à
une petite fille? (non... garçon) 13 Cherches-tu une belle robe? (non...
livre) 14 Vivent-ils dans un petit hôtel? (non... appartement) 15 Avez-
vous un nouvel ami? (non... auto) 16 Offre-t-il de jolis cadeaux? (non...
oranges) 17 Cette femme a-t-elle de jeunes enfants? (non... amies)

Modèle: Cette lettre est intéressante. Et ce livre?
Il est intéressant aussi.

18 Le propriétaire est heureux. Et sa femme? 19 Ce soldat est loyal. Et
ses camarades? 20 Le patron est gentil. Et la patronne? 21 Ce message
est secret. Et la décision? 22 Cette leçon est brève. Et le discours?
23 Mon père est inquiet. Et votre mère?

THE PARTITIVE WITH ADJECTIVES WHICH PRECEDE THE NOUN

Du, de l', and *de la* are used before an adjective which precedes a
singular noun, but *de* rather than *des* is used before a plural noun
preceded by an adjective.

C'est de la bonne soupe.

but

Ce sont **de** jolies filles.

However, *des* is used before expressions, such as *des grands-pères, des jeunes gens, des petits pois,* where the adjective and noun regularly combine and take on a particular meaning.

EXERCICES   Répondez d'après le modèle.

Modèle: Est-ce que ces enfants sont jolis?
           Oui, ce sont de jolis enfants.

           Est-ce que cet enfant est joli?
           Oui, c'est un joli enfant.

1 Est-ce que cet homme est beau?   2 Est-ce que ces écoles sont bonnes?   3 Est-ce que cette église est belle?   4 Est-ce que leurs enfants sont grands?   5 Est-ce que les oranges de Floride sont belles?   6 Est-ce que cet hôtel est nouveau?   7 Est-ce que votre appartement est grand? 8 Est-ce que cet homme est vieux?   9 Est-ce que les femmes du village sont vieilles?   10 Est-ce que les hôtels de Nice sont bons?

Modèle: Qu'est-ce que c'est? Des petits pois?
           Oui, ce sont des petits pois.

11 Qu'est-ce que c'est? Des grandes villes?   12 Qu'est-ce que c'est? Des petits pains?   13 Qu'est-ce que c'est? Des petits pois?   14 Qui est-ce? Des jeunes gens?   15 Qui est-ce? Des grands-parents?

AGREEMENT OF ADJECTIVES

Adjectives must agree with the noun or pronoun they modify, even when distant from them in the sentence.

Noun or pronoun + link verb + adjective

Elle est française.

Les enfants semblent fatigués.

Cette fille a l'air heureuse.

Le professeur devient furieux.

Modèle: Comment vont les enfants? (fatigué)
          Ils semblent fatigués.

1 Comment va votre sœur? (heureux)   2 Comment vont vos amis? (content)   3 Comment va l'enfant? (triste)   4 Comment va votre mère? (malheureux)

Modèle: Que pensez-vous de l'attitude de Marie? (sérieux)
          Elle a l'air sérieuse.

5 Que pensez-vous de l'attitude des élèves? (fatigué)   6 Que pensez-vous de l'attitude d'Hélène? (content)   7 Que pensez-vous de l'attitude du professeur? (sévère)   8 Que pensez-vous de l'attitude des étudiantes? (attentif)

Modèle: Comment réagit le professeur? (fâché)
          Il devient fâché.

9 Comment réagit la femme? (furieux)   10 Comment réagissent les garçons? (méchant)   11 Comment réagit la classe? (mécontent)   12 Comment réagissent les étudiantes? (sérieux)

NEGATIVE PATTERNS

The main verb of a sentence is made negative by placing the negative element *ne* before the verb and the negative element *pas, plus, jamais, guère, point, que, ni... ni, aucun/aucune, rien,* or *personne* after the verb.

Notice the position of the negative elements in the following sentences. Observe also that the indefinite articles *un* and *une* and the partitives *de l', du, de la,* and *des* become *de* or *d'* in the negative.

Je vois **une** automobile.	Je ne vois pas **d**'automobile.
I see a car.	*I don't see any car(s).*
Il offre **des** cadeaux.	Il n'offre plus **de** cadeaux.
He gives some gifts.	*He is no longer giving gifts.*
Elle mange **de la** viande.	Elle ne mange jamais **de** viande.
She is eating some meat.	*She never eats meat.*
Nous avons **de l**'argent.	Nous n'avons guère **d**'argent.
We have some money.	*We have hardly any money.*
Ils attrapent **un** poisson.	Ils n'attrapent point **de** poisson.
They are catching a fish	*They are not catching any fish at all.*

Remember that *only* the indefinite article and the partitive article become *de* in the negative construction. No other modifiers — such as *le, la, l', les, ce, cet, cette, ces, mon, ma, mes,* etc. — change after the negative verb.

J'aime **le** vin.	Je n'aime plus **le** vin.
Nous cédons **nos** places.	Nous ne cédons jamais **nos** places.
Elle admire **ce** livre-là.	Elle n'admire guère **ce** livre-là.

Notice that *ne... que* does not require a change in the indefinite articles *un* or *une* or in the partitive articles *de l', du, de la,* or *des.*

Je mange **une** pomme.	Je ne mange qu'**une** pomme.
I am eating an apple.	*I am only eating an apple.*
Il demande **des** journaux.	Il ne demande que **des** journaux.
He is asking for some	*He is only asking for some*
newspapers.	*newspapers.*

Neither the indefinite articles *un* or *une* nor the partitive articles are used with *ne... ni... ni.*

Nous ne mangeons **ni** fromage **ni** viande.
Elle n'achète **ni** oranges **ni** pommes.

Possessive adjectives (*mon, ma, mes,* etc.), demonstrative adjectives (*ce, cet, cette, ces*), and prepositions (*de, sans, avec,* etc.) can follow *ni.*

Je n'aime ni **ce** livre-ci ni **ce** livre-là.
Elle ne voit ni **sa** mère ni **son** père.
On ne parle ni **de** vous ni **de** moi.

Petite maison à la campagne

Notice the agreement of *aucun* and *aucune* with the noun modified. *Aucun* and *aucune* always come immediately before the noun.

Elle offre **des** cadeaux.   Elle n'offre **aucun** cadeau.
   She is giving some presents.   *She is not giving a single present.*
Nous voyons **des** fleurs.   Nous ne voyons **aucune** fleur.
   We see some flowers.   *We don't see a single flower.*

The negative construction *ne... rien* is used for things, *ne... personne* for people.

Regarde-t-elle les avions?   Non, elle ne regarde **rien**.
Regarde-t-elle les passagers?   Non, elle ne regarde **personne**.

Cuisine de campagne

EXERCICES   Répondez négativement aux questions suivantes en employant...

1. Je ne le méprise pas.

2. Elle ne l'exprime pas bien

3. Ils ne la éprouve pas.

4. Je ne le feuille plus.

5. Ils ne semble plus fatigués.

6. Je ne les achètes plus

7.

ne... pas

1 Méprisez-vous le travail?   2 Exprime-t-elle bien ses sentiments?
3 Eprouvent-ils de la joie en voyant leurs amis?

ne... plus

4 Feuilletez-vous le roman?   5 Les passagers semblent-ils fatigués?
6 Achètes-tu des cartes postales?

ne... jamais

7 Les ouvriers échappent-ils à la servitude?   8 La conférence dure-t-elle
deux heures?   9 Est-ce que vous donnez de l'argent à votre père?

ne... guère

10 Déjeune-t-elle dans ce petit restaurant?   11 Le patron aime-t-il
danser?   12 Le marchand marche-t-il sur le quai?

ne... point

13 Est-ce que nous nous échappons à l'embouteillage?   14 Est-ce que Marie accepte l'invitation de Pierre?   15 Les élèves étudient-ils?

ne... que

16 Nettoyez-vous le salon?   17 Est-ce que vous essayez le plat de viande?   18 Prépare-t-elle de la viande?

ne... ni... ni

19 Regardez-vous vos parents et vos amis?   20 Voyage-t-elle en France et en Italie?   21 Envoient-ils des lettres et des cartes postales?

ne... aucun, ne... aucune

22 Est-ce que le maître d'école méprise les élèves?   23 Le garçon mange-t-il un dessert?   24 Achètes-tu la bicyclette?

ne... rien ou ne... personne

25 Regardez-vous les enfants?   26 Jette-t-il la lettre?   27 Cédons-nous ces places?   28 Admires-tu les Martin?

COMPOSITION

1   Si les Doublot deviennent un jour propriétaires d'une petite maison, est-ce que leur routine sera moins morne?
2   Décrivez la journée de Mme Doublot. Est-ce que sa vie est plus variée que la vie de son mari?
3   Ecrivez une petite conversation entre les Doublot à l'heure du dîner.
4   Les Doublot gagnent la Loterie nationale. Ecrivez une lettre de M. Doublot à un ami dans laquelle il décrit les changements dans sa vie quotidienne.

Conversation

QUATRIÈME LEÇON

Le métro et le bus

profiter de quelque chose — en tirer un avantage

Je profite du beau temps pour faire mes achats.

à la place de

Je vais à pied au lieu de prendre le bus.

propre (avant le nom, avec un possessif) — renforce l'idée possessive

Je l'ai vu de mes propres yeux.

propre (après le nom) — se dit d'une chose nette, sans trace de poussière ou d'ordure (contr.—sale)

Allez vous laver les mains; il faut avoir les mains propres pour faire la cuisine.

choix — m.   action de choisir

La cliente a fixé son choix sur une robe de soie.

ligne — f.   installation servant au transport; la route suivie par l'autobus, le métro

J'ai besoin d'un plan des lignes d'autobus.

Bus, Paris

post an announcement afficher *to put up attach*

annoncer par affiche; poser l'affiche qui annonce quelque chose

On a affiché un plan du métro sur le mur.

correspondance — f. connexion entre les trains

Je suis arrivé trop tard; j'ai manqué la correspondance.

frighten effrayer

effrayer une personne ou un animal — lui causer de la peur

Le bruit du train m'a effrayé.

conj. like payer etc

EXERCICES DE VOCABULAIRE

I Répondez aux questions suivantes en employant la réponse donnée.

1 De quoi est-ce que les Parisiens profitent? (du système de transports publics)
2 De quoi profitez-vous? (de ce climat)
3 De quoi est-ce que les jeunes profitent? (des vacances)

II Suivez les modèles.

Modèle: Allez-vous en voiture? (non... prendre le métro)
Non, je vais prendre le métro au lieu d'aller en voiture.

1 Etudiez-vous? (non... lire un roman)
2 Regardez-vous la télévision? (non... écouter la radio) *je vais au lieu*
3 Travaillez-vous? (non... me reposer)

Modèle: Avez-vous vu cela? (de mes propres yeux)
Oui, je l'ai vu de mes propres yeux.

4 Avez-vous payé cela? (avec mon propre argent)
5 Avez-vous entendu cela? (de mes propres oreilles)
6 Avez-vous écrit cela? (de ma propre main)

Modèle: Est-ce que le mouchoir est sale?
Non, c'est un mouchoir propre.

7 Est-ce que le restaurant est sale?
8 Est-ce que la chemise est sale?
9 Est-ce que les chaussures sont sales?

III Complétez les phrases suivantes en employant le mot *choix*.

1 Pour aller là-bas vous avez le _____ entre le train et le bus.
2 Pour notre rendez-vous ce soir, je vous laisse le _____ de l'heure.
3 Cette maison d'édition a publié un _____ de poèmes sur Paris.

Le métro et le bus 61

Boutique élégante

IV Répondez d'après le modèle.

    Modèle :   Allez-vous au boulevard Raspail?
                Oui, mais je ne sais pas quelle ligne va au boulevard
                Raspail.

1   Allez-vous au Bois de Boulogne?
2   Allez-vous à Montmartre?
3   Allez-vous à Versailles?

V Répondez aux questions suivantes en employant la réponse donnée.

1   Que faites-vous? (afficher le menu sur la porte) *posting*
2   Que font-elles? (afficher l'annonce)
3   Pourquoi vous dépêchez-vous? (pour ne pas manquer la correspondance)
4   Pourquoi descendez-vous à cette station? (pour prendre la correspondance) *train connection*
5   Qu'est-ce qui vous effraie? (l'atterrissage)
6   Qui vous effraie? (l'officier d'immigration)

métro 1 à 2 classe
price determine
by class

autobus, no classes
pays by # of sections
bus more expensive &
more preferred.

LE MÉTRO ET LE BUS

Le système de transports publics à Paris est excellent, et beaucoup de Parisiens en profitent au lieu de conduire leurs propres voitures.

Dans le métro chaque train se compose des voitures de 1e classe et des voitures de 2e classe. Le prix du billet est déterminé non pas par la distance parcourue mais par le choix de classe. Dans l'autobus il n'y a pas de classes, mais le prix du billet n'est pas uniforme. Chaque ligne est divisée en sections; le voyageur paie selon le nombre de sections parcourues. En général, le prix du bus est plus élevé que celui du métro, mais beaucoup de Parisiens préfèrent ce moyen de transport quand même.

Le métro parisien se modernise. Les trains sont propres et silencieux, mais vont un peu plus lentement que ceux de New York puisqu'ils s'arrêtent à chaque station.

Sur le mur du quai de chaque station est affiché un plan du métro qui indique les correspondances. Dans beaucoup de stations ces plans sont illuminés. Quand le voyageur appuie sur le bouton placé en face du nom de la station à laquelle il veut se rendre, il voit s'illuminer devant lui les lignes qu'il faut prendre.

Récemment on a transformé la station «Louvre» en musée afin que cette station de métro participe à la vie culturelle.

parcourue (travelled)

quand même (anyway)

appuie pèse

Attendant le métro

Le métro et le bus

Françoise reçoit son amie américaine Judy à Paris. C'est la première fois que Judy voyage en France et elle est un peu effrayée à l'idée de se promener et de faire des achats seule. Ainsi les deux amies partent-elles ensemble.

JUDY   J'ai peur de me promener seule dans Paris. Je ne sais utiliser ni le métro ni le bus.

FRANÇOISE   Tu vas voir; c'est facile. Ce qu'il te faut, c'est un plan du métro et un plan des lignes d'autobus.

JUDY   Bon. Tu vas me montrer en allant faire nos courses. Où va-t-on?

Bouche de métro

FRANÇOISE Dans le centre. Si tu veux, nous irons d'abord dans les grands magasins comme le Printemps et les Galeries Lafayette. On y trouvera des vêtements de consommation courante à un prix relativement bon marché.

de consommation courante ordinaire, que tout le monde consomme

JUDY Oui, mais ce qui m'intéresse surtout, ce sont les boutiques parisiennes dont j'ai tant entendu parler à New York.

FRANÇOISE Nous pouvons y faire un tour aussi. Il y en a beaucoup dans le quartier de l'Opéra. Cependant les prix y sont généralement plus élevés.

JUDY Entendu. Nous irons en métro et nous reviendrons en bus. C'est possible?

FRANÇOISE Oui, bien sûr. Justement, voici une bouche de métro; c'est la Station des «Sablons». Allons-y.

QUESTIONS Répondez aux questions suivantes d'après le texte.

1 Comment est le système de transports publics à Paris?
2 Qui profite du système de transports publics à Paris?
3 Combien de classes y a-t-il dans le métro?
4 Qu'est-ce qui détermine le prix du billet dans le métro?
5 Y a-t-il des classes dans l'autobus?
6 Qu'est-ce qui détermine le prix du billet dans le bus?
7 Qu'est-ce qui est affiché sur le mur du quai de chaque station de métro?
8 Qu'est-ce que le plan du métro indique?
9 Dans beaucoup de stations comment sont les plans?
10 Quand le voyageur appuie sur le bouton, qu'est-ce qu'il voit?
11 Récemment en quoi a-t-on transformé la station «Louvre»?
12 Pourquoi a-t-on transformé cette station?
13 De quoi est-ce que Judy a peur?
14 Qu'est-ce qu'elle ne sait pas utiliser?
15 Où vont Judy et Françoise?
16 Quels grands magasins vont-elles visiter?
17 De quoi est-ce que Judy a tant entendu parler à New York?
18 Comment sont les prix dans les boutiques?
19 Comment est-ce que les deux jeunes femmes vont au centre?
20 Comment vont-elles revenir?

GRAMMAIRE

REGULAR SECOND-GROUP VERBS

The essential feature of the second group of French verbs is that in the present tense the oral forms of the 3rd person singular and the 3rd person plural are not identical. The oral form of the 3rd person singular is the oral form of the 3rd person plural *without the last consonant sound*. Therefore, second-group verbs have *four* oral forms and *five* written forms. All regular verbs whose infinitives end in *–ir* and *–re* (traditionally described as second and third conjugation verbs) belong to the second group. Observe the oral and written patterns of *finir* and *vendre*.

finir	**verb base = ils finissent**
je finis	nous finissons
tu finis	vous finissez
on finit	
il finit	ils finissent
elle finit	elles finissent

La station «Louvre»

vendre	verb base = ils vendent
je vends	nous vendons
tu vends	vous vendez
on vend	
il vend	ils vendent
elle vend	elles vendent

Notice in the oral forms that the sounding of the final consonant in the 3rd person indicates the plural form and that this consonant sound also occurs in the 1st and 2nd person plural forms.

The imperatives of second-group verbs are the forms of the 2nd person singular and plural forms and the 1st person plural form.

Finis.	Vends.
Finissez.	Vendez.
Finissons.	Vendons.

Notice that the −s is not dropped from the 2nd person singular form.

CLASSIFICATION OF SECOND-GROUP VERBS

Verbs belonging to the second group can be classified according to the final consonant sound of the 3rd person plural form (the verb base).

/s/ Most −ir verbs have bases ending in /s/. This is a large class of verbs of which *réussir, choisir, guérir, bâtir, punir, saisir, remplir, obéir, applaudir,* and *réfléchir* are typical. The oral and written forms of all these −ir verbs and of all verbs like them are patterned after *finir.*

Certain other verbs, such as *connaître, naître, paraître, apparaître,* and *disparaître,* also have bases terminating in /s/.

connaître	verb base = ils connaissent
	il connaît

I   Répondez aux questions suivantes en employant la réponse donnée.

1 Qui ne finit jamais à l'heure? (mes frères)   2 Qui ne réussit pas à l'examen? (Pierre et Paul)   3 Qui obéit au professeur? (les étudiants) 4 Qui connaît les Martin depuis longtemps? (mes parents) 5 Qui paraît malade? (les enfants)

II   Répondez d'après le modèle.

> Modèle: Il finit son travail. Et nous?
>   Nous ne finissons pas le nôtre.

1 Il remplit son verre. Et nous?   2 Elle punit son enfant. Et nous? 3 Il choisit son partenaire. Et nous?   4 Cet étudiant connaît son poème. Et nous?

III   Répondez aux questions suivantes.

1 Obéissez-vous à votre père ou à votre mère?   2 L'ouvrier bâtit-il un pont ou un mur?   3 Les spectateurs applaudissent-ils les musiciens ou le chef d'orchestre?   4 L'Américaine réfléchit-elle à son voyage ou à son travail?

IV   Dites à...

1 Dites à quelqu'un de finir vite.   2 Dites à quelqu'un de saisir l'occasion.   3 Dites à quelqu'un de punir cet enfant.   4 Dites à une amie de remplir tous les verres.   5 Dites à un ami d'obéir au patron. 6 Dites à une amie de réfléchir à ce qu'elle dit.

V   Demandez à quelqu'un...

1 s'il connaît les romans de Hugo.   2 pourquoi les garçons disparaissent après l'école.   3 qui reconnaît le patron.   4 combien d'enfants naissent chaque année en France.

/d/ Most –dre verbs, such as *vendre, prétendre, descendre, répondre, détendre, rendre, défendre, attendre,* and *entendre,* have bases ending in /d/. These verbs and all others like them follow the oral and written pattern of *vendre.*

EXERCICES   **I**   Répondez d'après le modèle.

> Modèle: Les voyageurs attendent le train. Et Pierre?
>   Pierre attend le train aussi.

1 Les touristes descendent de l'autocar. Et le guide? 2 Les étudiants répondent aux questions du professeur. Et Anne? 3 Les garçons perdent patience. Et leur mère? 4 Les bouquinistes vendent de vieux livres. Et cet homme-là? 5 Mes parents prétendent que cela n'est pas vrai. Et votre père?

II Répondez aux questions suivantes en employant la réponse donnée.

1 Qu'est-ce que vous vendez? (des livres d'occasion) 2 Que prétendez-vous faire cet été? (voyager) 3 Qui attendez-vous ici? (mon ami Robert) 4 Qu'est-ce qui vous rend heureux? (un bon repas) 5 Qu'est-ce que vous entendez? (le bruit du métro)

III Dites à...

1 Dites à quelqu'un d'attendre un instant. 2 Dites à quelqu'un de vendre tous ces vieux livres. 3 Dites à quelqu'un de descendre du bus. 4 Dites à un ami de répondre franchement. 5 Dites à une amie de rendre l'argent. 6 Dites à un ami de défendre son petit frère.

IV Demandez à quelqu'un...

1 ce qu'il prétend faire. 2 ce qu'elle entend. 3 ce qu'elle défend.

/t/ The bases of –*ttre* verbs, such as *mettre*, *promettre*, and *battre*, end in /t/. *Mettre* represents the oral and written patterns of these verbs.

mettre	verb base = ils mettent
je mets	nous mettons
tu mets	vous mettez
on met	
il met	ils mettent
elle met	elles mettent

Notice –*tt*– in all plural written forms.

Also ending in /t/ are the bases of many –*tir* verbs, such as *sortir*, *partir*, *sentir*, *mentir*, and *se repentir*.

sortir	verb base = ils sortent
	il sort

EXERCICES **I** Répondez d'après le modèle.

Modèle: Est-ce que vos parents partent tout de suite?
Non, mais mon ami part tout de suite.

1 Est-ce que Denise et Françoise promettent d'y aller? 2 Est-ce que ces enfants mentent tout le temps? 3 Est-ce que les spectateurs sentent un courant d'air? 4 Est-ce que les filles mettent la table?

II Répondez aux questions suivantes comme vous voulez.

1 Partez-vous pour la gare? 2 Vous repentez-vous de vos actions? 3 Mentez-vous? 4 Mettez-vous la table?

III Répondez d'après le modèle.

Modèle: Si nous remettions les livres?
C'est une bonne idée. Remettons les livres.

1 Si nous sortions ce soir? 2 Si nous partions tout de suite? 3 Si nous promettions de revenir?

IV Demandez à quelqu'un...

1 ce qu'il promet. 2 avec qui il sort. 3 à quelle heure elle part. 4 ce qu'il sent. 5 si elle ment.

Il lit *cuit* *déplaît*
conduit *tait*

/z/ Lire, plaire, déplaire, conduire, détruire, se taire, and some other verbs have bases ending in /z/.

plaisent *lisent*
se taisent *détruisent*

lire	verb base = ils lisent	*lis* *lisons*
	il lit	*lis* *lisez*
		lit *lisent*

Dire also follows the oral and written pattern of *lire* with one exception. The 2nd person plural form is *vous dites* /vu dit/; all other forms are modeled on *lire*.

I   Répondez d'après le modèle.

Modèle: Le garçon détruit ses jouets. Et les autres enfants?
Les autres enfants détruisent leurs jouets aussi.

1 M. LeBlanc lit le *Figaro* tous les jours. Et vos parents?   2 Le chauffeur conduit prudemment. Et les guides?   3 Ma mère cuit de la viande pour le dîner. Et les chefs?   4 Ce garçon me déplaît. Et ses amis?

II   Répondez d'après le modèle.

Modèle: Anne et Richard lisent beaucoup.
C'est vrai, mais moi, je ne lis jamais.

1 Françoise et Denise plaisent au professeur.   2 Paul et Janine se taisent en classe.   3 Vos amis disent au revoir.   4 Les autres étudiants détruisent leurs vieux papiers.

III   Répondez aux questions suivantes en employant la réponse donnée.

1 Quelle sorte de voiture conduis-tu? (une voiture de sport)   2 Qui vous plaît? (ce petit enfant)   3 Pourquoi vous taisez-vous? (parce que je suis fatigué)   4 Qu'est-ce qui vous déplaît? (son attitude supérieure)

IV   Dites à un ami ou à une amie...

1 de dire la vérité.   2 de conduire un peu moins vite.   3 de se taire.

Plan illuminé du métro

V Demandez à quelqu'un ...

1 ce qu'il lit. 2 quelle auto elle conduit. 3 pourquoi il se tait. *taisez-vous*

/v/ *Suivre, écrire, servir, vivre,* and other verbs have bases ending in /v/.

suivre	verb base = **ils suivent**	*ns. suivons*
	il suit	*vs. suivez*

The consonants cited are the most common ones occurring in second-group verbs; however, other consonants can occur, such as:

/m/ **dormir, s'endormir**
ils dorment
il dort

/p/ **rompre**
ils rompent
il rompt

/k/ **vaincre, convaincre**
ils vainquent
il vainc

EXERCICES **I** Répondez d'après le modèle.

Modèle: Nous suivons un cours de philosophie. Et Marc?
Je crois qu'il suit un cours de philosophie aussi.

1 Nous écrivons de la poésie. Et Richard? 2 Je vis seul dans un vieil appartement. Et les LeBlanc? 3 Nous dormons tard le dimanche. Et Hélène et Paulette? 4 Nous rompons le silence. Et les élèves?

II Répondez aux questions suivantes en employant la réponse donnée.

1 Quelle route suivons-nous? (la route de Paris à Nice) 2 Que servez-vous comme dessert? (des babas au rhum) 3 Jusqu'à quelle heure dormez-vous d'habitude? (huit heures et demie) 4 Avec qui rompt-il? (avec son partenaire)

III Dites à une amie ou à un ami...

1 de suivre cette avenue jusqu'au bout. 2 d'écrire l'adresse des Comeaux. 3 de servir de la glace comme dessert. 4 de dormir tard demain matin.

IV Demandez à quelqu'un...

1 avec qui elle rompt. 2 à quelle heure il s'endort d'habitude. 3 quelle route elle suit. 4 ce qu'il sert comme plat de viande.

DIRECT OBJECT PRONOUNS IN AFFIRMATIVE COMMANDS

In an affirmative command, the direct object pronoun follows the verb. The 1st person singular pronoun *me* changes to its stressed form *moi*. In writing, pronouns are connected to the imperative verb by a hyphen.

Regarde-**moi**.
Appelez-**nous**.
Finis-**le**.
Rendez-**la**.
Mettez-**les** ici.

EXERCICES Employez le pronom objet direct. Dites à...

1 Dites à une amie de remplir la tasse. 2 Dites à un ami de vendre les bicyclettes. 3 Dites à une amie de vous attendre. 4 Dites à quelqu'un de vous applaudir. 5 Dites à quelqu'un de lire le poème. 6 Dites à quelqu'un de mettre les couverts.

QUESTIONS À DISCUTER

1 Faites une conversation entre une bicyclette, un autobus, une voiture, un train de métro et un avion. Chaque véhicule présente ses avantages. Inventez des arguments et des disputes.
2 Décrivez à un ami de Paris le système de transports publics dans votre ville (autobus, taxis, métros ou trains). Expliquez-lui les changements que vous feriez si vous pouviez.
3 Trois d'entre vous sont désignés par le reste de la classe pour créer le plan d'un système de transports publics. Présentez les avantages et les détails de votre plan à la classe et essayez de les convaincre. Les autres membres de la classe vous posent des questions.

Littérature

La poésie contemporaine

Prévert, Géraldy, Lasnier

Vocabulaire

knitting

tricot — m.   un tissu de laine en mailles entrelacées, fait avec des aiguilles
La mère fait du tricot en regardant la télévision.

business

affaire — f.   entreprise industrielle ou commerciale
C'est un homme d'affaires.

cemetery

cimetière — m.   terrain où l'on enterre les morts
Cette femme va tous les jours au cimetière.

circle

rond — m.   ligne circulaire
Il fait des ronds de fumée avec sa cigarette.

smoke

fumée — f.   mélange de produits gazeux qui se dégage d'un corps en combustion
Après le feu, les murs étaient noirs de fumée.

cinders, ashes

cendre — f.   résidu de quelque chose qui a été brûlé
Il reste encore de la cendre dans la cheminée.

ash tray

cendrier — m.   petit récipient destiné à recevoir les cendres de tabac
Il a mis sa cigarette dans le cendrier.

II

_{to belong to}
appartenir   être la propriété de quelqu'un (syn. — être à)
         Ce stylo appartient à Denise.
         Ces gants m'appartiennent.

_{spring source}
source — f.   eau qui sort de terre; endroit d'où l'eau sort
         Il y a une source dans cette forêt.

_{pebble small stone}
caillou — m.   morceau de pierre de moyenne ou de petite dimension (syn. — pierre)
         Il avait des cailloux dans sa poche.

_{shadow shade gloom}
ombre — f.   zone sombre créée par un corps qui intercepte les rayons lumineux
         Elle est assise à l'ombre de l'arbre.

_{path lane}
sentier — m.   chemin étroit à travers la campagne, les bois
         Ce sentier mène à la maison.

_{grass herb}
l'herbe — f.   plante verte plus ou moins haute qui meurt chaque année
         J'aime me coucher dans l'herbe.

_{to support}
soutenir   soutenir quelque chose — le supporter
         Ces colonnes soutiennent le balcon.
     soutenir quelqu'un — lui apporter de l'aide, du secours, du réconfort
         Son amitié m'a soutenu.

EXERCICES DE VOCABULAIRE

I

A   Répondez aux questions suivantes en employant la réponse donnée.

1   Qu'est-ce qu'elle fait? (du tricot)
2   Qu'est-ce qu'il a acheté? (des chaussettes en tricot)
3   Quelle est sa profession? (il...être dans les affaires)
4   Qui est-ce? (une femme d'affaires)
5   Où a-t-elle apporté des fleurs? (au cimetière)
6   Qui est enterré dans ce cimetière? (des personnes célèbres)
7   Qui danse en rond? (les enfants)
8   Qui a fait des ronds de fumée avec sa cigarette? (le père)
9   Qu'est-ce que je sens? (de la fumée) *smoke Vous sentez*

B   Complétez les phrases suivantes en employant le mot *cendre* ou *cendrier* selon le cas.

1   Ce _____ est en cristal.
2   Il y a des _____ dans la cheminée.
3   Il a mis les _____ de sa cigarette dans le _____.

II

C Dans les phrases suivantes, remplacez *être à* par *appartenir à*.

1 Cette bicyclette est à Robert.
2 Cette maison est à ma tante.
3 Ce livre est à Françoise.

D Complétez les phrases suivantes en employant le mot *source*. *spring*

1 L'eau de cette ———— est bonne.
2 J'ai trouvé dans le bois une petite ————.
3 Si vous avez soif, buvez à la ————.

E Dans les phrases suivantes, remplacez *pierre* par *caillou*.

1 Nous lançons des pierres dans la rivière.
2 Il lance des pierres contre les vitres.
3 Au fond de la source il y a des pierres. *cailloux*

F Complétez les phrases suivantes en employant le mot indiqué.

1 Les enfants jouent à l'———— de la maison. (ombre)
2 Ces fleurs préfèrent l'————. (ombre)
3 Savez-vous où va ce ————? (sentier)
4 Suivez ce ———— et vous trouverez la source. (sentier) *chemin*
5 Les mauvaises ———— sont des plantes parasites. (herbe)
6 Le persil est une fine ————. (herbe)

G Répondez d'après le modèle.

Modèle: Pourquoi l'aimez-vous tant? *support*
Je l'aime parce qu'il m'a soutenu quand j'étais triste.

1 Pourquoi l'admirez-vous tant?
2 Pourquoi le respectez-vous tant?
3 Pourquoi le trouvez-vous gentil?

LA POÉSIE CONTEMPORAINE

La poésie est née d'une expérience personnelle jointe à l'héritage des années et reflète peut-être mieux que n'importe quel autre genre littéraire l'esprit de son époque. La poésie contemporaine exprime la réalité quotidienne telle que nous la connaissons. C'est une poésie née d'un héritage de guerres, de bouleversements politiques, de découvertes scientifiques, de doute religieux, de révolte. C'est l'expression d'hommes et de femmes d'aujourd'hui et de leur lot d'angoisse, de joie, de déception, d'amour. C'est une poésie qui est en train de se faire et qui cherche de nouvelles formes poétiques. La poésie contemporaine ne connaît pas de frontières géographiques. Malgré leurs nationalités, les jeunes poètes et poétesses essaient de nous faire entrer dans leur monde: le monde poétique d'aujourd'hui.

JACQUES PRÉVERT

Né a Neuilly-sur-Seine, Jacques Prévert, comme tant d'autres poètes contemporains, passa par l'école surréaliste. A partir de 1931, Prévert gagna une renommée considérable comme poète, mais il semblait n'attacher aucune importance à ses œuvres, les dispersant librement à ses amis. La chanson et le film l'intéressaient plus que la littérature.

Jacques Prévert est le poète contemporain le plus lu et le plus aimé du peuple français qui comprend facilement son humour et partage ses préjugés. Car Prévert est l'ennemi de l'ordre social opprimant et de toutes les conventions. Il est contre le despotisme, l'injustice, la pauvreté, la guerre et la souffrance. C'est un révolté et un anarchiste, mais c'est un anarchiste souriant, animé non pas par la haine mais par l'amour: l'amour de la vie, l'amour de la liberté, l'amour de l'humanité.

Familiale

La mère fait du tricot
    Le fils fait la guerre
Elle trouve ça tout naturel la mère
Et le père qu'est-ce qu'il fait le père?
Il fait des affaires
Sa femme fait du tricot
Son fils la guerre
Lui des affaires
Il trouve ça tout naturel le père
Et le fils et le fils
Qu'est-ce qu'il trouve le fils?
Il ne trouve rien absolument rien le fils
Le fils sa mère fait du tricot son père des affaires lui la guerre
Quand il aura fini la guerre
Il fera des affaires avec son père
La guerre continue la mère continue elle tricote
Le père continue il fait des affaires
Le fils est tué il ne continue plus
Le père et la mère vont au cimetière
Ils trouvent ça tout naturel le père et la mère
La vie continue la vie avec le tricot la guerre les affaires
Les affaires la guerre le tricot la guerre
Les affaires les affaires et les affaires
La vie avec le cimetière.

Jacques Prévert

Paroles (1946)
Editions Gallimard

QUESTIONS   1   Que fait la mère?
             2   Que fait le fils?
             3   Comment est-ce que la mère trouve ça?

4 Qu'est-ce que le mot ça veut dire dans la phrase: «Elle trouve ça tout naturel la mère»?
5 Qu'est-ce que le père fait?
6 Qu'est-ce que le mot ça veut dire dans la phrase: «Il trouve ça tout naturel le père»?
7 Qu'est-ce que le fils trouve?
8 Qu'est-ce que le fils fera quand il aura fini la guerre?
9 Qu'est-ce qui continue?
10 Qui continue?
11 Qui ne continue plus?
12 Pourquoi ne continue-t-il pas?
13 Où le père et la mère vont-ils?
14 Qu'est-ce qu'ils trouvent tout naturel?
15 Comment la vie continue-t-elle?

Déjeuner du matin

Il a mis le café
   Dans la tasse
Il a mis le lait
Dans la tasse de café
Il a mis le sucre
Dans le café au lait
Avec la petite cuiller
Il a tourné
Il a bu le café au lait
Et il a reposé la tasse
Sans me parler
Il a allumé
Une cigarette
Il a fait des ronds
Avec la fumée
Il a mis les cendres
Dans le cendrier
Sans me parler
Sans me regarder
Il s'est levé
Il a mis
Son chapeau sur sa tête
Il a mis
Son manteau de pluie
Parce qu'il pleuvait
Et il est parti
Sous la pluie
Sans une parole
Sans me regarder
Et moi j'ai pris
Ma tête dans ma main
Et j'ai pleuré.

Jacques Prévert

Paroles (1946)
Editions Gallimard

QUESTIONS
1 Où est-ce que la scène se passe?
2 A quel moment se passe-t-elle?
3 Combien de personnages y a-t-il dans le poème?
4 Qu'est-ce que l'homme a mis dans la tasse?
5 Qu'est-ce qu'il a mis dans la tasse de café?
6 Qu'est-ce qu'il a mis dans le café au lait?
7 Avec quoi a-t-il tourné le café au lait?
8 Après avoir bu le café au lait, qu'a-t-il fait de la tasse?
9 Qu'est-ce qu'il a allumé?
10 Avec quoi a-t-il fait des ronds? *fumée*
11 Où a-t-il mis les cendres?
12 Qu'est-ce qu'il a fait ensuite?
13 Qu'est-ce qu'il a mis sur la tête?
14 Pourquoi a-t-il mis son manteau de pluie?
15 Comment est-il parti?
16 La personne qui parle, que fait-elle?

PAUL GÉRALDY

Né le 6 mars 1885 à Paris, Paul Géraldy a consacré sa vie entière à la littérature. Son célèbre recueil de poèmes *Toi et moi* fut le résultat d'une expérience personnelle que Géraldy lui-même décrit: «Un soir, chez des amis qui donnaient une fête, je connus une jeune fille très belle, d'une rare, exceptionnelle beauté. Un chant à présent m'habitait. Je marchais dans Paris, au rythme de mes pas, je composais des vers. J'entrais dans les bureaux de poste et les notais sur des formules de télégrammes. Ainsi naquit ce *Toi et moi* dont l'insolent succès me suit, pèse sur moi depuis quarante ans. J'étais bien moins un écrivain qu'un amoureux...»

Dualisme

Chérie, explique-moi pourquoi
tu dis: «MON piano, MES roses»,
et «TES livres, TON chien»... pourquoi
je t'entends déclarer parfois:
«c'est avec MON argent A MOI
que je veux acheter ces choses.»

Ce qui m'appartient t'appartient!
Pourquoi ces mots qui nous opposent:
le tien, le mien, le mien, le tien?
Si tu m'aimais tout à fait bien,
tu dirais: «LES livres, LE chien»
et: «NOS roses».

Paul Géraldy

Toi et moi (1960)

QUESTIONS

1 A qui le poète pose-t-il une question? *sa femme*
2 Quelle question pose-t-il?
3 Pourquoi est-ce que les mots *mon, mes, tes, ton* sont en majuscule? *capital letter*
4 Quand emploie-t-on le pronom possessif *mon* et l'expression *à moi* comme dans la phrase «C'est mon argent à moi»?
5 Qu'est-ce que l'emploi de ces pronoms possessifs implique pour le poète? *seperateness & posseveness*
6 Qu'est-ce que le poète dit à son amoureuse au sujet de ses possessions?
7 Quels mots les opposent?
8 Si elle l'aimait tout à fait que dirait-elle?
9 Que suggère l'emploi de l'article défini et du pronom possessif dans les expressions: «LES livres, LE chien» et «NOS roses»?

RINA LASNIER

Née à St.-Grégoire d'Iberville (Province de Québec) cette poétesse est l'auteur de quelques-unes des plus jolies poésies de la littérature canadienne.

Sa poésie exprime un spiritualisme personnel et une profonde expérience des choses humaines et de la foi divine. Dans une communication présentée aux «Poètes du Monde» réunis à Montréal, Rina Lasnier décrit sa propre expérience poétique qui surgit de l'innocence qu'elle appelle détachement: «Détachement qui serait une sorte de liberté plus grande que la passion, plus forte que l'intelligence, plus naïve que l'esthétisme, et forçant la poésie à rendre au poète son unité première. Et cette unité, pour quelques instants, nous réconcilie avec notre double, avec cet être de misère en nous, mais toujours affamé du dieu en lui... et dans les autres.»

Chanson

Tu m'as dit: «J'ai besoin de toi».
    Pourtant c'est toi la source, moi le caillou;
toi l'arbre, moi l'ombre;
toi le sentier, moi l'herbe foulée.

foulée écrasée

Moi j'avais soif, j'avais froid, j'étais perdue;
toi tu m'as soutenue, rassurée et cachée dans ton cœur.
Pourquoi donc aurais-tu besoin de moi?

rassurée rendue la confiance

La source a besoin du caillou pour chanter,
l'arbre a besoin de l'ombre pour rafraîchir,
le sentier a besoin de l'herbe foulée pour guider.

rafraîchir rendre plus frais

Rina Lasnier
de l'Académie Canadienne-française

Images et Proses (1941)

QUESTIONS

1 A qui parle la poétesse?
2 Qu'est-ce que cette personne ou cet être lui a dit?
3 La poétesse comprend-elle pourquoi il a besoin d'elle?
4 Par quelles images décrit-elle leur relation?
5 Dans la deuxième strophe qu'est-ce que la poétesse dit d'elle-même?
6 Qu'est-ce que cet être a fait pour elle?
7 En jugeant de l'extérieur, qui avait le plus grand besoin d'être consolé?
8 Quelle question la poétesse pose-t-elle?
9 Pourquoi la source a-t-elle besoin du caillou?
10 Pourquoi l'arbre a-t-il besoin de l'ombre?
11 Pourquoi le sentier a-t-il besoin de l'herbe foulée?

QUESTIONS À DISCUTER

1 Dans «Familiale» que pensez-vous de l'attitude de la mère, du père et du fils?
2 Prévert a-t-il de la sympathie pour leur passivité ou condamne-t-il leur consentement à la vie avec le cimetière?

3 Dans sa poésie Prévert emploie souvent les répétitions soigneuse-ment arrangées. Comment est-ce que cette technique joue un rôle important dans «Familiale»?

4 «Déjeuner du matin» est divisé en combien de parties? Quel refrain sépare les parties? Est-ce que ce refrain est toujours exactement le même ou y a-t-il des variations?

5 Qui sont les deux personnages du poème?

6 Quels sont les sentiments de la personne qui parle? Y a-t-il un élément extérieur qui renforce ses émotions?

7 Comment le poète nous fait-il sentir le mur qui sépare les deux personnages? Pourquoi emploie-t-il les pronoms possessifs dans les vers «*Son* chapeau est sur *sa* tête», et «*Ma* tête dans *ma* main»?

8 Pourquoi est-ce que Prévert nous décrit en détail les gestes de l'homme?

9 Dans «Dualisme» le poète a-t-il raison en disant que les mots *le tien* et *le mien* opposent les amoureux?

10 Quel est le thème de «Chanson»?

11 Comment est-ce que la poétesse arrive à une juxtaposition parfaitement balancée dans la première strophe? Dans la deuxième?

12 Est-ce que «Chanson» peut être interpreté comme un poème religieux?

COMPOSITION

1 Quels aspects de la personnalité du poète sont évidents dans «Familiale»?

2 Décrivez les deux personnages et leur relation dans «Déjeuner du matin».

3 Quel poème de Prévert exprime une opposition, l'existence d'un mur entre les amoureux? Contrastez ce poème avec «Dualisme».

4 La relation entre les deux êtres dans «Chanson», comment diffère-t-elle de celles exprimées par Prévert dans «Déjeuner du matin» et par Géraldy dans «Dualisme»?

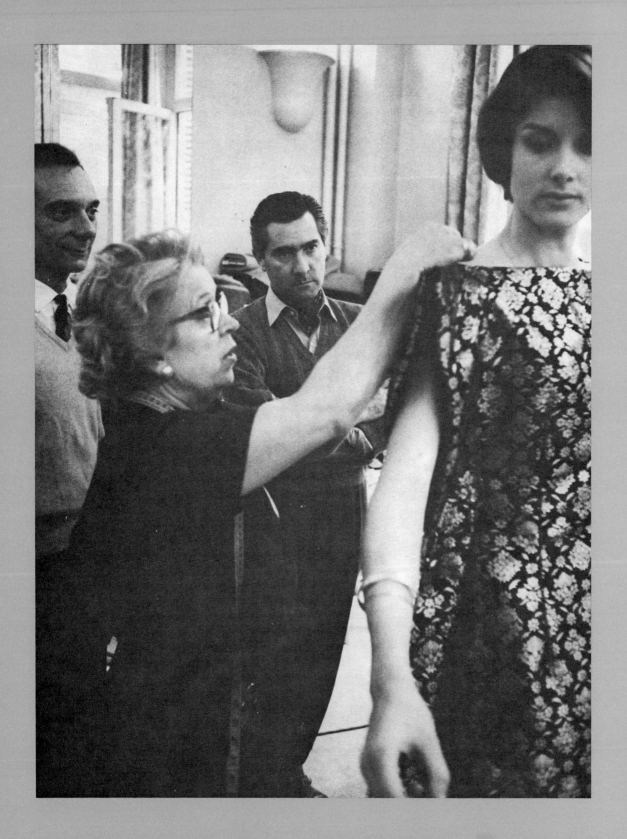

Culture

CINQUIÈME LEÇON

Une collection de haute couture

Vocabulaire actif

coudre ~~sew~~ attacher, joindre par une suite de points faits au moyen d'une aiguille et d'un fil
   Il faut de la patience pour coudre une belle robe.

couture — f. ~~dress making~~ action ou art de coudre; ouvrage exécuté par une personne qui coud
   La couture d'une robe de bal demande cinquante heures de travail.

couturier — m. ~~designer~~ personne qui dirige une maison de couture et crée des vêtements
   Christian Dior, «Coco» Chanel, André Courrèges et Pierre Balmain sont de grands couturiers.

haute couture — f. ~~high fashion~~ la création de vêtements féminins par les grands couturiers
   La haute couture est une activité essentiellement parisienne.

créer ~~to create~~ créer quelque chose — lui donner une existence, une forme
   Chaque saison les grands couturiers créent de nouveaux modèles.

dizaine, soixantaine — f. nombre de 10 environ, nombre de 60 environ; le suffixe –*aine* se place à la fin d'un numéro pour indiquer un nombre approximatif
   Nous allons passer une dizaine de jours à Paris.

Dans un atelier de haute couture

mode — f.   manière de s'habiller conforme aux goûts d'une certaine société
            Cette dame veut être habillée à la dernière mode.

c'est dommage   expression de regret
            Aujourd'hui il pleut; c'est dommage, car nous allions faire un pique-nique.

ainsi   comme ça, de cette façon, de cette manière
            La mode est ainsi.

coin — m.   angle formé par deux lignes
            L'enfant s'est caché dans un coin de sa chambre.

but — m.   ce que l'on veut atteindre ou obtenir (syn. — intention, dessein)
            Mon but est de finir ce travail ce soir.

tissu — m.   étoffe, ouvrage de fibres textiles
            Ma mère a choisi un tissu de coton.

II

couper   diviser une chose au moyen d'un instrument tranchant
            J'ai coupé le ruban avec une paire de ciseaux.

usine — f.   entreprise industrielle
            Ces ouvriers travaillent dans une usine d'automobiles.

dessin — m.   la forme d'une chose
            J'aime la couleur de cette robe, mais le dessin ne me plaît pas.

mannequin — m.   appareil figurant un être humain, qu'on habille pour présenter aux clients
            des vêtements; quelqu'un qui met les vêtements de haute couture
            pour les présenter aux clients
            Les mannequins présentent la nouvelle collection.

avoir à   indique une obligation (syn. — devoir)
            Nous avons à partir à trois heures précises.

se passer de   ne pas utiliser une chose
            Cet homme ne veut plus fumer; il essaie de se passer de tabac.

obliger   obliger quelqu'un à faire quelque chose — le forcer à une action
            Ma conscience m'oblige à dire la vérité.

EXERCICES DE VOCABULAIRE

A Répondez aux questions suivantes en employant la réponse donnée.

1 Quand est-ce que cette couturière a appris à coudre? (très jeune)
2 Qu'est-ce qu'elle coud? (un bouton)
3 Qu'est-ce que cette fille apprend? (la couture)
4 Qu'est-ce qui demande plusieurs heures de travail? (la couture de cette robe)
5 Où est-ce que cette dame a acheté sa robe? (chez un grand couturier)
6 Qui était «Coco» Chanel? (la directrice d'une maison de haute couture)
7 Quand on pense à la haute couture on pense à quelle ville? (à Paris)
8 Qu'est-ce que Chanel a créé? (un nouveau modèle de robe)
9 Quel romancier a créé le personnage de Quasimodo? (Victor Hugo)
10 Combien d'étudiants y a-t-il dans la classe? (une trentaine)
11 Combien de temps a-t-elle passé en France? (une dizaine de jours)
12 Comment Jackie Onassis est-elle habillée? (à la dernière mode)
13 Qu'est-ce que vous lisez? (un journal de mode)

B Complétez les phrases suivantes comme vous voulez.

1 Le restaurant est fermé; c'est dommage, car...
2 Je n'ai pas d'argent; c'est dommage, car...
3 Marie est malade; c'est dommage, car...

C Dans les phrases suivantes, remplacez *comme ça* par *ainsi.*

1 La mode parisienne est comme ça.
2 Ce garçon parle toujours comme ça.
3 Cet ouvrier travaille comme ça.

1 Où est-ce que le bus s'arrête? (au coin de la rue)
2 Où est-ce que la cliente est assise? (dans un coin du salon)
3 Quel est le but de votre promenade? (de voir les maisons de haute couture)
4 Quel est le but de cette femme? (de s'habiller à la mode)
5 Quel tissu le grand couturier a-t-il choisi pour la robe? (un tissu de coton).
6 Qu'est-ce que la cliente achète? (du tissu pour une robe)

II

E Répondez aux questions suivantes en employant la réponse donnée.

1 Comment avez-vous coupé le tissu? (avec une paire de ciseaux)
2 Que fait la couturière? (couper une robe de bal)

F Complétez les phrases suivantes en employant le mot *usine*.

1 A Billancourt se trouve une _____ Renault.
2 On fait des automobiles dans cette _____ .

G Répondez aux questions suivantes en employant la réponse donnée.

1 Qui est cette belle femme? (un mannequin de chez Dior)
2 Devant qui est-ce que les mannequins défilent? (devant les clientes)
3 Qu'est-ce que l'artiste fait? (un beau dessin)
4 Aimez-vous le dessin de ce tissu? (non)

H Répondez d'après le modèle.

Modèle: Devez-vous partir de bonne heure?
Oui, j'ai à partir de bonne heure.

1 Devez-vous prendre le train ce soir?
2 Doit-elle finir son dessin avant de partir?

Modèle: Voulez-vous du sucre dans votre café?
Non merci, je vais me passer de sucre.

3 Voulez-vous du citron dans votre thé?
4 Voulez-vous de la crème dans votre café?

I Répondez aux questions suivantes en employant la réponse donnée.

1 Qui vous oblige à étudier? (mes parents)
2 Qu'est-ce qui vous oblige à rendre l'argent? (ma conscience)

Une collection de haute couture

— Savez-vous coudre, Monsieur Balmain?

M. Balmain ne répond pas, absorbé par son travail. Il crée.

Dans quelques heures va être présentée la collection d'hiver. Chez Balmain, chez Dior et dans une dizaine d'autres maisons la fièvre est à son maximum. Encore quelques instants et cette somme de travail, cette masse écrasante de créations va se présenter devant son juge, devant le public; disons, devant son public. Cela sera le succès, l'échec, une nouvelle saison à préparer ou la faillite.

La haute couture, tout le monde le sait, tout le monde le dit, c'est une activité française et essentiellement parisienne. A l'étranger, quand on imagine la France, on ne voit que la haute couture. Pour l'étranger la France, c'est quelques vins, quelques fromages et la mode de Paris. C'est dommage, mais c'est ainsi. Mais alors la mode, qu'est-ce que c'est? La haute couture, une collection, Balmain, qu'est-ce que c'est?

. . .

La maison Balmain, au coin de la rue François-1er et de la rue Marbeuf, cela représente six cents personnes qui, du portier à la dernière arpète, ont préparé la collection.

Depuis un mois, toute la maison... ne pense qu'à une chose, ne fait qu'une chose, ne vit que dans un but: la collection.

Le 24 juillet, à 15 heures, le spectacle a commencé. Le premier modèle a jailli dans le grand salon. Il a fait six pas, demi-tour. Il est revenu. Trois cents spectateurs des yeux ont cherché les défauts, la chute, la fatigue dans la création et n'ont trouvé rien à dire. Subjugués, ils ont applaudi.

En un mois, cinq semaines, il a fallu créer de cent quatre-vingts à deux cents modèles. Choisir les tissus, les couleurs, trouver des

fièvre (f.) état de tension ou d'agitation
somme (f.) quantité
écrasante excessive, accablante
juge (m.) personne appelée à apprécier une chose
échec (m.) fiasco, insuccès
faillite (f.) insuccès, échec

portier (m.) personne qui garde l'entrée
arpète (f.) jeune apprentie couturière

jailli sorti soudainement, vivement
défauts (m.) imperfections
chute (f.) faute

essayages (m.) action de
passer sur soi une robe pour
voir si elle est bien à la
mesure

lignes, faire exécuter chaque création, faire les essayages, les reprendre, détruire une robe, recommencer dix, quinze fois avant que la robe ne soit baptisée et acceptée.

II

—C'est ici que je travaille, c'est le studio, si vous voulez le centre de la maison. J'ai des collaborateurs, des coupeurs, des essayeurs, de magnifiques spécialistes, mais chez moi, chez Balmain, tous les modèles, tous, sont créés par moi. Pour la collection d'hiver, il va y avoir à peu près cent quatre-vingts modèles. Mais attention, une collection ne peut réussir que si elle est une œuvre collective. Il faut que chacun s'y donne avec passion. La robe, c'est ma création, mais l'ouvrière qui la coupe, qui va interpréter ce que j'ai voulu, dira: «Ma robe». Dans «ma robe» il y aura tout l'amour de son travail. En haute couture, c'est tout ceci qui est très important. En général le public ne se rend pas compte de ce que nous faisons.

«La haute couture parisienne est un paradoxe. Nous travaillons au rythme des grandes usines, mais nous faisons un travail entièrement artisanal. Il est possible que nous soyons un anachronisme. Il est possible aujourd'hui de couper une soixantaine de robes en une seule fois. Nous n'en coupons qu'une à la fois. On peut coudre à la machine; nous cousons à la main....

. . .

«En haute couture, c'est seulement lorsque le dessin est terminé que tout commence. Je fais venir le mannequin et je prends le tissu. Le dessin n'est donc pas une idée, un projet. C'est un mouvement. Mais en tant que couturier j'ai à habiller une femme avec du tissu, une femme qui va vivre dans la vie et cela ce sont des réalités. Cette femme, elle va aller à des réceptions, elle va recevoir chez elle. A 16 heures, elle pourra vouloir être une bourgeoise parisienne, mais le soir elle voudra être dans un autre esprit. C'est à nous, les couturiers, à habiller ce rêve.

. . .

«Les Américains ont voulu créer la mode. Ils ont dit: «On va se passer de Paris.» Ils ont dit aussi: «Nous avons des fabriques de tissus, la mode va être le prétexte pour faire vendre beaucoup de tissus.» Ils ont donc créé des robes pour faire marcher les usines. Cela n'a en rien créé une haute couture américaine. La preuve,

coupeurs (m.) ouvriers qui
coupent les vêtements
essayeurs (m.) personnes
chargées d'essayer les
vêtements aux clientes

artisanal fait à la main

en tant que comme

fabriques (f.) entreprises
industrielles

preuve (f.) ce qui établit la
vérité

plus fidèles qu'avant, ils sont revenus à Paris chercher notre inspiration.

«A Paris, aucun couturier ne fait de la haute couture pour faire marcher une industrie. On le fait pour satisfaire, pour habiller telle ou telle femme, telle ou telle cliente précise. Habiller une femme parfaitement, cela ne peut être fait que si l'on coupe à la main, l'on coud à la main et que l'on essaye cinq, trente fois, jusqu'à ce que ce soit parfait.

«Chez moi et chez les autres couturiers parisiens, le travail se fait exactement comme au temps de Marie-Antoinette. Tout est assemblé, cousu, brodé, repris, défait, refait à la main.»

La collection est un spectacle dont le mannequin est l'artiste. C'est un travail exténuant qui demande une présence, un effort constant, qui vous oblige à sourire quand vous voudriez pleurer de fatigue, qui vous oblige à marcher avec aisance devant des gens assis qui viennent se distraire. Il faut s'habiller, se déshabiller, trente, quarante fois dans une journée. Jouer un personnage et la seconde suivante le perdre....

...Pendant la collection, tous les jours le défilé a lieu de 15 heures à 16 h. 30, du 24 juillet à la mi-décembre pour la collection d'hiver et de mars à juin pour la collection d'été. Après le défilé, ce sont les poses pour les photographes. Puis les départs à l'étranger pour présenter les modèles.

. . .

La haute couture, si vous voulez, c'est le plus beau théâtre qu'une civilisation puisse s'offrir.

Pierre Fisson

Le Figaro

---

précise bien déterminée

cousu participe passé de *coudre*
brodé (embroidered)

exténuant très fatiguant
présence (f.) une personnalité qui s'impose au public
aisance (f.) assurance
se distraire s'amuser

défilé (m.) des mannequins qui marchent en colonne

Répondez aux questions suivantes d'après le texte.

I

1 Qui est M. Balmain?
2 Quand le journaliste lui demande «Savez-vous coudre?», pourquoi est-ce que M. Balmain ne répond pas?
3 Qu'est-ce qui va être présenté dans quelques heures?
4 Où est-ce que la fièvre est à son maximum?
5 Qu'est-ce qui est une activité française et essentiellement parisienne?
6 Pour l'étranger, qu'est-ce que c'est que la France?
7 Combien de personnes travaillent pour préparer la collection Balmain?
8 Depuis combien de temps travaille-t-on à la collection?
9 Quand est-ce que le spectacle a commencé?
10 Combien de spectateurs y avait-il?
11 Est-ce que les spectateurs ont aimé la collection?
12 Comment ont-ils exprimé leur appréciation?

II

1 Qu'est-ce qui est le centre de la maison Balmain?
2 Qui sont les collaborateurs de M. Balmain?
3 Chez Balmain qui crée tous les modèles?
4 Qu'est-ce qui doit être une œuvre collective?
5 La robe, c'est la création de qui?
6 Qu'est-ce que l'ouvrière dit quand elle coupe la robe?
7 Pourquoi est-ce que la haute couture est un paradoxe?
8 Dans une usine combien de robes peut-on couper en une seule fois?
9 Chez Balmain combien de robes coupe-t-on à la fois?
10 Comment coud-on chez Balmain?
11 En haute couture est-ce que le dessin est important?
12 Qu'est-ce que c'est que le dessin, selon M. Balmain?
13 En tant que couturier, qu'est-ce que M. Balmain a à faire?
14 Qu'est-ce que les Américains ont voulu créer?
15 Qu'est-ce que les Américains ont dit?
16 Selon M. Balmain, pourquoi est-ce que les Américains ont créé des robes?
17 Y a-t-il une haute couture américaine?
18 A Paris, pourquoi est-ce qu'on fait de la haute couture?
19 Que faut-il faire pour habiller une femme parfaitement?
20 Qu'est-ce que le mannequin fait?
21 Pourquoi est-ce que les mannequins doivent partir à l'étranger?
22 Selon cet article, qu'est-ce que c'est que la haute couture?

GRAMMAIRE

ADVERBS

Formation: Most regular adverbs are formed by adding the adverbial ending –*ment* /mã/ to the feminine singular form of the adjective.

	ADJECTIVE		ADVERB
	MASCULINE	FEMININE	
	parfait	parfaite	parfaitement
	doux	douce	doucement
sudden	soudain	soudaine	soudainement
	sérieux	sérieuse	sérieusement
	long	longue	longuement
	naturel	naturelle	naturellement
	rapide	rapide	rapidement

Exceptions

1. Adjectives whose feminine singular ends in a vowel sound. These adverbs are regular in their oral formation, but their written form is the *masculine* singular adjective + –*ment*.

	ADJECTIVE		ADVERB
	MASCULINE	FEMININE	
	poli	polie	poliment
	vrai	vraie	vraiment
	absolu	absolue	absolument
	infini	infinie	infiniment
Exception: gaiement			

2. Adverbs taking the ending –*ément* /e mã/. The most common of these adverbs include the following:

ADJECTIVE		ADVERB
MASCULINE	FEMININE	
profond	profonde	profondément
précis	précise	précisément
confus	confuse	confusément
énorme	énorme	énormément
obscur	obscure	obscurément

3. Adjectives ending in —ent, —ant /ã/ in the masculine singular: These adjectives require the endings —emment or —amment /a mã/.

ADJECTIVE		ADVERB
MASCULINE	FEMININE	
évident	évidente	évidemment
prudent	prudente	prudemment
patient	patiente	patiemment
fréquent	fréquente	fréquemment
constant	constante	constamment
courant	courante	couramment

Vêtements prêts à porter au Printemps

Aux Galeries Lafayette

There are a few exceptions to this pattern, such as:

ADJECTIVE		ADVERB
MASCULINE	FEMININE	
lent	lente	lentement
présent	présente	présentement

4. Adverbs formed on an irregular stem:

ADJECTIVE		ADVERB
MASCULINE	FEMININE	
bref	brève	brièvement
gentil	gentille	gentiment

Many very common adverbs do not end in *–ment*. Some of these adverbs are identical in form to the masculine singular adjective.

ADJECTIVE		ADVERB	
MASCULINE	FEMININE		
bas	basse	bas	Il parle bas.
haut	haute	haut	Pourquoi parlez-vous si haut?
fort	forte	fort	Ne criez pas si fort.
cher	chère	cher	Ces robes coûtent cher.

Some other very common adverbs differ in form from the adjectives that they are semantically related to.

ADJECTIVE		ADVERB	
MASCULINE	FEMININE		
bon	bonne	bien	Elle chante bien.
mauvais	mauvaise	mal	Cet enfant écrit mal.
meilleur	meilleure	mieux	Je vais mieux aujourd'hui.
petit	petite	peu	Il parle peu.

EXERCICES   I   Dans les phrases suivantes, remplacez l'adverbe par l'adverbe donné.

Modèle: Vous prononcez parfaitement. (affreusement)
Vous prononcez affreusement.

1 Le train s'en va lentement. (rapidement)   2 Je vous remercie infiniment. (profondément)   3 Elle nous regarde attentivement. (sérieusement) 4 Mes amis me téléphonent fréquemment. (constamment)   5 Elle a répondu vivement à votre question. (longuement)   6 Le professeur nous a tout expliqué patiemment. (poliment)   7 Elle a décrit l'accident confusément. (précisément)   8 Les enfants parlent trop fort. (haut) 9 Aujourd'hui elle chante bien. (mieux)   10 Ce garçon parle peu. (bas)

II Répondez aux questions suivantes en employant un des adverbes donnés.

1 Répond-il poliment ou décidément? 2 Est-ce que les enfants chantent gaiement ou tristement? 3 L'étranger parle-t-il peu ou beaucoup? 4 L'étudiante pose-t-elle cette question clairement ou confusément? 5 Est-ce que vous parlez français couramment ou mal? 6 Est-ce que l'ouvrier travaille lentement ou vivement? 7 Est-ce que vous lui avez répondu longuement ou brièvement?

SECOND-GROUP VERBS WITH AN INTERNAL VOWEL CHANGE

Belonging to the second group of French verbs are a number of verbs which involve an internal vowel change, from a nasal vowel in the singular forms to an oral vowel in the plural forms. Verbs ending in –aindre and –eindre, such as craindre and peindre, have a simple vowel change from the nasal vowel /ɛ̃/ in all the singular forms to the oral vowel /ɛ/ in all the plural forms. Observe the following oral and written forms of craindre, which will serve as a model for all verbs of this type.

craindre	verb base = ils craignent
je crains	nous craignons
tu crains	vous craignez
on craint	
il craint	ils craignent
elle craint	elles craignent

The verb craindre requires de before a following infinitive. No preposition is required before a following noun.

Je crains **de sortir** avec lui.
Je crains **cet homme**.

Boutique, Paris

Verbs ending in –oindre, such as *joindre* and *rejoindre* contain the nasal vowel /ɛ̃/ in all the singular forms and the oral vowel /a/ in all the plural forms.

joindre	**verb base = ils joignent**
je joins	nous joignons
tu joins	vous joignez
on joint	
il joint	ils joignent
elle joint	elles joignent

EXERCICES   I   Répétez.

1 Elle craint de voyager seule.   2 Tu crains de rester avec moi.   3 Il peint sa chambre en bleu.   4 Je peins un portrait.

II   Répondez aux questions suivantes comme vous voulez.

1 Craint-elle d'aller en ville?   2 Craint-il de prendre le bus?   3 Peint-il la maison?   4 Crains-tu l'atterrissage?   5 Crains-tu de prendre l'avion?   6 Peins-tu un portrait de cette fille?   7 Peins-tu un paysage?

1 si elle craint de voyager seule.   2 s'il craint le métro.   3 si elle peint sa chambre en vert.   4 s'il peint un portrait ou un paysage.

IV   Répétez.

1 Elles craignent le voyage en avion.   2 Ils peignent le tableau en classe.   3 Nous craignons de visiter ce château.   4 Vous peignez un beau tableau.

V   Répondez aux questions suivantes comme vous voulez.

1 Craignent-elles d'oublier leur argent?   2 Craignent-ils de perdre leur temps?   3 Craignez-vous cet animal?   4 Craignez-vous ce chien?
5 Peignent-ils la salle de classe?   6 Peignent-elles des portraits?
7 Peignez-vous des portraits dans cette classe?   8 Peignez-vous votre chambre en rose?

VI   Demandez à quelqu'un...

1 s'il craint son père.   2 s'il craint d'aller à l'école.   3 s'il peint le mur.
4 s'il peint un tableau.

VII   Répétez.

1 Elle joint ses amis par téléphone.   2 Il rejoint ses amis.   3 Je rejoins ma famille ce soir.   4 Tu rejoins les étudiants.

VIII   Répondez aux questions suivantes comme vous voulez.

1 Joint-elle sa mère par téléphone?   2 Rejoint-il ses parents?   3 Rejoins-tu tes copains?   4 Joins-tu ton frère par téléphone?

IX   Demandez à un ami ou à une amie...

1 si elle rejoint ses amis après le concert.   2 s'il rejoint les autres étudiants.   3 à quelle heure elle rejoint ses parents.   4 où il rejoint ses copains.

X   Répétez.

1 Ils rejoignent les autres à deux heures.   2 Nous rejoignons nos camarades au restaurant.   3 Vous joignez votre père par télégramme.

XI   Répondez aux questions suivantes en employant la réponse donnée.

1 A quelle heure rejoignent-ils leurs cousins? (à trois heures)   2 Où rejoignent-elles leurs camarades? (devant l'école)   3 Pourquoi rejoignons-nous nos amis? (pour les accompagner au cinéma)   4 Qui rejoignez-vous ce soir? (mes cousins)   5 Où rejoignez-vous Marie? (au café)

XII   Demandez à quelqu'un...

1 s'il rejoint Roger au théâtre.   2 s'il joint sa mère par téléphone ou par télégramme.   3 pourquoi il rejoint ses copains.   4 où il rejoint sa famille.

COMPOSITION

1   Quelles sont quelques différences entre la mode des hommes et la mode des femmes? Décrivez quelques changements que vous avez remarqués dans la mode masculine.

2   Dans quel sens est-ce que les grands couturiers habillent les rêves des femmes? Ces rêves sont-ils limités aux clientes des maisons de haute couture?

3   Est-ce que la haute couture est un anachronisme? Justifiez votre réponse.

Conversation

SIXIÈME LEÇON

Le congé annuel

Vocabulaire actif

privé, -e **(private)**   se dit d'un endroit auquel le public n'a pas accès; se dit de quelque chose qui n'appartient pas à la collectivité ou à l'Etat

    Dans toutes les villes il y a des écoles privées et publiques.

hors **(outside)**   indique l'extériorité ou l'exclusion

    Il prend son congé hors de la période d'été.

repos — m. **(rest)**   cessation de travail, d'exercice

    Il y a longtemps que vous travaillez; prenez un peu de repos.

auberge — f. **(inn)**   petit hôtel et restaurant de campagne

    Arrêtons-nous dans une auberge pour dîner.

auberge de jeunesse — f. **(youth hostel)**   centre d'accueil et de vacances pour les jeunes.

    Nous allons nous retrouver à une auberge de jeunesse près d'ici.

colonie de vacances — f. **(camp)**   centre où des groupes d'enfants passent leurs vacances sous la direction de moniteurs

    Mon frère passe l'été dans une colonie de vacances.

Départs en vacances

Hôtel à Paris

retenir réserver

Je veux retenir une chambre.

price

tarif — m. prix

Le tarif de cette chambre est cinquante francs par jour.

EXERCICES DE
VOCABULAIRE

Répondez aux questions suivantes en employant la réponse donnée.

1 Où habite cet écrivain? *author* (dans une maison privée)
2 Pourquoi est-ce qu'on ne peut pas entrer ici? (parce que c'est privé)
3 Où commence la campagne? (hors de la ville)
4 Où voyagent les touristes? (hors de leur pays)
5 Qu'est-ce que le médecin recommande au malade? (un mois de repos)
6 Qu'est-ce que vous ne voulez pas déranger? (son repos)
7 Où préférez-vous dîner ce soir? (dans une vieille auberge)
8 Où est-ce qu'on va loger les jeunes? (dans une auberge de jeunesse)
9 Où allez-vous travailler cet été? (dans une colonie de vacances)
10 Où envoie-t-on les enfants pendant l'été? (dans les colonies de vacances)
11 Pourquoi écrivez-vous à cet hôtel? (pour retenir une chambre)
12 Combien de places retenez-vous dans le train? (cinq)
13 Quel est le tarif pour un billet de 1er classe? (soixante-quinze francs)
14 Qu'est-ce qu'il demande au réceptionniste? (le tarif de la chambre)

dehors
dedans

LE CONGÉ ANNUEL

Les congés annuels payés font partie intégrante de la vie française. Depuis 1963, la durée moyenne est de quatre semaines dans une grande partie des entreprises privées et publiques. On voit même apparaître ici et là une cinquième semaine de congé payé prise hors de la période d'été. En général, c'est pendant les mois de juillet et d'août que les Français partent en vacances, cherchant surtout le soleil et la mer. Dans toute la France, la région préférée en été non seulement par les Français mais par les touristes du monde entier, c'est la Côte d'Azur.

L'Etat fait de grands efforts pour mettre financièrement à la portée du plus grand nombre la possibilité de distraction et de repos. Auberges de jeunesse, colonies de vacances, maisons familiales, hôtels à tous prix permettent à presque tout le monde — jeune ou âgé, riche ou pauvre — de prendre contact avec les beautés si diverses de la France.

durée (f.) espace de temps

entreprises (f.) affaires commerciales ou industrielles

à la portée du accessible au

familiales pour les familles

Au bureau de réception

Le congé annuel

Un touriste à Juan-les-Pins pour le Festival de Jazz au mois de juillet se présente au bureau de réception à l'hôtel où il a retenu une chambre.

LE TOURISTE — Bonjour, monsieur. Je suis Monsieur (Madame, Mademoiselle) Le Brun. Je vous ai écrit il y a trois mois pour retenir une chambre.

LE RÉCEPTIONNISTE — Combien de temps comptez-vous rester, monsieur (madame, mademoiselle)?

LE TOURISTE — Pour la durée du festival.

LE RÉCEPTIONNISTE — Bon, (huit jours) alors. Voulez-vous une chambre avec ou sans salle de bains?

LE TOURISTE — Je voudrais une chambre à deux lits avec salle de bains, de préférence donnant sur la plage. Mais pas trop bruyante.

pas trop bruyante sans trop de bruit

LE RÉCEPTIONNISTE — Nous avons une chambre tranquille au second qui donne sur la mer.

LE TOURISTE — Quel en est le tarif?

LE RÉCEPTIONNISTE — Soixante francs par jour, service et taxe compris. Est-ce que vous prenez vos repas à l'hôtel? Je vous demande cela car vous pouvez bénéficier d'un tarif spécial pour la pension complète.

pension complète (f.) prix payé pour la nourriture et le logement

LE TOURISTE — Je préfère ne prendre que le petit déjeuner à l'hôtel. Pendant la journée je vais vadrouiller _wander_.

vadrouiller aller en promenade sans but défini

LE RÉCEPTIONNISTE — Très bien, monsieur (madame, mademoiselle). Le garçon d'ascenseur montera vos bagages.

ascenseur (m.) (elevator)

QUESTIONS Répondez aux questions suivantes d'après le texte.

1 La durée moyenne des congés annuels est de combien de semaines?
2 Qu'est-ce qu'on voit apparaître ici et là?

3 Pendant quels mois est-ce que la majorité des Français part en vacances?

4 Qu'est-ce qu'ils cherchent?

5 Dans toute la France quelle région est préférée par les touristes de toutes nationalités?

6 Quels centres de vacances reçoivent les jeunes?

 7 Quelles sortes de logements y a-t-il pour les familles dans les endroits touristiques?

8 Qu'est-ce qu'il y a à Juan-les-Pins au mois de juillet?

9 Combien de temps le festival dure-t-il?

10 Quelle sorte de chambre le touriste veut-il?

11 A quel étage se trouve la chambre que le réceptionniste lui propose?

12. Sur quoi donne-t-elle?

13 Quel est le tarif de cette chambre, taxe et service compris?

14 Si on prend les repas à l'hôtel, de quoi peut-on bénéficier?

15 Pourquoi est-ce que le touriste préfère ne prendre que le petit déjeuner à l'hôtel?

16 Qui montera les bagages?

Terrasse d'un hôtel

GRAMMAIRE

The comparison of adjectives and adverbs is formed by placing *plus, moins,* or *aussi* before the adjective or the adverb.

Comparative

Adjectives

Marie est plus intelligente que Jean.
Marie is more intelligent than Jean.

Cette robe est moins chère que l'autre.
This dress is less expensive than the other one.

Pierre est aussi grand que son père.
Pierre is as tall as his father.

Adverbs

Hélène répond plus poliment que sa sœur.
Helen answers more politely than her sister.

Jean travaille moins sérieusement que Jacques.
John works less seriously than Jack.

Elle a expliqué aussi patiemment que le professeur.
She explained as patiently as the professor.

The adjective *bon* and the adverb *bien* are irregular. They cannot combine with *plus.* Their comparative forms are:

bon, bonne — meilleur, meilleure
bien — mieux

Cette tarte est meilleure que l'autre.
Denise parle mieux que son frère.

It is correct, however, to use *bon, bonne,* and *bien* with *moins* and *aussi*.

> Cette tarte est moins (aussi) bonne que l'autre.
> Denise parle moins (aussi) bien que son frère.

EXERCICES I Répondez d'après le modèle.

Modèle: Mariette est-elle intelligente?
Oui, elle est plus intelligente que sa sœur.

1 Denise est-elle polie? 2 Judith est-elle grande? 3 Jacqueline est-elle sage? 4 Jeanne est-elle prudente?

Modèle: Cet enfant est-il énergique?
Oui, il est aussi énergique que son frère.

5 Ce garçon est-il obstiné? 6 Robert est-il difficile? 7 François est-il poli? 8 Cet enfant est-il intelligent?

Modèle: Répondez-vous poliment?
Oui, je réponds plus poliment que Robert.

9 Prononcez-vous bien? 10 A-t-elle répondu doucement? 11 Jacques s'est-il levé vivement? 12 Avez-vous travaillé sérieusement?

Modèle: Cet enfant chante-t-il gaiement?
Non, il chante moins gaiement que l'autre.

13 Cette jeune fille travaille-t-elle sérieusement? 14 Ce garçon répond-il intelligemment? 15 Cet enfant parle-t-il bien? 16 Cet étudiant étudie-t-il soigneusement?

II Répondez aux questions suivantes en employant la réponse donnée.

1 Qui est moins grand que vous? (Robert) 2 Qui est aussi énergique que vous? (Jean) 3 Qui est plus fort que vous? (mon frère) 4 Qui est meilleur que vous en mathématiques? (Jacques) 5 Qui parle mieux le français que vous? (Hélène) 6 Qui écrit plus correctement que vous? (François) 7 Qui étudie moins bien que vous? (Georges) 8 Qui chante aussi bien que vous? (Anne) 9 Qui conduit plus prudemment que vous? (mon père) 10 Qui écoute aussi attentivement que vous? (Denise)

Superlative

The superlative degree of adjectives is formed by adding the definite article, *le, la,* or *les* to the comparative form. When the adjective in the superlative accompanies a noun, two patterns occur, depending on the usual position of the adjective in relation to the noun.

1. When the adjective precedes the noun:

    Voici la plus vieille église de la ville.
    Here is the oldest church in town.

2. When the adjective follows the noun:

    J'ai lu les livres les moins intéressants de la bibliothèque.
    I read the least interesting books in the library.

Notice that the preposition used after the superlative degree is *de*, even when the English equivalent would be *in*.

C'est le meilleur hôtel de la ville.
It's the best hotel in town.

The superlative of adverbs is formed by adding *le*, which is invariable, to the comparative form.

Cette jeune fille court le plus vite.
This girl runs the fastest.

Ce garçon-ci chante le mieux.
This boy sings best.

EXERCICES   I   Répondez d'après le modèle.

Modèle: Est-ce que cette église est vieille?
           Oui, c'est la plus vieille église de la ville.

1 Est-ce que ce restaurant est bon?   2 Est-ce que cette avenue est longue?
3 Est-ce que ce quartier est joli?   4 Est-ce que ces parcs sont beaux?
5 Est-ce que ce bâtiment est grand?   6 Est-ce que cette cuisine est bonne?
7 Est-ce que cet hôtel est beau?   8 Est-ce que ces rues sont petites?

1 Qui court le plus vite? (Hélène)   2 Qui parle le plus lentement? (Charles)
3 Qui écrit le mieux? (Denise)   4 Qui apprend le plus facilement? (Jeanne)
5 Qui chante le plus doucement? (Paul)   6 Qui répond le plus sagement?
(le professeur)   7 Qui mange le plus rapidement? (Jean)

SECOND-GROUP VERBS WITH AN INTERNAL VOWEL CHANGE

The verb *prendre* and all its derivations, such as *reprendre, comprendre,
apprendre,* and *surprendre,* are second-group verbs because they have
four oral forms in the present tense. The internal vowel in *prendre*
changes in the present tense. The nasal vowel /ã/ occurs in all singular
forms; in the 3rd person plural form the oral vowel /ɛ/ is used; and in
the 1st and 2nd persons plural the oral vowel /ə/ occurs.

prendre	verb base = ils prennent
je prends	nous prenons
tu prends	vous prenez
on prend	
il prend	ils prennent
elle prend	elles prennent

EXERCICES   I   Répondez aux questions suivantes en employant la réponse donnée.

1 Qui prend des photos? (les invités)   2 Qui comprend les explications?
(les étudiants)   3 Qui apprend à parler français? (les enfants)   4 Qui
prend le bus? (les touristes)   5 Qui prend le petit déjeuner à sept heures?
(nous)   6 Qui surprend le professeur? (nous)   7 Qui reprend ses possessions? (Paul)   8 Qui comprend ce poème? (Jacqueline)   9 Que prenez-
vous pour le petit déjeuner? (des croissants)   10 Quand prenez-vous le
train? (demain matin)

II   Dites à...

1 Dites à quelqu'un de prendre son temps.   2 Dites à quelqu'un de
comprendre la situation.   3 Dites à quelqu'un d'apprendre le poème.
4 Dites à un ami de prendre le train ou le bus.   5 Dites à une amie
de prendre la première rue à droite.   6 Dites à une amie d'apprendre le
verbe *prendre.*

The verbs *venir* and *tenir* and their derivatives, such as *revenir, appartenir, convenir, souvenir, retenir,* and *soutenir,* have a vowel change from the nasal vowel /ɛ̃/ in all the singular forms to the oral vowel /ɛ/ in the 3rd person plural form and /ə/ in the 1st and 2nd persons plural. *Venir* will serve as the model for all verbs of this pattern.

venir	**verb base = ils viennent**
je viens	nous venons
tu viens	vous venez
on vient	
il vient	ils viennent
elle vient	elles viennent

EXERCICES I Demandez à quelqu'un...

1 s'il se souvient de ses promesses.   2 si elle vient à la conférence.   3 à quelle heure il revient.

II Dites à un ami ou à une amie...

1 de revenir bientôt.   2 de retenir un compartiment dans le train.   3 de tenir la porte.

III Répondez aux questions suivantes en employant la réponse donnée.

1 Est-ce que cet arrangement vous convient? (oui... parfaitement)   2 Avec qui vient-elle? (avec ses frères) 3 De quoi vous souvenez-vous? (de mon enfance) 4 Qu'est-ce que vous retenez? (une table au restaurant)   5 Quand est-ce que les étudiants reviennent? (au mois de septembre)   6 Est-ce que ces gants vous conviennent? (oui... tout à fait) 7 Est-ce que vos amis viennent à la surprise-partie? (non)   8 Où retenez-vous des places? (à l'orchestre)

SECOND-GROUP VERBS WITH VARIABLE BASES

A limited number of second-group verbs have a variable base. The changes always occur in the 1st and 2nd person plural forms. All the singular forms are identical, and the only difference between the 3rd person singular and the 3rd person plural is the consonant sound which terminates the plural form.

Pouvoir and *vouloir* follow the same oral and written pattern. Notice that the written ending on the 1st and 2nd person singular forms is −x.

pouvoir, vouloir	**verb bases = ils peuvent, ils veulent**
je peux, veux	nous pouvons, voulons
tu peux, veux	vous pouvez, voulez
on peut, veut	
il peut, veut	ils peuvent, veulent
elle peut, veut	elles peuvent, veulent

Devoir, *recevoir*, *décevoir*, *concevoir*, and *apercevoir* are alike in their oral and written forms. Notice the ç before o.

recevoir	**verb base = ils reçoivent**
je reçois	nous recevons
tu reçois	vous recevez
on reçoit	
il reçoit	ils reçoivent
elle reçoit	elles reçoivent

The verb *boire* also has a variable base in the 1st and 2nd person plural forms.

boire	**verb base = ils boivent**
je bois	nous buvons
tu bois	vous buvez
on boit	
il boit	ils boivent
elle boit	elles boivent

La plage à Juan-les-Pins

365-5500
(35U)

EXERCICES   I   Répondez négativement en employant *ne... pas.*

1 Est-ce que les élèves peuvent partir après la classe?   2 Est-ce que nous pouvons aller au cinéma?   3 Est-ce que Denise et Marie peuvent sortir avec Jean?   4 Est-ce que Richard peut parler russe?

II   Répondez négativement en employant *ne... plus.*

1 Voulez-vous rester ici?   2 Est-ce que les filles veulent faire du ski?
3 Pierre veut-il revenir?   4 Veux-tu voyager en Europe?

III   Répondez négativement en employant *ne... jamais.*

1 Devons-nous mentir?   2 Est-ce que je dois répondre?   3 Jean doit-il rentrer de bonne heure?   4 Les enfants doivent-ils jouer dans la rue?

IV   Répondez négativement en employant *ne... rien.*

1 Est-ce que les touristes boivent du vin?   2 Le bébé boit-il du lait?
3 Bois-tu du café?   4 Les skieurs boivent-ils du vin chaud?

V   Répondez négativement en employant *ne... personne.*

1 Mme Charles reçoit-elle ses amies?   2 Est-ce que vous recevez des visiteurs?   3 L'enfant déçoit-il ses parents?   4 Les élèves déçoivent-ils le maître d'école?

1 Qu'est-ce que vous buvez? (une tasse de café)   2 De qui recevez-vous tous ces paquets? (de mes parents)   3 Quelles langues peut-elle parler? (français et russe)   4 Qu'est-ce que les garçons veulent faire cet après-midi? (jouer au football)   5 Combien de temps pouvez-vous attendre? (une demi-heure)   6 Qui boit de l'eau? (Marie)   7 Combien d'argent devez-vous à François? (dix dollars)   8 A quelle heure doivent-ils partir? (à onze heures)

VII   Demandez à quelqu'un...

1 s'il veut vous accompagner.   2 si elle peut vous expliquer le problème. 3 ce qu'il boit.   4 à qui elle doit de l'argent.

Qu'est ce qui

USAGE OF THE PRESENT TENSE

The present tense is used to express:

1. An action taking place at the present moment.

Il **sort** maintenant.

2. A habitual action continuing in the present.

Tous les jours il **vient** nous voir.

3. A permanent condition.

En France on **parle** français.

4. An action begun in the past and continuing in the present.

Elle **étudie** le français depuis trois ans.

While the first three usages are roughly the same in French and English, the last usage differs significantly and requires special attention.

Depuis quand **attend-**elle?   *How long has she been waiting?*

Elle **attend** depuis une semaine.
Il y a une semaine qu'elle **attend**.
Ça fait une semaine qu'elle **attend**.   *She has been waiting for a week.*
Voilà une semaine qu'elle **attend**.

EXERCICES   Répondez d'après le modèle.

Modèle: Connaissez-vous les Dupont depuis un an?
           Oui, il y a un an que je connais les Dupont.

1 Connaissons-nous cette famille depuis longtemps?   2 Attendez-vous l'autobus depuis cinq minutes?   3 Le professeur répond-il à ma question depuis un quart d'heure?

Modèle: Est-ce qu'il y a longtemps que nous apprenons le français?
           Oui, ça fait longtemps que nous apprenons le français.

4 Est-ce qu'il y a longtemps que ces garçons mentent?   5 Est-ce qu'il y a deux heures qu'elle lit ce roman?   6 Est-ce qu'il y a trois ans qu'il conduit cette voiture?

Modèle: Est-ce que ça fait un mois que nous apprenons la biologie?
           Oui, voilà un mois que nous apprenons la biologie.

7 Est-ce que ça fait une demi-heure que vous écrivez cette lettre? 8 Est-ce que ça fait longtemps que je crains ce professeur?   9 Est-ce que ça fait douze heures qu'ils dorment?

Like the present participle of first-group verbs, the present participle of second-group verbs is derived from the 1st person plural of the present tense. The —*ons* /ɔ̃/ ending is replaced by —*ant* /ɑ̃/.

finissons	finissant
vendons	vendant

Second-group verbs which undergo internal vowel changes and which have variable bases are perfectly regular in the formation of the present participle. In all cases, the 1st person plural form is the base for the formation of the present participle.

prenons	prenant
voulons	voulant
buvons	buvant

EXERCICES I Transformez les phrases suivantes d'après le modèle.

Modèle: Il travaille. (parler)
Il travaille en parlant.

1 Il dit au revoir. (sortir)   2 Nous écoutons la radio. (lire)   3 Ils parlent. (boire)   4 Vous vous amusez. (finir votre travail)   5 Elle est tombée. (descendre l'escalier)

II Répondez aux questions suivantes comme vous voulez.

1 Est-ce qu'il se fâche en défendant sa sœur?   2 Est-ce qu'il lit en attendant ses amis?   3 Est-ce qu'elle se dépêche en mettant la table? 4 Est-ce qu'elle sourit en partant?   5 Est-ce que vous vous fatiguez en conduisant cette auto?   6 Est-ce que vous vous perdez en suivant cette rue?   7 Est-ce qu'ils parlent aux invités en servant les boissons? 8 Est-ce qu'elles rêvent en dormant?

INDIRECT OBJECT PRONOUNS

When the object of a verb is introduced by the preposition à, it is an indirect object and can be replaced by an indirect object pronoun. As is the case with the direct object pronouns, the oral and written forms of the indirect object are conditioned by the initial sound of the word which they precede.

WRITTEN

Before consonant	Before vowel
me	m'
te	t'
lui	lui
leur	leur
nous	nous
vous	vous

Révisant la facture

Like direct object pronouns, the indirect object pronouns precede the verb except in the affirmative command. If the verb is in a compound tense, the indirect object pronoun precedes the auxiliary verb.

Affirmative sentence:	J'ai parlé **à Marie.** Je **lui** ai parlé.
Negative sentence:	Nous ne disons pas bonjour **à nos ennemis.** Nous ne **leur** disons pas bonjour.
Affirmative question:	**Me** téléphonez-vous? Est-ce que vous **me** téléphonez?
Negative question:	Ne **nous** écrivez-vous pas? Est-ce que vous ne **nous** écrivez pas?
Negative command:	Ne parlez pas **à Jean.** Ne **lui** parlez pas.
Affirmative command:	Parlez **à votre mère.** Parlez-**lui.**

When the pronoun is the indirect object of an infinitive, it precedes the infinitive.

Je vais **lui** téléphoner ce soir.

EXERCICES I Dans les phrases suivantes, remplacez le nom objet indirect par le pronom objet indirect.

1 Il obéit à ses parents. 2 Cet appartement convient aux étudiants. 3 Est-ce que cette robe plaît à Hélène? 4 Est-ce que vous écrivez à votre camarade? 5 Répondez-vous au professeur? 6 Ne répond-il pas à ses parents? 7 Je n'écris pas à mon frère. 8 Ils ne disent pas bonjour au professeur. 9 Ne mentez pas à vos amis. 10 Ne répondez pas à cet homme.

II Répondez en suivant les modèles.

Modèle: Me parlez-vous?
         Oui, je vous parle.

1 Me téléphonez-vous? 2 Nous obéissez-vous? 3 Me dites-vous quelque chose? 4 Nous mentez-vous?

Modèle: Me parles-tu?
         Oui, je te parle.

5 M'écris-tu?   6 M'obéis-tu?   7 Me dis-tu la vérité?   8 Me promets-tu?

III

Répondez en suivant le modèle.

Modèle: Ecris-tu à ton frère?
          Non, mais je vais lui écrire ce soir.

1 Téléphones-tu à ton camarade?   2 Parles-tu à Marie?   3 Dis-tu merci à tes amis?   4 Réponds-tu à ton père?

IV   Demandez à quelqu'un...

1 s'il vous obéit.   2 s'il vous doit cinq dollars.   3 si ses idées lui reviennent.   4 si cette affaire lui convient.

QUESTIONS À DISCUTER

1   Préparez une conversation entre un touriste et un réceptionniste dans un hôtel.
2   Imaginez que vous voulez faire un voyage. Vous demandez à un agent de tourisme de vous donner des renseignements sur le logement, les prix, etc.

Culture

Les grands ensembles

Vocabulaire actif

elder
eldest

aîné, e né le premier parmi les enfants d'une famille, ou le plus âgé parmi les membres d'un groupe
Son fils aîné vient de se marier.

purse

porte-monnaie — m. bourse pour mettre la petite monnaie, les pièces de monnaie
invar. Maman m'a donné une pièce de vingt centimes; je l'ai mise dans mon porte-monnaie.

to burn

brûler brûler quelque chose — le détruire par le feu
J'ai brûlé les lettres dans la cheminée.

window pane

vitre — f. panneau de verre; glace d'une voiture
Ces hommes lavent les vitres.

suitable

convenable se dit de quelqu'un, de quelque chose qui respecte les bienséances, la morale; qui est conforme à l'usage, au bon sens, aux normes
Ne parlez pas de cette façon; ce n'est pas convenable!

which
no matter
anyone

n'importe quel, indiquent une personne ou une chose indéfinie
n'importe qui Ces ouvriers arrivent à n'importe quel moment.
N'importe qui pourrait faire cela.

Parc infantile

prévenir — prévenir quelqu'un de quelque chose — le lui faire savoir à l'avance
Je vous préviens que je serai absent cet après-midi.

arriver à — arriver à faire quelque chose — réussir à faire cette chose
Je ne suis pas arrivé à prendre le train de huit heures.

dessus — adv. — en un point ou en un rang supérieur (ex. — le troisième étage est au-
et n. m. dessus du deuxième)
Les gens du dessus font trop de bruit.

vaisselle — f. — ensemble des récipients qui servent à manger et à présenter la nourriture
sur la table
Les enfants font la vaisselle chaque soir après le dîner.

Cela (ça) dépend — c'est variable selon les circonstances
Aimez-vous le cinéma? Ça depend, j'aime les films comiques.

renverser — renverser quelque chose — le mettre à l'envers;
renverser un récipient — faire tomber son contenu par terre
Attention! Le bébé a renversé son verre.

inconvénient — n. — ce qui est fâcheux dans une situation donnée; ce qui a un résultat
désavantageux (syn. — désavantage)
Cette décision présente des inconvénients.

n'y pouvoir rien — veut dire qu'une chose est inévitable; que l'on ne peut rien faire pour
changer ou pour éviter la situation
L'accident a eu lieu. On n'y peut rien.

dessous — adv. et — en un point ou en un rang inférieur
n. m. Est-ce que le chien est sous la table? Oui, il est dessous.

panne — f. — arrêt accidentel dans le fonctionnement d'une machine
Je suis en retard parce que ma voiture est tombée en panne.

savon — m. — produit servant au nettoyage
Je vais acheter du savon en poudre pour la vaisselle.

se retirer — s'éloigner d'un lieu; quitter une profession, un genre de vie et prendre
la retraite
Mon père s'est retiré des affaires.

avoir hâte — être pressé
Nous avons hâte de sortir.

A   Répondez aux questions suivantes en employant la réponse donnée.

1   Qui s'est marié? (sa fille aînée)
2   Qui vient de passer son baccalauréat? (mon fils aîné)
3   Qu'est-ce que vous avez perdu? (mon porte-monnaie)
4   Où est votre porte-monnaie? (dans le tiroir)
5   Qu'est-ce qui a brûlé pendant la nuit? (notre maison)
6   Qui a brûlé les papiers? (le directeur)
7   Qui a fermé les vitres de la voiture? (le chauffeur)
8   Quand avez-vous lavé les vitres? (ce matin)

B   Répondez d'après le modèle.

Modèle: Quelle façon de parler! *manner*
           Ne parlez pas ainsi! Ce n'est pas convenable!

1   Quelle façon de répondre!
2   Quelle façon de rire!
3   Quelle façon de manger!

Modèle: A quelle heure faut-il arriver?
           On peut arriver à n'importe quelle heure.

4   A quelle heure faut-il revenir?
5   A quelle heure faut-il rentrer?
6   A quelle heure faut-il dîner?

Modèle: Qui peut s'asseoir ici?
           N'importe qui peut s'asseoir ici.

7   Qui peut entrer par cette porte?
8   Qui peut prendre l'ascenseur?
9   Qui peut s'amuser à Paris?

C   Répondez aux questions suivantes en employant la réponse donnée.
1   De quoi nous a-t-il prévenu? (de son absence)   *prevent someone of something*
2   De quoi vous a-t-elle prévenu? (de sa visite)
3   Est-il arrivé à vous convaincre? (oui)
4   Est-elle arrivée à trouver un appartement convenable? (non)

II

D   Complétez les phrases suivantes en employant le mot *dessus*.

1   Il n'a pas vu ses lunettes sur le tapis et il a marché *dessus*
2   Nos voisins du *dessous* sont gentils.
3   La table est sale; ne mettez pas le pain *dessus*

E   Complétez les phrases suivantes en employant le mot *vaisselle*.

1   Ces jeunes mariés ont choisi un joli service de ———.
2   Viens, je vais t'aider à faire la ———.
3   Je préfère la ——— de porcelaine, mais ça coûte trop cher.

F   Répondez aux questions suivantes comme vous voulez.

Modèle: Aimez-vous lire?
Cela dépend; j'aime lire les romans.
Ça depend; j'aime lire les journaux sportifs, etc.

1   Aimez-vous sortir?
2   Aimez-vous voyager?
3   Aimez-vous la musique?

G   Répondez aux questions suivantes en employant la réponse donnée.

1   Qui a renversé le vin? (le garçon)
2   Qu'est-ce qui a renversé ces chaises? (le vent)
3   Qu'est-ce que vous avez renversé? (le café)

H Complétez les phrases suivantes en employant le mot *inconvénient*.

1 L'_____ c'est que je ne sais pas l'heure de son arrivée.
2 Je peux changer sans _____ mon itinéraire de vacances.
3 Cette façon de faire présente un _____ pour tout le monde.

I Répondez d'après le modèle.

Modèle: Qu'est-ce qu'on peut faire pour éviter le problème?
On n'y peut rien.

improve

1 Qu'est-ce qu'on peut faire pour améliorer la situation?
2 Qu'est-ce qu'on peut faire pour satisfaire le patron?
3 Qu'est-ce qu'on peut faire pour plaire au directeur?

J Complétez les phrases suivantes en employant le mot *dessous*.

1 Voyez-vous ce pont là-bas? Les gros camions n'arrivent pas à passer *dessous*.
2 L'appartement du _____ est libre.
3 Nos voisins du _____ sont des gens calmes.

K Complétez les phrases suivantes en employant le mot *panne*.

1 L'avion a une *panne* de moteur.
2 Nous sommes en *panne*; la voiture ne marche plus.
3 Nous avons besoin d'un mécanicien pour réparer une *panne*.

to repair / break-down.

L Complétez les phrases suivantes en employant le mot *savon*.

1 Il y a un morceau de _____ dans la salle de bains.
2 Je préfère le _____ liquide au _____ en poudre pour la vaisselle.
3 Je vais acheter un _____ parfumé.

M Répondez aux questions suivantes en employant la réponse donnée.

withdraw

1 Qui s'est retiré des affaires? (ce banquier)
2 Qui s'est retiré à la campagne? (les Parisiens)
3 Qui a hâte de descendre de l'avion? (les passagers)
4 Pourquoi avez-vous hâte de rentrer? (parce qu'il pleut)

«Les grands ensembles»

*Il s'agit d'une composition écrite par une petite fille sur le sujet:
Ma maison.*

Je suis née au vingt-deuxième étage d'un grand ensemble, un
samedi après-midi, pendant que ma maman était allée au
supermarché acheter de la laine pour me tricoter une layette.

Le premier animal poilu que j'ai vu après mon grand-père c'est
Nounours, les premiers mots que j'ai su dire c'étaient «petits pois»,
«compteur bleu» et puis «mangez des pommes» et «souscrivez
pour l'acier». J'ai aussi appris à lire sur l'écran de la télévision.

On habitait la tour centrale du bloc H. J'étais très fière d'être
au vingt-deuxième étage. Aucun de mes petits camarades n'habitait
si haut.

Avant, mes parents habitaient une pièce-cuisine dans Paris. Avec
mon frère aîné, ils couchaient dans la même chambre, moi aussi.
Maintenant, mon frère a sa chambre, moi aussi. Il n'y a que
maman, la pauvre, qui est toujours obligée de dormir avec papa.

Dans la tour, on n'avait pas de fenêtres, ce qui est inutile et
fait des courants d'air, disait papa, et un vide-ordures dans l'entrée,
ce qui est le vrai confort, disait maman. Et puis un jour elle a pris
le vide-ordures pour le tiroir du meuble à côté. Elle y a mis son
porte-monnaie qui a été brûlé avec les ordures. Alors elle s'est
aperçue que ça donnait des odeurs et elle a voulu qu'on change
d'appartement. Mais papa a dit que c'était pas le moment de faire
encore des frais.

Si on n'avait pas de fenêtres, on avait de grandes vitres qu'on
pouvait faire glisser quand elles n'étaient pas rouillées. Deux fois
par mois des hommes venaient les laver du dehors. Ils nous
arrosaient en chantant et en faisant des grimaces. C'était très rigolo.
Maman disait que c'était pas convenable d'avoir des hommes qui
viennent comme ça vous regarder du dehors à n'importe quel
moment, sans prévenir. Papa disait qu'il faut bien que tout le
monde vive.

---

ensemble (m.) immeuble

laine (f.) (wool yarn)

poilu (furry)

Nounours terme enfantin
pour *ours* (teddy bear)
compteur bleu une
réclame pour l'Electricité et
Gaz de France
**«petits pois, mangez des
pommes, souscrivez pour
l'acier»** des réclames
commerciales à la télévision
écran (m.) (screen)
pièce-cuisine (f.)
appartement consistant en
une pièce et une cuisine

vide-ordures (m.) (rubbish
and garbage chute)

ordures (f.) (garbage)

frais (m.) (expenses)

glisser déplacer par un
mouvement continu
rouillées (rusty)
arrosaient répandaient de
l'eau
rigolo amusant

Le soir on voyait toutes les lumières de la ville très loin et le jour les gens en bas avaient l'air de petites mouches.

A quatre ans, je savais faire marcher le moulin à légumes électrique, la machine à laver et la batteuse pour les sauces. J'étais déjà une parfaite petite ménagère, disait maman. Mais j'ai dû attendre d'avoir cinq ans, pour pouvoir descendre toute seule dans la rue et dix ans pour remonter, parce que je n'arrivais pas à attraper le bouton de l'ascenseur...

II

...On avait souvent des fuites qui venaient des étages du dessus, ça coulait sur les murs de la cuisine et du couloir: de l'eau de vaisselle, du café, du vin, même parfois de la confiture, ça dépendait de ce que les gens avaient renversé. Ça faisait de jolis dessins sur les murs. J'aimais beaucoup. Maman n'aimait pas. Elle criait que les gens étaient des cochons. Papa disait que c'était la maison qui était une cochonnerie. Le gérant syndiqué disait que c'étaient les joints du préfabriqué qui joignaient mal, que c'était l'inconvénient du préfabriqué, qu'on n'y pouvait rien, que d'ailleurs, sans préfabriqué, on n'aurait pas de maison, qu'on serait dehors et qu'on aurait encore plus de fuites. Cet homme a raison, disait papa. On profite du progrès, on doit payer la rançon. Alors maman haussait les épaules, elle allait laver la cuisine à grande eau et elle disait: comme ça les voisins du dessous aussi vont profiter du progrès.

Ce que j'aimais bien dans la tour, c'est qu'on entendait tous les bruits des autres. Surtout la nuit. Il y avait des craquements, des gémissements. Je pensais que c'étaient des fantômes. J'avais un peu peur au début, puis je me suis habituée. Je les imaginais en train de danser sur les lits pendant que les gens dormaient. Et puis il y avait les robinets et les conduites d'eau qui faisaient du tapage toute la nuit, surtout le samedi. J'ai vite compris que ce sont les divinités des eaux que vénéraient nos ancêtres, les Gaulois, qui se sont réfugiées dans les canalisations des grandes villes et qui veillent sur le sommeil des habitants...

Il y avait souvent des pannes d'ascenseur. J'en profitais pour rester en bas avec les autres enfants. Le docteur avait dit que j'avais un souffle, qu'il ne fallait pas que je me fatigue dans les escaliers. On s'asseyait dans l'entrée près de la porte de l'ascenseur pour voir la tête des gens quand ils voyaient que c'était en panne.

C'était rigolo. Un jour, Pierre, un copain, a eu l'idée de mettre du savon sur les marches de l'escalier, et nous on écoutait les gens qui montaient chargés de paquets et on comptait ceux qui tombaient. Sa mère, à Pierre, y est passée aussi, elle s'est cassé une jambe. Son père à Pierre a su que c'était lui. Qu'est-ce qu'il lui a passé!

Je me suis bien amusée pendant que j'étais petite dans le grand ensemble...

Et puis papa a changé de travail. On s'est retiré à la campagne à côté d'ici, dans une vieille maison en vieilles pierres toutes sales qui n'a qu'un étage, au milieu d'un jardin avec de l'herbe qui vous monte jusqu'au ventre et qui est mouillée tous les matins.

Il y a plein de petites bêtes qui marchent et qui volent dans la maison et dans le jardin. Dans les champs, tout autour, il y a de grosses bêtes qui me font peur. Je n'aime pas cet endroit. Papa dit que c'est bon pour la santé, moi je m'ennuie.

J'ai hâte de me marier. Je ne sais pas si ce sera avec un de mes petits copains du dimanche ou un autre que je rencontrerai autre part. N'importe qui pourvu que ce soit un homme, comme dit maman quand elle parle avec la voisine. Mais moi je veux que ce soit un homme qui m'emmène habiter dans une tour, avec au moins six ascenseurs pour qu'il y en ait toujours un qui marche. J'aurai des enfants, sept ou huit si j'ai assez de place, qui grandiront très vite parce que l'air est sain et fortifiant dans les tours.

Quand je serai vieille, je n'irai pas à la campagne, c'est trop triste. J'habiterai, comme les vieux de la ville, une maison de quatre étages avec de vraies fenêtres et pas d'ascenseur, une vraie maison de vieux.

Extrait de Henri Kubnik

Les Délices des grands ensembles
Librairie Hachette, Editeur

QUESTIONS   Répondez aux questions suivantes d'après le texte.

1   Où la petite fille est-elle née?
2   D'après la petite fille, quand est-elle née?
3   A quoi est-ce que la petite fille compare son grand-père?
4   Quels étaient les premiers mots qu'elle a su dire?

5 Comment a-t-elle appris ces expressions?

6 Comment a-t-elle appris à lire?

7 De quoi la petite fille était-elle fière?

8 Dans leur appartement dans «le bloc H», combien de chambres à coucher y avait-il?

9 Qu'est-ce que le père disait au sujet des fenêtres, selon la petite fille?

10 Qu'est-ce que maman disait au sujet du vide-ordures dans l'entrée?

11 Pourquoi la mère a-t-elle changé d'avis à ce sujet?

12 Pourquoi a-t-elle voulu qu'on change d'appartement?

13 Dans cet appartement, qu'est-ce qu'on avait au lieu de fenêtres?

14 Qu'est-ce qui était rigolo, d'après la petite fille?

15 Qu'est-ce qui n'était pas convenable selon la mère?

16 Que disait le père à ce sujet?

17 De leur appartement, qu'est-ce qu'on voyait le soir?

18 Pourquoi est-ce que la mère disait que la petite fille était une parfaite petite ménagère à quatre ans?

19 La petite fille a dû attendre d'avoir quel âge pour pouvoir descendre seule dans la rue? Et d'avoir quel âge pour remonter?

II

1 Qu'est-ce qui coulait souvent sur les murs de la cuisine et du couloir?

2 Qu'est-ce que la mère disait au sujet des voisins?

3 Qu'est-ce que le père disait de la maison?

4 Qu'est-ce que la mère allait faire afin que les voisins du dessous profitent du progrès?

5 Qu'est-ce que la petite fille aimait bien dans la tour?

6 Que pensait-elle du bruit des robinets et des conduites d'eau?

7 Qu'est-ce que la petite fille faisait quand il y avait des pannes d'ascenseur?

8 Pourquoi est-ce que la famille s'est retirée à la campagne?

9 Décrivez la maison dans laquelle la famille habitait à la campagne.

10 Quand la petite fille se marie où veut-elle habiter?

11 Pourquoi veut-elle habiter une tour avec au moins six ascenseurs?

12 D'après elle, combien d'enfants la petite fille aura-t-elle?

13 Où habitera-t-elle quand elle sera vieille?

GRAMMAIRE

Formation

The oral and written forms of the imperfect tense of first- and second-group verbs are derived from the 1st person plural form of the present tense. As with the formation of the present participle, this is a pattern with no exceptions. Even verbs with internal vowel changes and variable bases conform perfectly to the pattern.

Observe the oral and written forms of *parler* and *finir* which represent all first- and second-group verbs.

---

parler **verb base = nous parlons**

je parlais	nous parlions
tu parlais	vous parliez
on parlait	
il parlait	ils parlaient
elle parlait	elles parlaient

I used to speak

finir **verb base = nous finissons**

je finissais	nous finissions
tu finissais	vous finissiez
on finissait	
il finissait	ils finissaient
elle finissait	elles finissaient

I used to finish

EXERCICES **I** Répondez d'après le modèle.

Modèle: Cherchez-vous un bon restaurant? *in a while*
Pas maintenant, mais tout à l'heure nous cherchions un bon restaurant.

1 Parlez-vous français? 2 Achetez-vous des cadeaux de Noël? 3 Dînez-vous? 4 Suivez-vous cette rue? 5 Tricotez-vous un pull-over? 6 Mangez-vous les pommes? 7 Attendez-vous l'autobus? 8 Craignez-vous de prendre l'ascenseur? 9 Voulez-vous voir ce film? 10 Perdez-vous patience?

II Répondez aux questions suivantes en employant la réponse donnée.

1 Quelle sorte de vie meniez-vous dans «le bloc H»? (une vie heureuse)
2 Qu'est-ce que vous jetiez dans le vide-ordures? (une lettre)   3 Qu'est-ce que vous craigniez? (une panne d'ascenseur)   4 Qu'est-ce que vous achetiez? (un porte-monnaie)   5 A quelle heure veniez-vous? (à trois heures)

III Demandez à ...

1 Demandez à quelqu'un quelle sorte de vie il menait dans le grand ensemble.   2 Demandez à quelqu'un ce qu'il achetait au supermarché.
3 Demandez à quelqu'un ce qu'elle entendait la nuit.   4 Demandez à quelqu'un ce qu'il pensait des gémissements.   5 Demandez à un ami ce qu'il disait de sa maison.   6 Demandez à une amie ce qu'elle buvait.
7 Demandez à un ami ce qu'il trouvait amusant.   8 Demandez à une amie avec qui elle jouait les jours.

IV Répondez d'après le modèle.

Modèle: Les Génin habitent à Bordeaux, n'est-ce pas?
Oui, mais avant ils habitaient à Paris.

1 Vos frères étudient à Montpellier, n'est-ce pas?   2 Ces ouvriers travaillent à Viroflay, n'est-ce pas?   3 Les Boudreaux demeurent à Nice, n'est-ce pas?   4 Vos parents passent leurs vacances à Genève, n'est-ce pas?

The imperfect tense can be used to describe a past action or a past state of affairs, to make a statement contrary to fact, and to make suggestions. As a past tense, the imperfect is used:

1. To express an action begun and continuing in the past when another action occurred. The latter action may or may not be overtly expressed.

Il **sortait** (quand le téléphone a sonné).
He was going out (when the telephone rang).

Depuis quand **attendait**-il (quand vous l'avez vu)?
How long had he been waiting (when you saw him)?

Il **attendait** depuis une heure (quand je l'ai vu).
He had been waiting for an hour (when I saw him).

2. To express an habitual past action.

Je **jouais** au tennis tous les jours.
I used to play tennis every day.

3. To express a condition that existed in the past but no longer exists.

Charles de Gaulle **était** président de la République française.
Charles de Gaulle was president of the French Republic.

Since the imperfect denotes a state of affairs or a condition, certain verbs tend to be used in the imperfect rather than in the passé composé. The most important of these are *être, avoir, espérer, aimer, savoir, penser, croire, vouloir,* and *pouvoir.*

4. To express a condition contrary to fact (a hypothesis) in combination with the conditional.

Si j'**avais** de l'argent, je payerais.
If I had some money, I'd pay.

This usage will be presented in full in a later unit.

5. As a kind of imperative, in sentences with the construction *si* + main verb in the imperfect tense.

> Si nous **jouions** au golf? Si on **jouait** au golf?
> *How about playing golf? Suppose we play golf?*

EXERCICES   I   Répondez d'après le modèle.

Modèle: Traversait-il la place?
         Oui, il traversait la place quand je l'ai vu.

1 Lisait-il la lettre?   2 Dînait-il?   3 Voyageait-il?   4 Prenait-il le train?

Modèle: Est-ce que les étudiants quittaient l'école?
         Oui, ils quittaient l'école quand je les ai rencontrés.

5 Est-ce que les Roubichoux prenaient le train pour Lyon?   6 Est-ce que les touristes descendaient à la gare?   7 Est-ce que le patron et la patronne sortaient du restaurant?   8 Est-ce que vos amis retenaient une chambre à l'hôtel?

Modèle: Est-ce que Pierre sort tous les soirs?
         Non, mais autrefois il sortait tous les soirs.

9 Est-ce que ce journaliste écrit bien?   10 Est-ce que votre mère comprend bien le français?   11 Est-ce que vous venez en ville tous les jours?   12 Est-ce que la patronne paie par chèque?

Le rêve des adultes

II Répondez aux questions suivantes en employant la réponse donnée.

Modèle: Que faisiez-vous quand je vous ai vu? (courir)
Je courais. *was running*

1 Que faisiez-vous hier soir? (lire un roman) 2 Que faisiez-vous quand j'ai téléphoné? (nettoyer ma chambre) 3 Que faisiez-vous à l'université? (étudier la médecine)

Modèle: Depuis quand attendait-elle? (une heure) *had*
Elle attendait depuis une heure. *had he been*

4 Depuis quand conduisait-il? (un an) 5 Depuis quand habitait-elle au vingt-deuxième étage? (trois ans) 6 Depuis quand sortaient-ils ensemble? (longtemps)

Modèle: Depuis quand étudiait-il à Paris? (deux ans)
Il y avait deux ans qu'il étudiait à Paris.

✗ 7 Depuis quand apprenait-il l'anglais? (quatre semaines) 8 Depuis quand est-ce que l'ascenseur marchait? (une demi-heure) 9 Depuis quand espérait-elle venir en France? (plusieurs mois)

III Répondez d'après le modèle.

Modèle: Voulez-vous jouer au golf?
Oui, si nous jouions au golf?

1 Voulez-vous danser? 2 Voulez-vous sortir? 3 Voulez-vous dîner au
«Quasimodo» ce soir?

IV Transformez les phrases suivantes d'après le modèle.

Modèle: Parlons français.
Si on parlait français?

1 Apprenons les verbes. 2 Ouvrons la porte. 3 Téléphonons à Pierre.

PERSONNE, RIEN, **AND** *AUCUN/AUCUNE* **USED AS THE SUBJECT
PRONOUN**

Personne, rien, and *aucun/aucune* may be used as the subject pronoun,
as in the following examples:

Roger est venu nous voir.	**Personne n**'est venu nous voir.
Cet appartement me plaît.	**Rien ne** me plaît.
Cet enfant chante bien.	**Aucun ne** chante bien.
Cette petite fille écrit bien.	**Aucune n**'écrit bien.

I   Répondez aux questions suivantes en employant *personne ne* ou *rien ne*.

1 Est-ce que la maison brûlait?   2 Est-ce que la petite fille renversait son verre?   3 Est-ce que les ouvriers prévenaient le patron?   4 Est-ce que ce spectateur s'amusait au match de football?   5 Qu'est-ce qui se passait? 6 Est-ce que l'ascenseur marchait hier soir?

II   Répondez aux questions suivantes en employant *aucun ne* ou *aucune ne*.

1 Est-ce que ces garçons obéissaient à leurs parents?   2 Est-ce que ces petites filles arrivaient à monter l'escalier?   3 Est-ce que les touristes se promenaient sur les quais?   4 Est-ce que ces dames regardaient les mannequins?

COMPOSITION   1   En quoi la petite fille est-elle un produit de la «société presse-bouton» et de l'urbanisation?
2   Si vous étiez un enfant de huit ans, où préféreriez-vous habiter, en ville ou à la campagne? Pourquoi?
3   Décrivez la vie de cette famille dans «le bloc H» du point de vue de la mère.

Conversation

Le ski

Vocabulaire actif

attirer
[attract]

encourager quelqu'un à venir en lui laissant attendre un bien; provoquer une attraction chez quelqu'un

Ce spectacle attire beaucoup de jeunes.

être en train de
[in the midst of]
[to be involved in]

exprime le déroulement actuel d'une action (syn.— occupé à)

Le professeur est en train de lire.

mœurs — f. pl.
[customs-manners]

pratiques sociales, habitudes de vie d'un groupe, d'un peuple ou d'une personne (syn. — coutumes)

Ce roman est une étude de mœurs.

piste — f.
[trail - ski slope]

terrain aménagé spécialement pour les sports, comme le ski, et pour le décollage et l'atterrissage des avions

Cette piste est réservée pour les skieurs débutants.

dépense — f.
[expense]

emploi qu'on fait de son argent pour payer; montant de la somme à payer

Je voudrais bien aller au théâtre ce soir, mais je ne peux pas me permettre une telle dépense.

Station de ski

~~purse-funds-scholarship~~ **bourse — f.**	somme d'argent accordée par l'Etat ou par une collectivité à un élève ou à un étudiant Janine est une très bonne étudiante; elle a reçu une bourse pour étudier la médecine.
~~period of instruction~~ **stage — m.**	période pendant laquelle une personne exerce une activité en vue de sa formation ou de son perfectionnement Les futurs ingénieurs font des stages dans les usines.
~~experienced~~ **expérimenté, e**	se dit d'une personne qui a de l'expérience Le pilote de cet avion est bien expérimenté.
ambiance — f.	atmosphère qui existe autour d'une personne ou d'un endroit J'aime l'ambiance de ce restaurant tranquille.
~~Suburbs~~ **banlieue — f.**	ensemble des agglomérations situées autour d'un centre urbain La banlieue parisienne s'étend autour de la capitale.

EXERCICES DE VOCABULAIRE

I Répondez aux questions suivantes en employant la réponse donnée.

> Modèle: Qu'est-ce qui attire tous ces gens? (le spectacle)
> Le spectacle attire tous ces gens.

1 Qu'est-ce qui attire les skieurs? (une station ensoleillée)
2 Qu'est-ce que les Alpes et les Pyrénées attirent en hiver? (beaucoup de skieurs)
3 Qu'est-ce qui attire les touristes sur la Côte d'Azur? (le climat)

II Répondez d'après le modèle.

> Modèle: Qui est occupé à lire? (Pierre)
> C'est Pierre qui est en train de lire.

1 Qui est occupé à étudier? (Anne)
2 Qui est occupé à travailler? (le patron)
3 Qui est occupé à écrire? (l'officier d'immigration)

III Dans les phrases suivantes, remplacez *coutumes* par *mœurs*.

1 Que savez-vous des *coutumes* des Parisii?
2 Cet auteur a écrit sur les *coutumes* du dix-huitième siècle.
3 Les *coutumes* varient de pays en pays.

IV Répondez aux questions suivantes en employant la réponse donnée.

Modèle : Quelle piste préférez-vous? (la piste pour débutants)
Je préfère la piste pour débutants.

1 A qui cette piste est-elle réservée? (aux skieurs expérimentés)
2 Pourquoi est-ce que l'Alpe d'Huez attire beaucoup de skieurs? (parce que cette station a d'excellentes pistes)
3 Quelle piste préférez-vous? (la piste pour skieurs expérimentés)

V Complétez les phrases suivantes en employant le mot indiqué.

1 Le patron est inquiet à cause de ses _____. (dépenses)
2 Une telle _____ me fait peur. (dépense)
3 Ce projet demande des _____ énormes. (dépenses)
4 Si je reçois une _____, j'étudierai en Angleterre. (bourse)
5 Grâce à une _____, j'ai fait mes études à la Sorbonne. (bourse)
6 Henri est très intelligent; il va sûrement recevoir une _____. (bourse)
7 Nous allons organiser un _____ pour les professeurs de langues vivantes. (stage)
8 Le _____ des architectes dure trois ans. (stage)
9 Chaque été elle fait un _____ à l'université de Grenoble. (stage)

VI Répondez d'après le modèle.

Modèle : Avez-vous confiance en ce pilote?
Oui, c'est un pilote expérimenté.

1 Avez-vous confiance en ce chauffeur?
2 Avez-vous confiance en ce guide?
3 Avez-vous confiance en cet agent de police?

VII Répondez aux questions suivantes en employant la réponse donnée.

Modèle : Est-ce que l'ambiance de ce restaurant vous plaît? (oui, beaucoup)
Oui, l'ambiance de ce restaurant me plaît beaucoup.

1 Qu'est-ce que vous aimez? (l'ambiance de cette auberge)
2 Qu'est-ce qui vous plaît? (l'ambiance du village)
3 Pourquoi voulez-vous dîner dans ce restaurant? (à cause de son ambiance)
4 Où se trouve Saint-Denis? (dans la banlieue nord de Paris)
5 Qu'est-ce qui relie la banlieue au centre de la ville? (les autobus et les trains)
6 Où habitez-vous? (la banlieue parisienne)

LE SKI

Les Français pratiquent beaucoup de sports, mais le sport qui devient de plus en plus populaire en France, c'est le ski. Tout l'hiver les Alpes et les Pyrénées attirent des foules de skieurs.

La pratique de prendre une partie des congés payés en hiver qui est en train de passer dans les mœurs permet aux travailleurs de se joindre aux étudiants en vacances sur les pistes. Pour ceux qui aimeraient découvrir le ski, mais qui ne peuvent pas faire une telle dépense, il y a une subvention que le secrétariat à la Jeunesse et aux Sports accorde à un certain nombre de jeunes ouvriers et employés. Cette «bourse de neige» permet aux jeunes travailleurs de partir en stage de ski pour un prix très modeste.

Pour faciliter ces vacances de ski, il y a des associations sportives qui préparent les voyages et des trains de ski, avec des tarifs spéciaux, qui amènent les skieurs de Paris à leur station favorite.

Chaque station de ski a plusieurs pistes pour débutants comme pour skieurs expérimentés. Les moniteurs de l'Ecole nationale de ski et d'alpinisme amènent les étudiants sur la piste qu'il leur faut.

Pour loger les skieurs, il y a de nombreux chalets et auberges de jeunesse. Le soir on sert la fondue dans les vieilles auberges où il y a toujours une bonne ambiance et tout le monde est gai et transformé.

subvention (f.) somme d'argent versée par l'Etat

fondue (f.) mets composé de fromage fondu avec du vin blanc

Paysage alpestre

Le ski

Hélène, étudiante à la Sorbonne, et Marie, technicienne chimiste dans une usine de la banlieue parisienne, parlent de leur sport favori: le ski, de plus en plus pratiqué en France.

HÉLÈNE   Marie, j'ai deux semaines de vacances à Pâques. Peux-tu partir avec moi aux sports d'hiver?

MARIE   Je peux obtenir un congé de huit jours à cette période, mais je ne peux pas prendre quinze jours.

Tant pis (Too bad)   HÉLÈNE   Tant pis. Nous pouvons passer huit jours ensemble. Moi, je resterai une semaine de plus.

MARIE   D'accord! Où irons-nous?

HÉLÈNE   Si nous changions de station cette année? Au lieu de skier tout le temps à Megève, allons à l'Alpe d'Huez.

MARIE   Je ne suis pas contre. Il paraît que c'est une station agréable.

HÉLÈNE   Oui, il y a de nombreuses et excellentes pistes de ski.

MARIE   Et puis, nous sommes presque sûres d'avoir de la neige, car c'est à plus de 1.800 mètres d'altitude.

HÉLÈNE   Non seulement de la neige mais du soleil. La station est réputée pour être très ensoleillée.

MARIE   Est-ce que tu veux retourner à l'Ecole de ski?

HÉLÈNE   Oh oui, je pense que c'est le meilleur moyen de progresser. Il y a trois ans, j'ai commencé au cours numéro 7 avec les débutants. Cette année j'espère terminer le cours numéro 2.

MARIE   Moi aussi. Ainsi l'année prochaine au cours numéro 1 nous pourrons participer à quelques compétitions.

QUESTIONS Répondez aux questions suivantes d'après le texte.

1   Qu'est-ce que les Français pratiquent?
2   Quel sport devient de plus en plus populaire?
3   Quelles montagnes attirent beaucoup de skieurs?
4   Qu'est-ce qui permet aux travailleurs de faire du ski?
5   Qu'est-ce que c'est qu'une «bourse de neige»?
6   Qu'est-ce qu'une «bourse de neige» permet aux jeunes travailleurs?
7   Qu'est-ce qu'il y a pour faciliter les vacances de ski?
8   Qu'est-ce qui amène les skieurs à leur station préférée?
9   Pourquoi y a-t-il plusieurs pistes à chaque station?
10 Qui amène les skieurs sur la piste qu'il leur faut?
11 Qu'y a-t-il dans les stations pour loger les skieurs?
12 Qu'est-ce qu'on sert le soir dans les vieilles auberges?
13 Qu'est-ce qu'il y a toujours dans les vieilles auberges?
14 Quand est-ce qu'Hélène a deux semaines de vacances?
15 Qu'est-ce que Marie peut obtenir à cette période?
16 A quelles stations vont-elles skier?
17 Pourquoi est-ce que l'Alpe d'Huez est une station agréable?
18 Pourquoi est-on sûr d'avoir de la neige à l'Alpe d'Huez?
19 Fait-il souvent mauvais temps à l'Alpe d'Huez?
20 Pourquoi est-ce qu'Hélène veut retourner à l'Ecole de ski?
21 A quel cours de ski commencent les débutants?
22 A quel cours est-ce que les skieurs participent à des compétitions?

GRAMMAIRE

Subject pronouns

As subject of the sentence, *qui* is used to refer to persons, *qu'est-ce qui* to things. With both of these interrogative pronouns, the verb of the sentence is in the 3rd person singular.

> Qui vient? *Who is coming?*
> Qu'est-ce qui se passe? *What is happening?*

Direct object pronouns

Qui is the direct object pronoun used to refer to persons; *que* refers to things. Before a vowel, *que* contracts to *qu'*; *qui* never changes form. *Qui* and *que* (*qu'*) as direct object pronouns must be used with either inversion or with *est-ce que*.

> Qui avez-vous vu?
> Qui est-ce que vous avez vu? | *Whom did you see?*
>
> Qu'avez-vous vu?
> Qu'est-ce que vous avez vu? | *What did you see?*

Pronouns as object of a preposition

Qui is the interrogative pronoun used as object of the preposition when referring to persons; *quoi* is used in reference to things. Inversion or *est-ce que* must accompany these pronouns.

A qui parlez-vous?
A qui est-ce que vous parlez? | Whom are you talking to?

De quoi parlez-vous?
De quoi est-ce que vous parlez? | What are you talking about?

EXERCICES   Posez les questions d'après le modèle.

Modèle :   C'est Paul qui parle.
   Qui parle?

   Le chat entre.
   Qu'est-ce qui entre?

1 Quelque chose est tombé.   2 Un accident a eu lieu.   3 Les enfants sortent.   4 Les skieurs arrivent.   5 Marie et Hélène viennent cet après-midi.   6 Le bus arrive.   7 Cette leçon est difficile.   8 Le vent a fermé la porte.   9 Jean et Henri sont en train de skier.   10 Mes camarades vont à la conférence.   11 Le train part en retard.   12 Le professeur fait un stage en France.

Modèle :   J'ai vu Jacqueline.
   Qui avez-vous vu?

   J'ai lu *Notre-Dame de Paris.*
   Qu'avez-vous lu?

13 J'ai rencontré Pierre.   14 Elle lit le *Figaro.*   15 J'ai fait une longue promenade.   16 Il admire beaucoup Napoléon.   17 Cette piste attire des skieurs.   18 On visite le Louvre.   19 Nous cherchons nos copains.   20 Elle a trouvé son argent.   21 Mon père conduit une Renault.   22 Nous étudions la chimie.

Modèle :   J'ai vu Jacqueline.
   (Qui est-ce que) vous avez vu?

   J'ai lu *Notre-Dame de Paris.*
   Qu'est-ce que vous avez lu?

23 Ils écoutent la radio.   24 On a envoyé la lettre.   25 J'ai rencontré Marie au cinéma.   26 Jacques aime beaucoup son professeur de musique.   27 François apprend tous les verbes.   28 Paule attend son frère.   29 Paul finit son travail.   30 J'ai vu ce film hier soir.   31 Nous avons rencontré les Martin à l'église.   32 Ses parents lui envoient de l'argent.

Modèle : J'ai écrit à Pauline.
A qui avez-vous écrit?

J'ai écrit sur la politique.
Sur quoi avez-vous écrit?

33 Je sors avec Henri. 34 Renée parle de son dernier voyage. 35 Jacques pense à ses vacances. 36 J'écris à mes parents. 37 Nous pensons à nos problèmes. 38 Les enfants jouent au football. 39 Le professeur parle de l'art moderne. 40 Elle rêve de cette station de ski. 41 Le moniteur est parti sans Hélène. 42 Il donne une conférence sur l'éducation française.

Modèle : J'ai écrit à Pauline.
A qui est-ce que vous avez écrit?

J'ai écrit sur la politique.
Sur quoi est-ce que vous avez écrit?

43 Les étudiants travaillent pour ce professeur. 44 Jeannette a écrit un essai sur la guerre. 45 Le patron parle avec ses employés. 46 Le directeur répond à la lettre. 47 Les enfants partent avec leur père. 48 J'ai insisté sur cette question. 49 Les garçons jouent au basket-ball. 50 Le professeur parle des pronoms. 51 Marie explique le problème à ses parents. 52 Pierre parle de son oncle. *De qui parle*

THE CONVERSATIONAL PAST TENSE *(PASSÉ COMPOSÉ)*

Formation of the past participle

For most first- and second-group verbs, past participles are formed by adding the appropriate ending to the stem of the infinitive. The stem is the part of the verb that remains when the infinitive ending is removed: *parler*: stem = *parl–*; *finir*: stem = *fin–*; *vendre*: stem = *vend–*. The most common endings are –é /e/, –i /i/, and –u /y/, but others can occur. Verbs which do not form their past participles from the stem of the infinitive must be learned as exceptions.

PAST PARTICIPLE ENDING IN –É /e/

1. Verbs with infinitives ending in –er

parlé	acheté

2. *naître*

né

PAST PARTICIPLE ENDING IN –*I* /i/

1. Second-group verbs with infinitives ending in –*ir* and *suivre*

fini   suivi

2. *rire, sourire*

ri   souri

3. *conduire, cuire, dire, écrire*

conduit   cuit   dit   écrit

4. *mettre, prendre,* and their derivatives

mis   pris

PAST PARTICIPLE ENDING IN −*U* /y/

1. Verbs with infinitives ending in −*re: vendre, rendre, rompre, battre,*
vaincre, etc.

to conquer
conquér

break into
to beat someone

vendu	rendu

2. Verbs with infinitives ending in −*aître: connaître, paraître,* etc.

connu	paru

3. *venir, tenir,* and their derivatives

venu	tenu

4. *courir* and *secourir*

couru   secouru *to help*

5. Verbs with infinitives ending in *–aire: plaire, se taire,* etc.

plu   tu

6. Verbs with infinitives ending in *–evoir: devoir, recevoir, décevoir,* *décevue*
concevoir, etc.
concevue

dû   reçu

7. *boire, vouloir, pouvoir, lire, croire, voir, vivre, coudre*
lu   cru   vu

bu   voulu   pu   vécu   cousu

PAST PARTICIPLES WITH OTHER ENDINGS

1. *ouvrir, couvrir, offrir, souffrir*

ouvert   couvert   offert   souffert

√ 2. *craindre, peindre, joindre*

to paint

craint	peint	joint

3. *mourir*

mort

THE AUXILIARY VERB OF THE CONVERSATIONAL PAST TENSE

The conversational past tense is formed by using the present tense of *avoir* or *être* plus the past participle of the verb. The vast majority of French verbs use *avoir* as the auxiliary verb.

parler   **past participle = parlé**

j'ai parlé	nous avons parlé
tu as parlé	vous avez parlé
on a parlé	
il a parlé	ils ont parlé
elle a parlé	elles ont parlé

EXERCICES   **I**   Répondez aux questions suivantes en employant la réponse donnée.

Modèle: Qui a créé cette symphonie? (Mozart)
         Mozart a créé cette symphonie.

1 Qu'est-ce que les skieurs ont traversé? (la piste) 2 Qui vous a obligé à rester chez vous? (mes parents) 3 Quel poème avez-vous choisi? (un poème de Prévert) 4 Où a-t-on conduit Mme DuBois? (à l'auberge) 5 Qu'est-ce qu'ils ont pris comme plat de viande? (du steak au poivre) 6 Qui vous a rendu cet argent? (le moniteur) 7 Où ont-ils connu Robert? (à Chamonix) 8 Qui a cousu cette robe? (la jeune couturière)

9 De quoi le guide a-t-il souffert? (d'un rhume)   10 Qu'est-ce que le portier a ouvert? (la porte de l'entrée)   11 Qu'est-ce que les enfants ont peint? (des aquarelles)   12 Qu'avez-vous craint? (de rentrer seul)

II Répondez d'après le modèle.

Modèle: Parle-t-il de son voyage?
         Pas maintenant, mais il a parlé de son voyage tout à l'heure.

1 La cliente cherche-t-elle le couturier?   2 Les débutants traversent-ils la piste?   3 Est-ce qu'on applaudit les skieurs?   4 Est-ce que les moniteurs sourient?   5 Dites-vous non?

AGREEMENT OF THE PAST PARTICIPLE

The past participles of verbs using *avoir* as the auxiliary verb in the conversational past tense agree in number and gender with the <u>preceding</u> <u>direct</u> <u>object</u>. If the direct object does not precede the verb, or if there is no direct object, the past participle does not change. Most past participles end in vowels and consequently have only one oral form; but in the case of past participles ending with a consonant, two oral forms occur:

MASCULINE	FEMININE
pris	prise
offert	offerte
dit	dite
écrit	écrite
craint	crainte

There are three common constructions requiring agreement of the past participle of verbs conjugated with *avoir*:

1. J'ai écrit la lettre. Je l'ai écrite.
   J'ai reçu les lettres. Je les ai reçues.

2. Voilà la lettre que j'ai écrite.
   Voilà les lettres que j'ai reçues.

3. Quelle lettre avez-vous écrite?
   Quelles lettres avez-vous reçues?

I Répondez d'après le modèle.

> Modèle: Avez-vous écrit des lettres?
> Oui, voilà les lettres que j'ai écrites.

1 Avez-vous ouvert les lettres? 2 Avez-vous mis une nouvelle robe?
3 Est-ce qu'il a peint une aquarelle? 4 Est-ce qu'elle a conduit une auto?

> Modèle: Avez-vous écrit les lettres?
> Oui, je les ai écrites.

5 Avez-vous ouvert la fenêtre? 6 A-t-elle pris les photos? 7 Avez-vous
dit la vérité? 8 A-t-il craint cette dame?

> Modèle: J'ai écrit des lettres.
> Quelles lettres avez-vous écrites?

9 J'ai appris cette leçon. 10 J'ai couvert cette table. 11 J'ai compris
cette situation. 12 J'ai mis ces nouvelles chaussures.

II Répondez affirmativement aux questions suivantes.

> Modèle: Avez-vous écrit cette lettre?
> Oui, je l'ai écrite.

1 Avez-vous conduit cette auto? 2 Avez-vous conduit le bus? 3 Avez-
vous ouvert la porte? 4 Avez-vous ouvert le robinet? 5 Le garçon
a-t-il dit la vérité? 6 Le garçon a-t-il dit le secret? 7 Avez-vous mis
cette robe? 8 Avez-vous commis une erreur? 9 Avons-nous bien
conduit? 10 Avez-vous pris ce train?

INTERROGATIVE PATTERNS WITH THE *PASSÉ COMPOSÉ*

Questions in the passé composé can be formed in two ways:

1. With *est-ce que*

> Est-ce que les garçons ont couru chez eux?

2. With inversion

> Les garçons ont-ils couru chez eux?

Notice that if there is a noun subject, it precedes the auxiliary verb and the pronoun subject follows the auxiliary verb. The past participle follows the subject pronoun.

EXERCICES **I** Posez les questions suivantes en employant *est-ce que.*

1 Demandez à quelqu'un s'il a cédé sa place.   2 Demandez si Marie a acheté une jolie robe.   3 Demandez si tous les élèves ont suivi ce cours. 4 Demandez à un ami s'il a servi le dessert.   5 Demandez si les enfants ont ri.

II Posez les questions suivantes en employant l'inversion.

1 Demandez à une amie si elle a dit la vérité.   2 Demandez à quelqu'un s'il a tenu sa promesse.   3 Demandez si Anne a reçu une lettre de ses parents.   4 Demandez si les invités ont bu du vin.   5 Demandez si j'ai vu ce film.

NEGATIVE PATTERNS WITH THE CONVERSATIONAL PAST TENSE

Note the position of the negative elements in the conversational past tense.

Je **n'**ai **jamais** regardé ce livre.
Je **n'**ai **point** regardé ce livre.
Je **n'**ai **rien** regardé.

In the conversational past tense, the negative element *ne* (*n'*) precedes the auxiliary verb and the negative element *pas, jamais, plus, guère, point,* or *rien* follows the auxiliary verb and precedes the past participle.
Note that the position of the negative elements in the following expressions is not the same as the pattern above.

Je **n'**ai regardé **que** ce livre.
Je **n'**ai regardé **aucun** livre.
Je **n'**ai regardé **aucune** lettre.
Je **n'**ai regardé **personne**.
Je **n'**ai regardé **ni** ce livre **ni** cette lettre.

In the conversational past tense, the negative element *ne* (*n'*) precedes the auxiliary verb and the negative element *que, aucun (aucune), personne,* or *ni... ni* follows the past participle.

EXERCICES   **I**   Répondez aux questions suivantes en employant...

ne... pas
1 A-t-il parlé de ses parents?   2 Avons-nous manqué le train?   3 Avez-vous réfléchi à mon idée?

ne... jamais
4 A-t-il menti à ses parents?   5 Avez-vous étudié le français?   6 Le garçon a-t-il couru à l'école?

ne... guère
7 A-t-elle compris la lecture?   8 Avez-vous regardé cette lettre?   9 As-tu trouvé assez d'argent?

ne... point
10 Est-ce que ce conte a déplu à la classe?   11 As-tu craint cet homme? 12 A-t-il refusé sa permission?

ne... que
13 A-t-elle cherché cette lettre?   14 Avez-vous craint ce voyage? 15 Ont-ils ouvert cette valise?

ne... aucun/aucune
16 A-t-elle choisi cette robe?   17 Avez-vous trouvé les billets?   18 Ont-elles envoyé ces lettres?

ne... personne
19 As-tu vu Marie et Paul?   20 A-t-il attendu Pierre?   21 Ont-elles rejoint leurs amies?

ne... rien
22 A-t-il accepté l'invitation?   23 Avez-vous payé les billets?   24 A-t-elle entendu les nouvelles?

ne... ni... ni
25 Avez-vous bu du café ou du thé?   26 A-t-elle acheté le livre ou la carte?   27 Ont-ils accepté les billets ou l'argent?

Skieurs

II Répondez aux questions suivantes en employant la réponse donnée.

Modèle : Avez-vous compris son explication? (ne... point)
Non, je n'ai point compris son explication.

1 Avez-vous parlé à Pierre? (ne... guère)   2 Avez-vous vu quelque chose? (ne... rien)   3 Est-ce que Marie a choisi une robe? (ne... aucune)   4 Jean a-t-il suivi le conseil de ses parents? (ne... jamais)   5 Les enfants ont-ils ri? (ne... plus)   6 Avez-vous servi les invités? (ne... personne)   7 Hélène a-t-elle lu la lettre et le télégramme? (ne... que la lettre)   8 Mme Dupont a-t-elle rendu l'argent et les tickets? (ne... ni... ni)   9 Les élèves ont-ils compris les règles? (ne... point)   10 Votre frère a-t-il dit la vérité? (ne... rien)

QUESTIONS À
DISCUTER

1 Vous aimez la plage. Votre ami(e) aime faire du ski. Vous allez passer vos vacances ensemble. Inventez une conversation pour décider où vous irez.

2 Décrivez à un ami ou à une amie votre séjour à une station de ski en France.

Littérature

Antigone

Jean Anouilh

Vocabulaire

debout   dans une position verticale
      Ne restez pas debout; asseyez-vous.

assurer   assurer à quelqu'un que... ; lui affirmer que...
      Je t'assure que je n'ai pas froid.

il faut que...   il est nécessaire que...
      Si tu es malade, il faut que tu te reposes.

se moquer de   faire de quelqu'un ou de quelque chose un objet d'amusement, de plaisanterie
      Je sais pourquoi il rit! Il se moque de moi!

rassurer   rassurer quelqu'un — lui rendre la confiance, la tranquillité
      Avant l'examen j'avais peur, mais le professeur m'a rassuré.

bêtise — f.   chose stupide, action ou parole peu intelligente
      Cet enfant a fait des bêtises.

Antigone

buried	**enterrer**	enterrer un mort — le mettre en terre
		Après la bataille, les soldats ont enterré les morts.
	tant pis	indique la résignation
		J'ai perdu. Tant pis!
hole	**trou — m.**	cavité dans un objet
		Il a regardé par un trou dans le mur.
eye-lashes	**sourcil — m.**	arc de poils placé au-dessus de chaque œil
		Il est bien surpris. Regardez comme il lève les sourcils.
	avoir raison de	être dans le vrai
avoir tort		Vous avez raison de mettre des vêtements chauds, car il fait froid.
	poche — f.	partie en forme de petit sac dans un vêtement et où l'on peut mettre des objets
		Il a mis son argent dans sa poche.
to go bathing	**se baigner**	tremper son corps dans la mer, dans un lac, etc.
		Pendant les vacances, il se baigne chaque jour dans la mer.

EXERCICES DE VOCABULAIRE

A Répondez d'après le modèle.

Modèle : Est-il près de la porte?
Oui, il est debout près de la porte.

1 Le professeur est-il en face de la classe?
2 Le guide est-il près de l'autocar?
3 Les touristes sont-ils dans le bus?

Modèle : Avez-vous froid?
Non, je vous assure que je n'ai pas froid.

4 Avez-vous soif?
5 Avez-vous chaud?
6 Avez-vous faim?

Modèle : Est-il nécessaire que l'enfant se repose?
Oui, il faut qu'il se repose.

7 Est-il nécessaire que les enfants mangent bien?
8 Est-il nécessaire que les élèves étudient tous les jours?
9 Est-il nécessaire que votre père se retire des affaires?

Modèle: Qu'est-ce que Robert pense de moi?
Il se moque de vous.

10 Qu'est-ce que Marie pense de nous?
11 Qu'est-ce que le professeur pense de toi?
12 Qu'est-ce que le guide pense des touristes?

Modèle: Aviez-vous peur de l'examen? Est-ce que le professeur vous a rassuré?
Oui, j'avais peur de l'examen, mais le professeur m'a rassuré.

13 Aviez-vous peur du voyage? Est-ce que le guide vous a rassuré?
14 Aviez-vous peur du métro? Est-ce que votre ami vous a rassuré?
15 Aviez-vous peur de l'avion? Est-ce que l'hôtesse de l'air vous a rassuré?

B Complétez les phrases suivantes en employant le mot *bêtise*.

1 Cet homme d'affaires a trop bu et il a fait des _____.
2 Le patron s'est fâché et il a dit des _____.
3 Je n'ai pas pensé à ce que je faisais et j'ai fait des _____.

C Répondez aux questions suivantes en employant la réponse donnée.

1 Qui a enterré les morts? (les soldats)
2 Qui a enterré le chien? (Papa)
3 Qui a enterré son frère? (Antigone)

D Répondez d'après le modèle.

Modèle: Avez-vous perdu votre argent?
Oui, j'ai perdu mon argent, mais tant pis!

1 Avez-vous perdu l'adresse de votre ami?
2 Avez-vous dépensé tout l'argent?
3 Avez-vous oublié vos tickets?

E Répondez aux questions suivantes en employant la réponse donnée.

1 Où est-ce que les enfants ont caché leur trésor? (dans un trou)
2 Où avez-vous trouvé le message secret? (dans un trou dans l'arbre)
3 Qu'est-ce que les ouvriers vont faire? (un trou dans le mur)

F Complétez les phrases suivantes en employant le mot *sourcil*.

1 Je sais qu'il est surpris parce qu'il lève les _____.
2 Elle n'est plus surprise; elle baisse les _____.
3 Je crains ma mère quand elle a les _____ joints.

G   Répondez d'après le modèle.

Modèle: Vous étudiez? L'examen va être difficile?
          Oui, j'ai raison d'étudier car l'examen va être difficile.

1   Vous sortez? Il va faire beau ce soir?
2   Vous travaillez? Il y a beaucoup de choses à faire?
3   Vous mangez? La cuisine est bonne?

H   Répondez aux questions suivantes en employant la réponse donnée.

1   Qui a un trou dans sa poche? (Papa)
2   Qu'est-ce que l'enfant a dans sa poche? (toutes sortes de choses)
3   En quelle saison se baigne-t-elle tous les jours? (en été)
4   Qui se baigne dans la mer? (les touristes)

Antigone et Ismène

ANTIGONE

Antigone a été créée le 4 février 1944 au théâtre de l'Atelier. Cette pièce présente la révolte d'Antigone contre (Créon, roi de Thèbes) Antigone représente la pureté absolue et l'idéalisme; Créon symbolise le pouvoir établi et le réalisme politique. L'histoire de leur conflit remonte à Sophocle (440 av. J.-C.). Antigone a <u>deux frères</u>: (Etéocle et Polynice) qui se sont battus en deux camps opposés — <u>Etéocle pour Thèbes, Polynice contre Thèbes</u>. Tous les deux ont été tués. Créon a interdit d'enterrer Polynice, le traître. Aux yeux des Grecs, c'était une sanction terrible: l'âme de Polynice errerait éternellement sans sépulture. D'après l'ordre de Créon, quiconque tentera de recouvrir de terre le cadavre sera mis à mort.

Antigone, fiancée d'Hémon, fils de Créon, aime son fiancé et ne veut pas mourir. Pourtant, elle brave l'interdiction de son oncle, Créon, et se lève à quatre heures du matin pour aller seule jeter un peu de terre sur le corps de son frère, parce qu'elle préfère la mort au compromis.

Dans la scène suivante, Antigone vient de rentrer de son «rendez-vous avec Polynice». Elle parle avec sa sœur Ismène.

remonte à a son origine à l'époque de Sophocle

a interdit n'a pas permis

errerait irait çà et là sans but
sépulture (f.) lieu où l'on enterre un mort
quiconque toute personne qui
tentera essaiera
interdiction (f.) (ant. = permission)

Jean Anouilh

Antigone

beautiful

Entre Ismène.

② ISMÈNE Tu es déjà levée? Je viens de ta chambre.

*independent
head strong*

— ANTIGONE Oui, je suis déjà levée.

LA NOURRICE Toutes les deux alors!... Toutes les deux vous allez devenir folles et vous lever avant les servantes? Vous croyez que c'est bon d'être debout le matin à jeun, que c'est convenable pour des princesses? Vous n'êtes seulement pas couvertes. Vous allez voir que vous allez encore me prendre mal.

folles se dit des personnes qui ont perdu la raison
à jeun sans avoir mangé

nourrice (f.) servante (nurse)

ANTIGONE Laisse-nous, nourrice. Il ne fait pas froid, je t'assure: c'est déjà l'été. Va nous faire du café.

Elle s'est assise soudain fatiguée.

nounou terme enfantin pour «nourrice»

Je voudrais bien un peu de café, s'il te plaît, nounou. Cela me ferait du bien.

colombe (f.) (dove)

LA NOURRICE Ma colombe! La tête lui tourne d'être sans rien et je suis là comme une idiote au lieu de lui donner quelque chose de chaud.

Elle sort vite.

ISMÈNE Tu es malade?

① ANTIGONE Cela n'est rien. Un peu de fatigue.

Elle sourit.

7- C'est parce que je me suis levée tôt.

ISMÈNE Moi non plus je n'ai pas dormi.

ANTIGONE *Elle sourit encore.*

Il faut que tu dormes. Tu serais moins belle demain.

Antigone 1 7 1

barbouillais couvrais

vers (m. pl.) (worms)

| ISMÈNE | Ne te moque pas. |

ANTIGONE   Je ne me moque pas. Cela me rassure ce matin, que tu sois belle. Quand j'étais petite, j'étais si malheureuse, tu te souviens? Je te barbouillais de terre, je te mettais des vers dans le cou. Une fois, je t'ai attachée à un arbre et je t'ai coupé tes cheveux, tes beaux cheveux...

Elle caresse les cheveux d'Ismène.

Comme cela doit être facile de ne pas penser de bêtises avec toutes ces belles mèches lisses et bien ordonnées autour de la tête!

mèches (f. pl.) petites touffes de cheveux
lisses doucès au toucher

ISMÈNE, *soudain.*   Pourquoi parles-tu d'autre chose?

ANTIGONE, *doucement, sans cesser de lui caresser les cheveux.*   Je ne parle pas d'autre chose...

ISMÈNE   Tu sais, j'ai bien pensé, Antigone.

ANTIGONE   Oui.

ISMÈNE   J'ai bien pensé toute la nuit. Tu es folle.

ANTIGONE   Oui.

ISMÈNE   Nous ne pouvons pas.

ANTIGONE, *après un silence, de sa petite voix.*   Pourquoi?

ISMÈNE   Il nous ferait mourir.

ANTIGONE   Bien sûr. A chacun son rôle. Lui, il doit nous faire mourir, et nous, nous devons aller enterrer notre frère. C'est comme cela que ç'a été distribué. Qu'est-ce que tu veux que nous y fassions?

ISMÈNE   Je ne veux pas mourir.

ANTIGONE, *doucement.*   Moi aussi j'aurais bien voulu ne pas mourir.

ISMÈNE   Ecoute, j'ai bien réfléchi toute la nuit. Je suis l'aînée. Je réfléchis plus que toi. Toi, c'est ce qui te passe par la tête tout de suite, et tant pis si c'est une bêtise. Moi je suis plus pondérée. Je réfléchis.

pondérée calme

ANTIGONE   Il y a des fois où il ne faut pas trop réfléchir.

ISMÈNE   Si, Antigone. D'abord c'est horrible, bien sûr, et j'ai pitié moi aussi de mon frère, mais je comprends un peu notre oncle.

ANTIGONE   Moi je ne veux pas comprendre un peu.

ISMÈNE   Il est le roi, il faut qu'il donne l'exemple.

ANTIGONE   Moi, je ne suis pas le roi. Il ne faut pas que je donne l'exemple, moi... Ce qui lui passe par la tête, la petite Antigone, la sale bête, l'entêtée, la mauvaise, et puis on la met dans un coin ou dans un trou. Et c'est bien fait pour elle. Elle n'avait qu'à ne pas désobéir!

l'entêtée l'obstinée

ISMÈNE   Allez! Allez!... Tes sourcils joints, ton regard droit devant toi et te voilà lancée sans écouter personne. Ecoute-moi. J'ai raison plus souvent que toi.

lancée décidée

ANTIGONE   Je ne veux pas avoir raison.

ISMÈNE   Essaie de comprendre, au moins.

ANTIGONE   Comprendre... Vous n'avez que ce mot-là dans la bouche, tous, depuis que je suis toute petite. Il fallait comprendre qu'on ne peut pas toucher à l'eau, à la belle eau fuyante et froide parce que cela mouille les dalles, à la terre parce que cela tache les robes. Il fallait comprendre qu'on ne doit pas manger tout à la fois, donner tout ce qu'on a dans ses poches au mendiant qu'on rencontre, courir, courir dans le vent jusqu'à ce qu'on tombe par terre et boire quand on a chaud et se baigner quand il est trop tôt ou trop tard, mais pas juste quand on en a envie! Comprendre. Toujours comprendre. Moi je ne veux pas comprendre. Je comprendrai quand je serai vieille.

il fallait «il faut» à l'imparfait

fuyante (running)
mouille rend humide
dalles (f. pl.) plaques de pierre utilisées pour paver le sol
tache salit, rend sale
mendiant (m.) quelqu'un qui fait appel à la charité

Elle achève doucement.

Si je deviens vieille. Pas maintenant.

achève finit

QUESTIONS   Répondez aux questions suivantes d'après le texte.

1   Qui s'est levé très tôt?
2   Qui vient de chercher Antigone?
3   Est-ce qu'Antigone était dans sa chambre?

«Toutes les deux vous allez devenir folles...»

4   Qui accuse Antigone et Ismène d'être folles? *La nourrice*

5   D'après la nourrice, qu'est-ce qui n'est pas convenable pour des princesses? *D'être debout le matin à jeun.*

6   Pourquoi la nourrice sort-elle? *pour leur donner quelque chose de chaud*

7   Pourquoi est-ce qu'Ismène demande à sa sœur si elle est malade?

8   Qu'est-ce qui rassure Antigone ce matin?

9   Comment savons-nous qu'Antigone était jalouse de sa sœur quand elles étaient petites?

10 D'après Ismène, qu'est-ce qu'elles ne peuvent pas faire?

11 Pourquoi ne peuvent-elles pas enterrer leur frère?

12 *according to* Selon Antigone, quel est le rôle de Créon? Quel est leur rôle?

13 Qui ne veut pas mourir? *Antigone*

14 Qui est l'aînée? *Ismène*

15 *pensée* Qui a réfléchi toute la nuit? *Ismène*

16 Des deux sœurs, qui est plus calme, plus pondérée? *Ismène*

17 Antigone croit-elle qu'on a raison de réfléchir dans toutes les circonstances? *il ne faut pas tout réfléchir.*

18 Ismène sait-elle qu'Antigone a déjà enterré leur frère? *oui*

19 Pourquoi faut-il que Créon donne l'exemple? *il est le roi*

20 Comment est-ce qu'Antigone se décrit? *il faut pas qu'elle donne une exemple*

21 Comment est-ce qu'Ismène décrit Antigone?
22 Qui ne veut pas avoir raison? *Antigone*
23 Contre quel mot Antigone proteste-t-elle? *Comprendre*
24 Quand est-ce qu'Antigone comprendra? *non*
25 Quelles sont les dernières paroles d'Antigone? *Je comprendrai quand je serai vieille.*

QUESTIONS À
DISCUTER

1 Dans une autre scène Antigone dit à Créon: «Je ne veux pas comprendre. C'est bon pour vous. Moi je suis là pour autre chose que pour comprendre. Je suis là pour vous dire non et pour mourir.» Qu'est-ce qu'elle veut dire?

2 Est-ce possible qu'Antigone choisisse la mort parce qu'elle a peur de la vie? Justifiez votre réponse.

COMPOSITION

1 Répondez aux Questions 10 à 19; 22 à 25. Lisez vos réponses. Organisez-les dans un paragraphe en ajoutant les détails nécessaires. Lisez de nouveau votre paragraphe. Faites tous les changements nécessaires pour améliorer le style.

2 Dans quel sens est-ce qu'Antigone est révolutionnaire? Qu'est-ce qu'Ismène représente?

7. parce qu'elle assise soudain fatiguée.
8. Ismène
9.

Culture

La condition féminine en France

Vocabulaire actif

daily
quotidien, enne   qui se fait ou qui revient tous les jours
La vieille femme nous a parlé des difficultés de la vie quotidienne.

deed fact
fait — m.   chose, événement qui se produit, ce dont la réalité est incontestable
Son élection est un fait politique important.

exam - competition
concours — m.   examen permettant de classer les candidats à une place, à un prix ou à
l'admission à une grande école
Cette jeune fille s'est classée première au concours d'entrée à l'Ecole
Polytechnique.

grade
note — f.   appréciation exprimée par des mots: «assez bien, bien» etc. ou par un
nombre: «6 sur 10, 15 sur 20,» etc.
Cet élève a reçu de mauvaises notes en géographie.

trade, profession
métier — m.   genre de travail, occupation
Ce boulanger apprend son métier à son fils.

La Française au travail

sondage — m. procédé d'enquête ayant pour objet de déterminer |l'opinion d'une population|concernant un fait social

(to sound out an idea) *(poll)*

Un sondage récent aux Etats-Unis indique que la majorité des Américains ont peu de respect pour les politiciens.

lycéen, enne |élève|d'un lycée (un établissement d'enseignement du second degré)

En général, les lycéennes reçoivent de meilleures notes que les lycéens.

se satisfaire \contenter un besoin,/causer un sentiment de plaisir

Les ouvriers ne se satisfont plus de recevoir des salaires inférieurs.

at the present time.

actuellement dans la période présente,\en ce moment/

On joue ce film actuellement au cinéma.

managerial staff

cadre — m. \membre/du personnel exerçant des fonctions de direction ou de contrôle dans une entreprise ou une administration

Peu de femmes sont cadres en France, sauf dans l'enseignement.

organisme — m. \association/de personnes

Il y a beaucoup d'organismes professionnels aux Etats-Unis.

II

en principe \en théorie/

(law)

En principe, le patron doit être ici mais il est absent aujourd'hui.

droit — m. \faculté,/légalement ou moralement reconnue, d'agir de telle ou telle façon

Les femmes ont le droit de vote aux Etats-Unis depuis 1920.

distrust

méfiance — f. \manque de confiance/en quelqu'un ou quelque chose (syn.—soupçon)

Les enfants étaient surpris par la méfiance du professeur qui ne les croyait pas.

time table - schedule

horaire — m. \tableau des heures/d'arrivée et de départ des trains, des avions, etc.; tableau et répartition des heures de travail; emploi du temps

Quel est l'horaire des trains entre Paris et Lyon?

majority - most

plupart — f. indique une quantité très grande, formant presque la totalité de l'ensemble

plusieurs

considéré

Dans la plupart des foyers on trouve un téléphone.

form

fiche — f.) feuille de papier/sur laquelle on écrit des renseignements

Pour obtenir une carte d'identité il faut remplir cette fiche.

• take care of

(soin)

soigner soigner un être animé, une chose — s'en occuper avec sollicitude

Cette mère soigne bien ses enfants.

A Répondez d'après le modèle.

Modèle: Est-ce que le guide parle de ses aventures de chaque jour?
Oui, il parle de ses aventures quotidiennes.

1 Est-ce que les Français parlent des événements de chaque jour?
2 Est-ce que le patron explique le travail de chaque jour aux employés?
3 Est-ce que la vie de chaque jour des Français vous intéresse?

B Complétez les phrases suivantes en employant le mot *fait*. *deed*

1 Les journaux relatent les _____ du monde entier.
2 Ce vin est bon! C'est un _____ .
3 Vous avez raison d'observer les _____ .

C Répondez aux questions suivantes en employant la réponse donnée.

1 Qui a obtenu le premier prix au concours? (Robert)
2 Comment est-ce que Denise s'est classée au concours d'entrée? (première)
3 Quelle note avez-vous reçue à l'examen? (6 sur 10)
4 Quelle note espérez-vous recevoir? (un «assez bien»)

D Répondez aux questions suivantes comme vous voulez.

1 Allez-vous vous préparer pour un métier ou pour une profession?
2 Pensez-vous qu'il y ait des métiers masculins et des métiers féminins?
3 Quels métiers vous intéressent? Voulez-vous être mécanicien? Couturier? Boucher? Electricien? Pilote? Secrétaire? Musicien? Fonctionnaire? Infirmier? Autre chose?

E Complétez les phrases suivantes en employant le mot *sondage*. *poll facts*

1 Un _____ récent révèle que le public est moins influencé par les faits que par la personnalité du candidat.
2 *L'Express* vient de publier un _____ sur l'importance des vacances pour les Français.
3 Un _____ très connu aux Etats-Unis est le «Gallup poll».

F Dans les phrases suivantes remplacez *étudiant* ou *étudiante* par *lycéen* ou *lycéenne*.

1 Ces places sont réservées pour les *étudiants*.
2 Cette semaine les *étudiantes* passent un examen.
3 Cette *étudiante* étudie chaque soir pour préparer un examen.

Répondez aux questions suivantes en employant la réponse donnée.

1 Est-ce que les lycéens se satisfont de recevoir de mauvaises notes? (non)

2 Est-ce que les jeunes couples se satisfont d'habiter la banlieue? (oui)

3 Est-ce que les femmes se satisfont d'être moins bien payées que les hommes? (non)

H Répondez d'après le modèle.

> Modèle: Est-ce que Paul lit en ce moment?
> Oui, il lit actuellement.

1 Est-ce que les lycéens sont en vacances en ce moment?

2 Est-ce qu'il fait froid en ce moment?

3 Est-ce que vos parents voyagent en Europe en ce moment?

I Complétez les phrases suivantes en employant le mot cadre.

1 Une femme fait partie des _____ de cet établissement.

2 Les _____ et les ouvriers de cette entreprise ont quatre semaines de congé payé par an.

3 Les _____ moyens ne sont pas très bien payés.

J Répondez d'après le modèle.

> Modèle: Y a-t-il beaucoup d'associations professionnelles en France? (oui)
> Oui, il y a beaucoup d'organismes professionnels en France.

1 Y a-t-il plus d'associations professionnelles aux Etats-Unis qu'en France? (oui)

2 Etes-vous membre d'une association professionnelle? (non)

3 Est-ce que votre professeur est membre d'une association professionnelle? (oui)

II

K Répondez d'après le modèle.

> Modèle: Est-ce que la patronne est ici?
> Non, mais en principe elle devrait être ici.

1 Est-ce que le restaurant est ouvert à midi?

2 Est-ce que les lycéens sont à leurs places?

3 Est-ce que le train part à l'heure?

what surprised you?

L Répondez aux questions suivantes en employant la réponse donnée.

distrust

1 Qu'est-ce qui vous a surpris? (la méfiance du patron)
2 Qu'est-ce qui a irrité les Français? (la méfiance des touristes)
3 En quelle année est-ce que les Françaises ont obtenu le droit de vote? (en 1944)
4 Qu'est-ce que les Américaines ont reçu en 1920? (le droit de vote)

schedule

M Complétez les phrases suivantes en employant le mot *horaire*.

1 Pour savoir à quelle heure le train part, regardez l'_____.
2 Les cadres ont établi l'_____ de la journée du travail.
3 Je vais consulter l'_____ des avions.

N Répondez d'après le modèle.

strong   *à la maison*

Modèle: Dans la forte majorité des foyers est-ce qu'on trouve un poste de radio?
Oui, dans la plupart des foyers on trouve un poste de radio.

1 Est-ce que la forte majorité des Français boivent du vin?
2 Est-ce que la forte majorité des villes ont des problèmes?
3 Est-ce que la forte majorité des ouvriers veulent un meilleur salaire?

forme

O Complétez les phrases suivantes en employant le mot *fiche*.

1 J'ai rempli la _____ pour obtenir un passeport. ·*l*
2 J'ai donné la _____ au fonctionnaire. *official*
3 J'ai écrit mon nom et mon adresse sur la _____.

P Répondez aux questions suivantes en employant la réponse donnée.

1 Qu'est-ce que le jardinier soigne? (les plantes)
2 Qu'est-ce que le vétérinaire soigne? (les animaux)
3 Qu'est-ce que le médecin soigne? (les malades)

La condition féminine en France

rapports (m. pl.) de la relation

Au cœur des rapports entre hommes et femmes en France il existe, semble-t-il à première vue, une contradiction: d'un côté on reconnaît généralement que les Français et les Françaises «s'aiment bien»; de l'autre, la réalité quotidienne nous offre le spectacle de la femme sous la domination de l'homme dans la vie professionnelle, familiale, politique et sociale.

Dans ces conditions, faudrait-il admettre que les Françaises aiment être dominées? La réponse est évidemment négative. Le paradoxe, en vérité, se résout de lui-même à l'examen des faits. La forte majorité des Français et des Françaises pensent que les femmes devraient jouer un rôle plus important dans la vie économique et politique du pays.

se résout s'explique

Les universités ont ouvert leurs portes aux femmes en 1885, mais l'Ecole Polytechnique — la grande école qui assure une excellente formation technique à ceux qui y sont reçus — était fermée aux femmes avant 1972. Cette année-là, une jeune femme, Mlle Chopinet, s'est classée première au concours d'entrée. C'est un fait qu'à l'école les filles ont généralement de meilleures notes que les garçons. Donc, les féministes ont raison de demander pourquoi ces petites filles et ces jeunes femmes intelligentes et studieuses se trouvent plus tard dans des emplois médiocres.

Bien que les femmes soient désavantagées dans les professions et les métiers, les Françaises paraissent, en général, décidées à travailler. Un sondage récent parmi des lycéennes indique que 62% d'entre elles ont l'intention de travailler après le mariage, même si leur mari ne le veut pas; 34% veulent travailler si leur mari est d'accord, et 4% seulement préfèrent rester au foyer.

au foyer (m.) à la maison
tiers (m.) 33⅓%

Plus d'un tiers des travailleurs français sont des femmes. Mais, le fait nouveau est qu'elles ne se satisfont plus d'assumer des responsabilités mineures et d'être moins bien payées que les

accéder atteindre

habileté (f.) dextérité

dévalorisés sans grande
valeur
confection (f.) fabrication
de vêtements en série
soi-disant (so-called)

hommes. Elles veulent au contraire accéder à des carrières qui leur étaient autrefois fermées, et obtenir des salaires égaux. Actuellement, dans les entreprises, le nombre de femmes n'augmente que lorsqu'on descend dans la hiérarchie: 1% parmi les cadres supérieurs; 3% parmi les ingénieurs, 60% parmi les employés. Le problème numéro un de l'emploi féminin reste celui de la non-mixité des fonctions. La grande habileté des patrons a été de reléguer les femmes aux emplois sous-payés et souvent dévalorisés, comme le secrétariat, la confection et autres qui exigent une dextérité soi-disant «féminine». De plus en plus les Françaises se révoltent contre le rôle qui leur a été assigné. «Le Mouvement de la Libération des Femmes» (M.L.F.) et les organismes professionnels féminins protestent contre les rôles qui condamnent les femmes à la soumission et à l'infériorité.

II

exercer un droit en user

se heurter à rencontrer
comme obstacle

exigence (f.) ce qui est
commandé

aubergines (f.) femmes
agents de police en tenue
couleur aubergine
(eggplant)

crèches (f.) établissements
organisés pour la garde
des tous jeunes enfants dont
les parents travaillent
maternelles (f.) écoles qui
reçoivent les enfants
entre quatre et six ans

Si les femmes ont en principe le droit d'accès à toutes les professions selon une loi du premier juillet 1972, à présent une minorité d'entre elles l'exercent, peut-être à cause des habitudes du passé et la peur de se heurter à l'hostilité des hommes qui ont un monopole dans un grand nombre de carrières. Toutefois, de plus en plus les Français semblent prêts, surtout les jeunes, à accepter l'émancipation des femmes. C'est l'exigence des femmes qui fait ouvrir les portes petit à petit malgré la méfiance masculine. Les premières aubergines sont apparues à Paris en 1974. L'armée recrute des femmes volontaires. Il y a plus de femmes au gouvernement maintenant, mais les femmes sont toujours sous-représentées à l'Assemblée Nationale, malgré qu'elles aient le droit de vote depuis 1944. En 1974, un des premiers gestes du Président Giscard d'Estaing après son élection a été de créer un Secrétariat d'Etat à la Condition Féminine qui prend en charge les intérêts des femmes. Parmi ses principaux objectifs sont la diversification du travail, la formation professionnelle ouverte à tous, des horaires flexibles, la création de crèches et de maternelles pour les enfants des couples qui travaillent.

On entend souvent affirmer que les femmes ont le choix entre le foyer et le travail extérieur. C'est une simplification de la réalité, car la plupart des femmes travaillent par nécessité. Souvent ces femmes supportent le double poids maison-travail. Mais de plus en plus chez les jeunes couples, on voit le mari prendre part volontiers aux travaux domestiques et s'occuper des enfants, lorsque la femme travaille.

Les femmes qui ont choisi de rester au foyer s'organisent, elles aussi, pour faire reconnaître l'importance de leur rôle dans la société. Un certain nombre d'entre elles ont fondé une association pour le «Soutien et la Promotion de la Femme au Foyer». Elles s'intéressent à l'image de la femme dans la publicité, par exemple. Elles ne veulent pas que la femme soit présentée comme un objet destiné seulement à valoriser un produit. Et elles protestent le fait qu'elles doivent écrire sur une fiche de renseignements «sans profession» quand elles passent plus de soixante heures par semaine, en moyenne au lavage, au repassage, à la cuisine et en soignant leurs enfants.

en moyenne (on the average)
repassage (m.) (ironing)

La langue française, elle-même, reflète la prépondérance de l'homme soit dans la grammaire soit dans le vocabulaire, comme le montre très bien le poème suivant de Jacques Prévert.

Il pleut Il pleut

Il fait beau

Il fait du soleil

Il est tôt

Il se fait tard

Il

Il

Il

Il

Toujours Il

Toujours Il qui pleut et qui neige

Toujours Il qui fait du soleil

Toujours Il

Pourquoi pas Elle

Jamais Elle

Pourtant Elle aussi

Souvent se fait belle

En conclusion, les Françaises ont quelques raisons d'être optimistes pour l'avenir, même si les progrès semblent lents, même s'il reste de vieux préjugés à vaincre, de vieux mythes à détruire, des peurs à surmonter. Grâce aux efforts des femmes, les attitudes et les mentalités des Français deviennent de plus en plus favorables au changement de la condition des femmes.

Une vieille

QUESTIONS   Répondez aux questions suivantes d'après le texte.

I

1   Qu'est-ce qui existe au cœur des rapports entre hommes et femmes
    en France?
2   Dans quels aspects de la vie est-ce que l'homme domine la femme?
3   Les Françaises aiment-elles être dominées?
4   Qu'est-ce que la plupart des Français et des Françaises pensent?
5   En quelle année est-ce que les universités ont ouvert leurs portes aux
    femmes?

6   Qu'est-ce que c'est que l'Ecole Polytechnique?

7   En quelle année est-ce que l'Ecole Polytechnique a admis les femmes?

8   Qui s'est classé premier au concours d'entrée à l'Ecole Polytechnique en cette année?

9   Qui a de meilleures notes à l'école?

10 Est-ce que de bonnes études constituent une garantie de bon salaire pour les Françaises?

11 Quels employés sont généralement désavantagés dans les professions et les métiers?

12 Est-ce que la plupart des Françaises paraissent décidées à travailler ou à rester au foyer?

13 Quel est le problème numéro un de l'emploi féminin?

14 A quels emplois est-ce que les patrons ont traditionnellement relégué les femmes?

15 Contre quoi est-ce que les Françaises se révoltent?

16 Quels organismes protestent contre les rôles assignés aux Françaises?

II

1   Qu'est-ce qu'une loi du premier juillet 1972 a accordé aux Françaises?

2   Est-ce que la plupart des Françaises profitent de cette loi? Pourquoi ou pourquoi pas?

3   Est-ce que tous les Français s'opposent à l'émancipation des femmes?

4   Qui est-ce qui est apparu à Paris en 1974?

5   Est-ce que l'armée ne recrute que les hommes?

6   Est-ce que les femmes ont une représentation proportionnelle à l'Assemblée Nationale?

7   Qui a créé un Secrétariat d'Etat à la Condition Féminine? En quelle année?

8   Quels sont les principaux objectifs du Secrétariat d'Etat à la Condition Féminine?

9   Pourquoi est-ce que la plupart des femmes travaillent?

10 La majorité des Françaises qui travaillent s'occupent de leur maison toutes seules, mais qu'est-ce qu'on voit de plus en plus chez les jeunes couples?

11 Pourquoi est-ce que les femmes qui ont choisi de rester au foyer s'organisent?

12 Quelle image de la femme dans la publicité n'aiment-elles pas?

13 Quelles sont les expressions idiomatiques employées par Prévert pour montrer la prépondérance du masculin dans la langue française?

14 Pourquoi est-ce que les attitudes des Français changent envers la condition féminine?

GRAMMAIRE

Etre **as the auxiliary verb**

All reflexive verbs use *être* as the auxiliary verb of the conversational past tense. The past participle of a reflexive verb agrees in number and gender with the reflexive pronoun used as the direct object.

---

se réveiller

je me suis réveillé(e)	nous nous sommes réveillé(e)s
tu t'es réveillé(e)	vous vous êtes réveillé(e)(s)
on s'est réveillé	
il s'est réveillé	ils se sont réveillés
elle s'est réveillée	elles se sont réveillées

In a sentence such as *Elle s'est lavé les mains,* the direct object is *les mains.* Since it does not precede the verb, there is no agreement in the past participle. In the sentence *Elle se les est lavées,* where *les* has replaced *les mains,* the participle agrees since *les* is a preceding direct object.

Etudiantes

I Répondez aux questions suivantes en employant la réponse donnée.

1 A quelle heure vous êtes-vous couché hier soir? (à onze heures et demie)
2 Pourquoi vous êtes-vous pressé? (pour arriver à l'heure) 3 Quand est-ce qu'on s'est retrouvé? (à la fin de la journée) 4 Où est-ce qu'on s'est baigné? (dans la mer) 5 Est-ce que l'Américain s'est intéressé à ce château? (oui... beaucoup) 6 Qui s'est intéressé aux faits? (les journalistes) 7 Où est-ce que les ouvriers se sont arrêtés? (au café) 8 Avec qui vous êtes-vous amusés? (nous... avec nos camarades) 9 De qui vous êtes-vous moqués? (nous... de Jean) 10 Quand est-ce que vous vous êtes réveillés? (nous... de bonne heure)

THE NEGATIVE OF REFLEXIVE VERBS IN THE CONVERSATIONAL PAST TENSE

In the negative forms of reflexive verbs in the conversational past tense, _ne_ is placed before the reflexive pronoun and _pas, plus, jamais, guère_ or _point_ is placed between the auxiliary verb and the past participle.

Il s'est couché de bonne heure. Il ne s'est jamais couché de bonne heure.

EXERCICES Répondez négativement.

1 Est-ce que les lycéens se sont réveillés? (ne... pas) 2 Est-ce que les touristes se sont retrouvés? (ne... jamais) 3 Est-ce que vous vous êtes intéressé à ce livre? (ne... point) 4 Est-ce que le garçon s'est moqué de ses copains? (ne... plus) 5 Est-ce que tu t'es pressé? (ne... guère)
6 Vous êtes-vous levé de bonne heure? (ne... point) 7 Est-ce que Marie s'est dépêchée pour arriver à l'heure? (ne... guère) 8 Est-ce que tu t'es fâché avec l'enfant? (ne... jamais) 9 Le touriste s'est-il arrêté à l'hôtel? (ne... jamais) 10 Le bébé s'est-il reposé (ne... pas)

friends *hardly*

THE INTERROGATIVE OF REFLEXIVE VERBS IN THE CONVERSATIONAL PAST TENSE

With _est-ce que:_

Est-ce que vous vous êtes dépêchés?

With inversion:

> Vous êtes-vous dépêchés?

Notice that the reflexive pronoun precedes the inverted auxiliary verb.

EXERCICES   I   Demandez à quelqu'un en employant *est-ce que*...

1 si l'autocar s'est arrêté à l'auberge.   2 si les touristes se sont bien reposés.   3 si Anne s'est étonnée de voir ses amies.   4 si les étudiants se sont levés tôt pendant les vacances.   5 s'il s'est couché avant minuit.

II   Posez les mêmes questions en employant l'inversion.

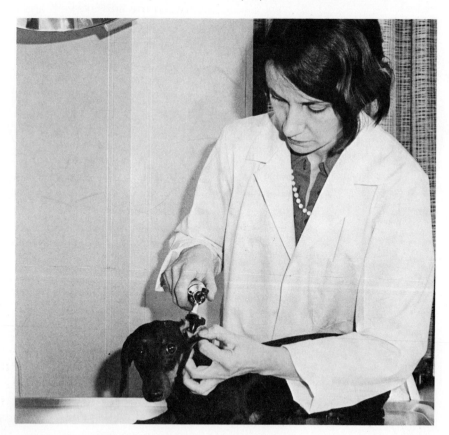

Femme vétérinaire

X The following verbs use *être* as the auxiliary verb in the conversational past tense: *arriver, aller, venir (revenir, devenir, etc.), entrer (rentrer), rester, sortir, partir, monter, descendre, naître, mourir, tomber, retourner.* The past participle must agree in number and gender with the subject.

---

arriver

je suis arrivé(e)	nous sommes arrivé(e)s
tu es arrivé(e)	vous êtes arrivé(e)(s)
on est arrivé	
il est arrivé	ils sont arrivés
elle est arrivée	elles sont arrivées

When verbs such as *monter, descendre,* and *sortir* have a direct object, they use *avoir* rather than *être* as the auxiliary verb.

Elle est montée.   Elle a monté l'escalier.
  She went up.   *She went up the stairs.*

Elles sont descendues.   Elles ont descendu la valise.
  They came down.   *They brought the suitcase down.*

EXERCICES   I   Répondez aux questions suivantes en employant la réponse donnée.

1 Où êtes-vous monté? (dans le bus)   2 Avec qui êtes-vous sorti? (avec Marie)   3 Quand êtes-vous revenu? (après les vacances)   4 Jacques n'est pas venu? (non... rester à la maison)   5 Qui est resté dans une colonie de vacances? (mon frère)   6 Où est-ce que le patron est allé? (au restaurant)   7 Où est-ce que les lycéens sont allés? (à la conférence) 8 Où est-ce que les touristes sont descendus du train? (à Bordeaux) 9 Combien de jours est-ce qu'ils ont passé à Bordeaux? (rester à Bordeaux quatre jours)   10 Etes-vous restés ou êtes-vous partis après l'accident? (nous... partir)

II Demandez à quelqu'un...

1 comment il est tombé.   2 à quelle heure il est retourné chez lui.
3 combien de temps elle est restée en France.

III Demandez à un ami ou à une amie...

1 en quelle année elle est née.   2 où il est allé pendant les vacances d'été.
3 à quelle heure elle est rentrée hier soir.

IV Répondez aux questions suivantes en employant la réponse donnée.

1 Qu'est-ce que Marie a descendu? (ses dessins)   2 Qu'est-ce que Mme Dupont a sorti? (son tricot)   3 Qu'est-ce que le facteur a monté? (les lettres)   4 Qui a monté la rue? (les hommes d'affaires)   5 Qui a sorti son passeport? (le touriste)

USAGE OF THE CONVERSATIONAL PAST TENSE

The conversational past tense describes an action that took place in the past. It corresponds to the simple past and the present perfect tenses of English.

> J'ai parlé = { I spoke.
> { I have spoken.

The conversational past tense and the imperfect tense both indicate past actions, but their function is different. The imperfect tense is used to describe habitual past action or past action of relatively long duration. The conversational past tense is used to describe a nonhabitual action in the past.

> Imperfect: Je jouais au tennis tous les jours.
>   *I used to play tennis every day.*
> Conversational
>   past: J'ai joué au tennis hier.
>   *I played tennis yesterday.*

The imperfect tense is used to express an action begun and continuing in the past when another action occurred. The latter action is expressed by the conversational past tense.

Il **sortait** quand le téléphone **a sonné.**
He was leaving when the telephone rang.

EXERCICES
I Répondez affirmativement.

1 Hier est-ce que vous avez joué au golf?   2 Est-ce qu'il a étudié hier?
3 Ce jour-là est-ce que nous avons dîné à sept heures?   4 Est-ce qu'elle est sortie avec Georges ce jour-là?   5 Ce matin-là est-ce que tu as fini ton travail?

II Répondez d'après le modèle.

Modèle: Est-ce que vous avez rencontré les Boudreaux?
          Oui, ils sortaient quand je les ai rencontrés.

1 Est-ce que vous avez vu les Dubois?   2 Est-ce que vous avez retrouvé les Eudier?   3 Est-ce que vous avez téléphoné aux Martin?   4 Est-ce que vous avez parlé aux Thibault?

Modèle: Est-ce qu'il pleuvait quand vous êtes venu à l'université?
          Oui, il pleuvait quand je suis venu à l'université.

1 Est-ce qu'il faisait froid quand vous êtes allé au lycée?   2 Est-ce qu'il faisait beau quand vous êtes sorti?   3 Est-ce qu'il faisait du soleil quand vous vous êtes promené?   4 Est-ce qu'il neigeait quand vous vous êtes réveillé?

INDIRECT OBJECT PRONOUNS IN AFFIRMATIVE COMMANDS

In an affirmative command, the indirect object pronoun follows the imperative verb. The 1st person singular pronoun *me* changes to *moi*, and the pronouns are linked to the written verb by a hyphen.

Dites-moi la vérité.
Ecris-lui tout de suite.

EXERCICES   Dites à quelqu'un ...

Modèle: de parler aux invités.
          Parlez-leur.

1 d'obéir à son professeur.   2 de répondre au patron.   3 d'écrire à ses employés.   4 de sourire aux invités.

Dites à un ami ou à une amie ...

Modèle: de donner le livre au professeur.
          Donne-lui le livre.

1 de répondre à sa mère.   2 d'envoyer la lettre au directeur.
3 d'apporter cette composition au professeur.   4 de sourire aux enfants.

1 Dans la grammaire française le masculin l'emporte toujours sur le féminin. Citez des exemples qui ne se trouvent pas dans le poème de Prévert.

2 Pensez-vous que la femme qui travaille est capable d'élever ses enfants aussi bien que la femme qui reste au foyer?

3 Il y a des féministes qui disent que pour atteindre l'égalité des sexes, il faut la réhumanisation du mâle et la rééducation de l'homme des classes moyennes. Etes-vous d'accord? Justifiez votre réponse.

4 Est-ce que la plupart des femmes veulent qu'on les installe sur le piédestal de l'Eternel féminin? Justifiez votre réponse.

5 Et les Françaises qui travaillent et les Françaises qui restent au foyer veulent améliorer leur condition. Décrivez leurs objectifs.

Conversation

DIXIÈME LEÇON

Les courses

Vocabulaire actif

courses — f.   allées et venues pour se procurer quelque chose
errands   J'ai beaucoup de courses à faire ce matin.

boutique — f.   petit magasin
shop   Les touristes aiment bien les boutiques parisiennes.

boucherie — f.   boutique où l'on vend du <u>bœuf</u>, du <u>veau</u>, du <u>mouton</u>
butcher shop   Je vais à la boucherie pour acheter deux biftecks.

charcuterie — f.   boutique où l'on vend du <u>porc</u> et des <u>hors-d'œuvre</u>
pork   J'ai acheté ces côtelettes de porc à la charcuterie voisine.
cutlet (porkchops)

laiterie — f.   magasin où l'on vend du lait et des produits laitiers
dairy   A la laiterie j'ai acheté du fromage et de la crème fraîche.
fresh

boulangerie — f.   magasin où l'on fait et vend du pain
bakery   Je vais à la boulangerie trois fois par jour pour acheter du pain.

Dans un supermarché

épicerie — f. magasin où l'on vend certains produits alimentaires (sucre, café, savon, fruits, etc.)

Allez à l'épicerie acheter de l'eau minérale.

cordonnier — m. personne qui répare des chaussures

Y a-t-il un cordonnier dans le quartier? J'ai une paire de chaussures à faire réparer.

queue — f. file de personnes qui attendent leur tour d'être servies

J'ai fait la queue pendant une heure devant la boulangerie.

to stand in line.

bavarder parler beaucoup, s'entretenir familièrement avec quelqu'un

to chat. Vous avez quelques instants; si nous allions bavarder au café?

exiger demander, ordonner

to demand, require. Le professeur exige le silence pendant la classe.

il se peut que... il est possible que...

A cause du mauvais temps, il se peut qu'on arrive en retard.

repasser repasser du linge — en faire disparaître les plis au moyen d'un fer chaud qu'on passe dessus

to iron. Il faut que je repasse cette robe avant de la mettre.

convenir à être conforme aux possibilités, aux goûts de quelqu'un ou de quelque chose

convenient. Est-ce que cette date vous convient?

pastille — f. pâte pharmaceutique ayant la forme d'un petit disque plat

lozenge. Le pharmacien m'a recommandé ces pastilles pour un mal de gorge.

pâte dentifrice — f. produit destiné au nettoyage des dents

tooth-paste. Chaque fois que je voyage, j'oublie ma pâte dentifrice.

EXERCICES DE VOCABULAIRE

A Complétez les phrases suivantes en employant le mot convenable du Vocabulaire actif.

1 Nous avons invité des amis à dîner chez nous; donc j'ai fait beaucoup de _____ hier matin. *courses*

2 Pour acheter du pain, je suis allée à la _____ *boulangerie. (pâtisserie*

3 Comme viande, j'ai choisi du veau que j'ai acheté à la _____ à côté de chez nous. *(5) boucherie*

4 A la _____, j'ai pris des hors-d'œuvre variés. *Charcuterie.*

5 Je suis même allée chez le _____ pour faire réparer mes chaussures. *cordonnier*

B Répondez aux questions suivantes en employant la réponse donnée.

1 Où avez-vous acheté cette belle robe? (dans une boutique près d'ici)
2 Qu'est-ce que le couturier a ouvert? (une boutique à Paris)
3 Pourquoi faut-il faire la queue? (parce que ce spectacle attire une foule)
4 Quand avez-vous vu Jean? (en faisant la queue au cinéma)
5 Comment passe-t-il son temps? (à bavarder avec ses amis)
6 Où bavardaient-ils? (au café)
7 Qu'est-ce que le Français exige à la boulangerie? (du bon pain)
8 Qu'est-ce que le professeur exige? (qu'on travaille bien en classe)

C Répondez d'après les modèles.

Modèle: Est-ce que Marie étudie maintenant?
Je ne suis pas sûr, mais il se peut qu'elle étudie.

1 Est-ce que les lycéens préparent un examen?
2 Est-ce que les clientes attendent devant la boutique?
3 Est-ce que la charcuterie ferme à midi?

Modèle: Pourquoi sortez-vous cette jupe?
Parce que je vais la repasser.

4 Pourquoi sortez-vous ces chemises?
5 Pourquoi sortez-vous cette robe de cocktail?
6 Pourquoi sortez-vous ce pantalon?

Modèle: Est-ce que cette date vous convient?
Oui, elle me convient tout à fait.

7 Est-ce que ce restaurant vous convient?
8 Est-ce que cette table vous convient?
9 Est-ce que cette robe vous convient?

D Répondez aux questions suivantes en employant la réponse donnée.

1 Qu'est-ce que le médecin a ordonné comme médicament? (des pastilles)
2 Pourquoi allez-vous à la pharmacie? (pour acheter des pastilles)
3 Où peut-on acheter de la pâte dentifrice? (à la pharmacie)
4 Avez-vous de la pâte dentifrice? (oui)

LES COURSES

Chaque quartier d'une grande ville française s'est organisé d'une telle façon qu'on peut faire les courses ordinaires à pied et sans quitter le quartier. On y trouve des boucheries, des charcuteries, des laiteries, des boulangeries, des épiceries, des pressings, des cordonniers, des marchands de vin et de tabac et d'autres. Mais, de plus en plus les libre-services et les supermarchés se développent dans ce pays longtemps fidèle à la petite boutique traditionnelle.

Si on est «du quartier» on connaît tous les marchands, et en faisant la queue on bavarde avec les voisins.

Les Français mangent beaucoup de pain et en exigent une qualité supérieure. On fait la queue à la boulangerie plusieurs fois par jour, avant chaque repas, pour que le pain soit frais et fait selon le goût de chacun—un pain bien cuit ou pas trop cuit, une baguette, une flûte, un bâtard, un demi-pain. Dans presque toutes les rues il y a une boulangerie appartenant à une famille dont le père et les fils font le pain et la mère et les filles le vendent.

goût (m.) manière personnelle d'apprécier
bien cuit (well done)
baguette (f.) pain long et mince
flûte (f.) pain de forme allongée
bâtard (m.) pain de fantaisie entre la baguette et le pain d'un kilogramme

Rayon des viandes

Les courses

filet (m.) (net handbag for shopping)

Une cliente, des vêtements et un filet plein de provisions à la main, entre dans une boulangerie-pâtisserie.

LA CLIENTE — Bonjour, madame. Trois baguettes, s'il vous plaît, pas trop cuites.

LA PATRONNE — Voilà, madame. Est-ce tout?

LA CLIENTE — Non, madame. Donnez-moi aussi une tarte aux pommes. Celle-là, la grosse tarte à votre gauche. Il est possible que mes parents dînent avec nous ce soir. Dans ce cas-là, nous serons huit à table.

LA PATRONNE — Ça fait 9F 85, madame. Merci. Au revoir, madame.

rôti de veau (m.) (veal roast)

comptoir (m.) table sur laquelle un commerçant dispose ses marchandises

La cliente passe ensuite à la boucherie où l'on fait la queue. A son tour, la cliente demande deux kilos de rôti de veau. Puis, elle se présente au comptoir d'un pressing pour faire nettoyer des vêtements.

LA CLIENTE — Je voudrais faire nettoyer ces vêtements.

costume (m.) le vêtement masculin (suit)

L'EMPLOYÉ — Un costume, un pantalon, une robe, un...

LA CLIENTE — Excusez-moi. C'est une robe de cocktail dont le tissu est assez fragile. Il se peut qu'elle ne supporte pas un nettoyage en machine. Pourriez-vous faire un nettoyage à sec?

L'EMPLOYÉ — Certainement. J'en prends note. Est-ce tout, madame?

LA CLIENTE — Non, j'ai encore quelques chemises à faire laver.

L'EMPLOYÉ — Voulez-vous que nous les repassions aussi?

LA CLIENTE — S'il vous plaît. Quand pouvez-vous me les rendre?

L'EMPLOYÉ — Mercredi dans la matinée. Ça vous convient?

LA CLIENTE — Oui, tout à fait. A mercredi.

entendu (understood) L'EMPLOYÉ   Entendu, madame. Au revoir, madame.

Finalement, la cliente entre dans une pharmacie.

LA CLIENTE   Bonjour, madame. Mes enfants partent la semaine prochaine pour une colonie de vacances dans les Alpes. Je veux qu'ils emportent avec eux quelques médicaments.

LA PHARMACIENNE   C'est une bonne idée.

LA CLIENTE   D'abord, des aspirines. Et en cas d'un mal de gorge, qu'est-ce vous recommandez?

LA PHARMACIENNE   Ces pastilles sont excellentes pour cela.

LA CLIENTE   Je prendrai aussi de la pâte dentifrice. C'est tout pour aujourd'hui. Merci, madame.

LA PHARMACIENNE   C'est moi qui vous remercie, madame.

QUESTIONS   Répondez aux questions suivantes, d'après le texte.

1   Pour faire les courses quotidiennes, est-ce que le Français est obligé de quitter le quartier? Est-il obligé de prendre le bus ou le métro?
2   A quoi est-ce que la France a été fidèle?
3   Qui est-ce qu'on connaît si on est «du quartier»?
4   Qu'est-ce qu'on fait en faisant la queue?
5   Quelle qualité de pain est-ce que les Français exigent?
6   Pourquoi va-t-on à la boulangerie avant chaque repas?
7   A qui appartient la boulangerie typique?
8   Qui fait le pain?
9   Qui vend le pain?
10 Où la cliente entre-t-elle?
11 Qu'a-t-elle à la main?
12 Qu'est-ce que la cliente demande?
13 Qu'est-ce que la cliente demande à la boucherie?
14 Ensuite, où est-ce qu'elle se présente?
15 Pourquoi va-t-elle au pressing?
16 Pour les vêtements fragiles qu'est-ce qu'on peut faire?
17 Peut-on faire laver et repasser les vêtements au pressing?
18 Pourquoi est-ce que la cliente veut acheter des médicaments?
19 Qu'est-ce que la pharmacienne recommande pour un mal de gorge?
20 Qu'est-ce que la pharmacienne dit quand la cliente la remercie?

GRAMMAIRE

Many adverbs are not related to adjectives. These adverbs include:

1. Adverbs of time

aujourd'hui — *today*
demain — *tomorrow*
après-demain — *day after tomorrow*
avant-hier — *day before yesterday*
déjà — *already*
enfin — *finally*
toujours — *always, still*
d'abord — *first*
puis
ensuite — *afterwards, next*
après — *after*
avant — *before*
autrefois — *formerly*
tard — *late*
tôt — *early*
souvent — *often*

2. Adverbs of place

ici — *here*
ailleurs — *elsewhere*
dehors — *outside*
loin — *far*
près — *near*
en face — *opposite*
à côté — *near, next to*

3. Adverbs of manner

ainsi — *thus*
exprès — *on purpose*
volontiers — *willingly, with pleasure*
beaucoup — *a lot*

4. Adverbs of intensity (adverbs used to modify adjectives)

assez	Il est assez riche.
peu	Cette leçon est peu importante.
plus	Elle est plus grande.
très	Elle est très forte.
trop	Ce paquet est trop lourd.
moins	Elle est moins sûre maintenant.
aussi	Il est aussi gentil que ses parents.
si	Il est si malheureux qu'il pleure tout le temps.

Des pains frais

EXERCICES Répondez aux questions en employant les adverbes donnés.

1 Quand avez-vous reçu cette lettre? (avant-hier) 2 Depuis quand est-elle ici? (toujours) 3 Est-ce que le taxi arrive? (enfin) 4 Quand vos vacances ont-elles commencé (avant-hier) 5 Est-ce que Jean pleure? (toujours) 6 Quand est-elle entrée? (tard) 7 Quand vous levez-vous? (tôt) 8 Où avez-vous laissé les clefs? (ici) 9 Où allez-vous? (ailleurs) 10 Où sont les enfants? (dehors) 11 Le bureau de poste est-il près d'ici? (en face) 12 Où est la boulangerie? (à côté) 13 Ce voyage est-il agréable? (assez) 14 Cet homme est-il sérieux? (trop)

USAGE

Adverbs may modify:

1. Adjectives

   The adverb immediately precedes the adjective.

   Ce poème est **très** beau.

2. Adverbs

   The modifying adverb immediately precedes the modified adverb.

   Ce roman est **très** bien écrit.

3. Verbs

In simple tenses, the adverb follows the verb.

Il court **rapidement**.
Elle ne travaille pas **sérieusement**.

In compound tenses, the short, common adverbs follow the auxiliary verb.

Nous avons **bien** dormi.
Vous avez **assez** parlé.
Il a **toujours** refusé.
Ils étaient **déjà** partis.

Adverbs of place must follow the past participle.

Les enfants ont joué **dehors**.

A la sortie du supermarché

Certain adverbs of time (*avant-hier, après-demain, tard, tôt*) must follow the past participle.

Elle est arrivée **avant-hier**.
Il est parti **tôt**.

Most adverbs of time can occur at the beginning or at the end of a sentence.

Aujourd'hui je travaille.
Je travaille **aujourd'hui**.

Adverbs ending in –*ment* usually follow the past participle or come at the end of the sentence.

Le patron m'a répondu **poliment**.

4. Complete sentences

The adverb may appear at the beginning or at the end of the sentence.

Naturellement, il n'a pas répondu.
Il n'a pas répondu, **naturellement**.

EXERCICES I Répondez affirmativement en employant les adverbes donnés.

Modèle: Cette robe est-elle jolie? (très)
Oui, elle est très jolie.

1 Cette cliente est-elle polie? (extrêmement)   2 Est-ce que Pierre est grand? (trop)   3 Est-ce que cette lettre est importante? (très)   4 Est-ce

que la situation est impossible? (absolument)   5 Ce professeur est-il sympathique? (vraiment)   6 Sa fiancée est-elle heureuse? (fort) 7 Ce garçon est-il intelligent? (assez)   *elle est fort heureuse.*

II   Ajoutez les adverbes donnés aux phrases suivantes.

   Modèle: Il parle bien. (très)
             Il parle très bien.

1 Cette auto va trop vite. (beaucoup)   2 Vous marchez trop vite. (bien) 3 Il entre tard. (trop)   4 Cette vieille femme va mal. (très)   5 Levez-vous vite. (plus)   6 Vous avez étudié. (assez)   7 Le patron a refusé sa permission. (toujours)   8 Le train est parti. (déjà)   9 Les invités sont partis. (enfin)   10 Nous avons fait cette promenade. (souvent)

III   Répondez aux questions suivantes en employant les adverbes donnés.

   Modèle: Quand travaillez-vous? (constamment)
             Je travaille constamment.

1 Comment parle-t-elle français? (couramment)   2 Comment allez-vous? (mieux)   3 Comment répond-il? (poliment)   4 Combien est-ce que ces livres coûtent? (cher)   5 Où avez-vous laissé vos livres? (là-bas)   6 Comment le guide a-t-il conduit? (dangereusement)   7 Comment avez-vous bavardé? (brièvement)   *briefly*

Au marché

IV

Répondez aux questions suivantes en commençant votre réponse par l'adverbe donné. *fortunately*

1 Est-elle arrivée à l'heure? (heureusement)   2 Est-il fâché? (évidemment)
3 Va-t-il venir? (certainement)   4 Sont-elles parties? (malheureusement)
5 Etes-vous triste? (vraiment)

used to express
reaction of the speaker

desire - (wish)
Command
emotion (regretting)
doubt.

PRESENT SUBJUNCTIVE OF FIRST- AND SECOND-GROUP VERBS

The present subjunctive of regular first- and second-group verbs is formed by using the 3rd person plural form of the present indicative as the verb base. The present subjunctive endings are *–e, –es, –ent, –ions,* and *–iez.* The present subjunctive always has three oral forms.

finir	verb base = ils finissent
je finisse	nous finissions
tu finisses	vous finissiez
on finisse	
il finisse	ils finissent
elle finisse	elles finissent

EXERCICES   I   Répondez d'après le modèle.

Modèle: Finissent-ils les courses à trois heures?
Oui, il est important qu'ils finissent les courses à trois heures.

1 Les clientes reconnaissent-elles le boucher?   2 Les touristes retournent-ils à l'hôtel?   3 Les enfants restent-ils chez eux?   4 Les ouvriers sortent-ils les paquets?   5 Marie lit-elle cette pièce?   6 Ce cadeau plaît-il à Hélène?   7 Suit-on la route de Marseille à Paris?   8 Jean écrit-il une lettre à ses parents?   9 Dites-vous la vérité?   10 Dormez-vous bien?

Modèle: Allons-nous partir bientôt?
Oui, il faut que nous partions bientôt.

11 Allons-nous répondre à sa question?   12 Allons-nous mettre la table?
13 Allons-nous dire la vérité?   14 Allons-nous obéir au moniteur?

II   Demandez à... (Employez l'inversion)

1 Demandez à une amie s'il est nécessaire qu'elle se dépêche.
2 Demandez à un ami s'il est nécessaire qu'il se taise.   3 Demandez à

une amie s'il est nécessaire qu'elle lise le roman.   4 Demandez à un ami s'il est nécessaire qu'il coure à la boulangerie.   5 Demandez à quelqu'un s'il est essentiel qu'il choisisse une boucherie.   6 Demandez à quelqu'un s'il est essentiel qu'elle sorte ce soir.   7 Demandez à quelqu'un s'il est essentiel qu'il mente.   8 Demandez à quelqu'un s'il est essentiel qu'elle reconnaisse le pharmacien.

VERBS WITH INTERNAL VOWEL CHANGES IN THE PRESENT SUBJUNCTIVE

As in the present indicative, some verbs change internally in the *nous* and *vous* forms of the present subjunctive.

1. Verbs with –é– in the stem of the infinitive: *céder, considérer, compléter, préférer, répéter, espérer,* etc.

céder – to yield

verb base = ils cèdent
> *but*
> nous cédions
> vous cédiez

2. Verbs with –e– in the stem of the infinitive: *lever, acheter, mener, appeler, jeter,* etc.

lever

verb base = ils lèvent
> *but*
> nous levions
> vous leviez

jeter

verb base = ils jettent
> *but*
> nous jetions
> vous jetiez

3. The verbs *prendre, tenir, venir*

> **prendre**
>
> **verb base = ils prennent**
>   *but*
>   nous prenions
>   vous preniez

EXERCICES   I   Répondez d'après le modèle.

       Modèle: A quelle heure se lèvent-ils? (à huit heures)
                 Il se peut qu'ils se lèvent à huit heures.

1 Quand complètent-ils leurs courses? (ce soir)   2 Qu'est-ce qu'elles achètent? (des pastilles)   3 Qui est-ce que Richard mène au bal? (sa cousine)   4 A quelle heure Jacqueline vient-elle à la charcuterie? (à midi)   5 Comment voyagerez-vous? (prendre le train)   6 Quel autobus prendrez-vous? (l'autobus numéro seize) *prenne*

   II   Dites à...

1 Dites à un ami qu'il est temps qu'il cède sa place.   2 Dites à une amie qu'il est important qu'elle considère sa position.   3 Dites à une amie qu'il vaut mieux qu'elle complète ses études.   4 Dites à quelqu'un qu'il est essentiel qu'elle retienne une table.   5 Dites à quelqu'un qu'il est important qu'il mène une vie tranquille.   6 Dites à quelqu'un qu'il vaut mieux qu'elle prenne son temps.

preniez

VERBS WITH VARIABLE BASES IN THE PRESENT SUBJUNCTIVE

As in the present indicative, the following verbs have variable bases in the 1st and 2nd person plural forms of the present subjunctive.

1. *mourir*

> **verb base = ils meurent**
>   *but*
>   nous mourions
>   vous mouriez

2. recevoir, devoir, décevoir, concevoir, etc.

verb base = ils reçoivent
but
nous recevions
vous receviez

C followed by i or e has S sound.

3. boire

verb base = ils boivent
but
nous buvions
vous buviez

Dans une pharmacie

VERBS WITH IRREGULAR BASES IN THE PRESENT SUBJUNCTIVE

Pouvoir and *vouloir,* which function as regular second-group verbs in the present indicative, do not follow the regular pattern of using the 3rd person plural of the present indicative as the base for the present subjunctive. *Vouloir* also has a variable base in the present subjunctive. Observe their written and oral forms.

pouvoir	**verb base = ils puissent**
je puisse	nous puissions
tu puisses	vous puissiez
on puisse	
il puisse	ils puissent
elle puisse	elles puissent

vouloir	**verb base = ils veuillent**
je veuille	nous voulions
tu veuilles	vous vouliez
on veuille	
il veuille	ils veuillent
elle veuille	elles veuillent

Dites à quelqu'un...

1 qu'il se peut que la cliente attende.   2 qu'il est possible que les malades meurent.   3 qu'il vaut mieux que les enfants boivent de l'eau. 4 qu'il est temps que le cordonnier reçoive le paquet.   5 qu'il est essentiel que le malade boive du lait.   6 qu'il est douteux que vous puissiez sortir ce soir.   7 qu'il est possible que vous vouliez aller au concert.   8 qu'il est nécessaire que vous receviez la lettre.   9 qu'il vaut mieux que nous buvions du thé.   10 qu'il est possible que nous mourions de soif.

QUESTIONS À DISCUTER

1 Vous êtes vendeur de produits pharmaceutiques. Vous arrivez à la pharmacie pour vendre vos produits au pharmacien. Préparez votre présentation. Le pharmacien vous pose des questions.

2 Préparez une conversation entre une cliente et un employé dans un pressing. Employez les mots suivants :

repasser	nettoyage à sec
convenir à	entendu
comptoir	fragile
tissu	costume

3 Préparez une conversation entre un boulanger-pâtissier et une pharmacienne qui se plaignent de leurs clients.

Culture

La famille française d'hier et d'aujourd'hui

Vocabulaire actif

I

Although
quoique conjonction employée avec le subjonctif, synonyme de *malgré que* ou *bien que* (even though, although).

Il ne répond pas, quoiqu'il comprenne bien la question.

to deny
nier affirmer avec force l'inexistence d'un fait, rejeter comme faux

Il ne faut pas nier l'évidence. *contaire affirmer*

époux, épouse personne unie à une autre par le mariage

femme, mari
Après le mariage, le maire a félicité les nouveaux époux.

Un vieillard

environs — m. pl.   lieux voisins, proximité
    Il veut acheter une maison de campagne dans les environs de Paris.

lack of

manque — m.   absence de quelque chose
    Il ne se sent pas bien à cause du manque de sommeil.

lack of

housing

logement — m.   lieu où l'on habite
    Il a un logement de deux pièces.

maison,

to let / to rent

louer   avoir la possession pour un temps déterminé d'un appartement, etc., en payant une somme au propriétaire
    Nous avons loué un appartement à Montmartre. *Sacré Coeur*

améliorer   améliorer quelqu'un ou quelque chose — le rendre meilleur

to make better   Les autoroutes ont amélioré la circulation en France.

traffic

in spite of

malgré   préposition qui indique l'opposition
    Il s'est marié malgré ses parents.

to want from (someone)

attendre de   vouloir de, exiger de
    Qu'est-ce que ses parents attendent de lui?

to watch

surveiller   observer attentivement
    Le patron surveille le travail des ouvriers.

to emphasize

souligner   souligner quelque chose — attirer l'attention dessus en insistant
underline   Je veux souligner l'importance de cette date.

underline

to jump

sauter   s'élever de terre et s'élancer d'un lieu à un autre par un ensemble de mouvements
    Les enfants s'amusent à sauter à la corde.

provided that (+ imp.)

pourvu que   conjonction employée avec le subjonctif pour exprimer la condition nécessaire pour que l'action de la principale se réalise (*provided that*)
    Je vous attendrai, pourvu que vous vous dépêchiez.

problem — worry

ennui — m.   chose, événement qui contrarie le cours normal de l'existence
    J'ai un gros ennui avec ma voiture.

worry - problems
boredom

A Répondez d'après le modèle.

Modèle: Répond-il? Comprend-il la question?
Il ne répond pas, quoiqu'il comprenne la question.

1 Répond-elle? Entend-elle la question?
2 Se fâche-t-il? Attend-il ses amis depuis longtemps?
3 Part-il? Veut-il aller au concert? ~veuille

Modèle: Est-ce que Mme Leblanc admire son mari?
Oui, elle admire son époux.

4 Est-ce que cette dame comprend bien son mari?
5 Est-ce que Mme Le Grange accompagne son mari?
6 Dans cette famille est-ce que c'est le mari qui fait les courses?

B Répondez affirmativement. _deux_

1 Est-ce que l'ingénieur a nié cette théorie? _Oui, il l'a niée_
2 Est-ce que l'assassin a nié le crime?
3 Est-ce que le garçon a nié être sorti? _nié_
4 Est-ce que les touristes ont visité les environs de Paris?
5 Connaissez-vous les environs de la ville que vous habitez?
6 Les Martin habitent-ils aux environs de Tours?
7 Y a-t-il un manque d'appartements dans cette ville? _Ils en ont._
8 Y a-t-il un manque d'affection dans cette famille? _Il en ont u_
9 Y a-t-il un manque de logements dans les grandes villes?
10 Est-ce que le logement du couturier est élégant?
11 Est-ce qu'un logement confortable est cher à Paris?

C Répondez aux questions suivantes en employant la réponse donnée.

1 Où avez-vous loué une maison de campagne? (aux environs de Nice)
2 Quelle sorte d'appartement avez-vous loué? (un appartement moderne dans un grand ensemble)
3 Avez-vous loué un fauteuil d'orchestre pour ce soir? (oui)
4 Est-ce que les réformes ont amélioré l'éducation en France? (un peu)
5 Est-ce que les supermarchés ont amélioré la cuisine française? (non)
6 Est-ce que la construction des grands ensembles a amélioré le problème du logement? (oui)
7 Allez-vous vous promener malgré la pluie? (oui)
8 Qui est parti malgré les ordres du patron? (Pierre)
9 Est-ce que Françoise s'est mariée malgré l'opposition de son père? (oui)

to make better

D Répondez d'après le modèle.

> Modèle: Qu'est-ce que vos parents attendent de vous?
> Je ne sais pas ce que mes parents attendent de moi.

1 Qu'est-ce que le patron attend de nous?
2 Qu'est-ce que le professeur attend de lui?
3 Qu'est-ce que le directeur attend de vous?

> Modèle: Est-ce que le patron observe attentivement le travail des ouvriers?
> Oui, il surveille leur travail.

4 Est-ce que la mère observe attentivement les activités de ses enfants?
5 Est-ce que les parents observent attentivement les devoirs de leurs enfants?
6 Est-ce que le couturier observe attentivement les expressions des mannequins?

> Modèle: Pourquoi répétez-vous cette date?
> Parce que je veux souligner la date.

7 Pourquoi répétez-vous ce fait?
8 Pourquoi répétez-vous cette phrase?
9 Pourquoi répétez-vous ce mot?

E Répondez aux questions suivantes en employant la réponse donnée.

1 Qui saute à la corde? (les petites filles)
2 Qui saute en parachute? (les soldats)
3 Qui saute dans l'eau? (les enfants)
4 Allez-vous attendre les enfants? (oui... pourvu qu'ils se dépêchent)
5 Allez-vous sortir ce soir? (oui... pourvu que je finisse cette leçon)
6 Allez-vous partir en vacances? (oui... pourvu que je reçoive de l'argent de mes parents)

F Complétez les phrases suivantes en employant le mot *ennui*.

1 Quand on a des _____, on peut toujours compter sur ses amis.
2 L'_____, c'est que ma voiture est en panne.
3 Cette pauvre femme, elle a tant d'_____ avec ses enfants.

La famille française d'hier et d'aujourd'hui

On se marie parce qu'on s'aime. C'est simple!

Ce n'était pas toujours comme ça. Autrefois le mariage d'amour était peu pratiqué en France. Montaigne (1533–1592) a bien exprimé la tradition du mariage de raison en écrivant: «On ne se marie pas pour soi, quoiqu'on en dise, on se marie *autant* ou plus pour sa postérité, pour sa famille.»

On ne peut pas le nier: le mariage idéal et la famille-modèle d'aujourd'hui sont bien différents de ceux d'hier. Si les arrière-grands-parents des jeunes époux d'aujourd'hui pouvaient être rendus à la vie, ils ne reconnaîtraient pas la famille dans laquelle ils ont grandi, tant elle a changé. Le fait tout à fait extraordinaire que la France est passée d'une société *agraire* en 1945 à une société industrielle en 1970 a changé radicalement la structure de la famille.

La famille française traditionnelle comprenait les grands-parents, parents, enfants, oncles, tantes, cousins—tous vivant dans la même région. En général, le fils apprenait le métier de son père et les membres de la famille travaillaient dans le commerce familial. Si c'est pour des raisons économiques que la famille d'autrefois était unie, c'est pour les mêmes raisons que la famille d'aujourd'hui s'est fragmentée. Souvent les jeunes quittent le *foyer* familial pour faire leurs études dans une ville universitaire ou pour travailler dans une grande ville. Beaucoup montent à Paris, car il y a rarement assez de travail dans les régions rurales. A cause de ce déplacement, dans la majorité des cas, la famille moderne est composée de papa, de maman et des enfants. Les membres ne travaillent plus nécessairement à la même entreprise, chacun allant à un travail différent.

Il y a cent ans, 3 Français sur 4 vivaient dans les régions rurales. En 1970, 7 Français sur 10 habitaient les villes, et 1

autant (as much)

agraire qui concerne la terre

foyer (m.) maison

Français sur 5 vivait à Paris ou aux environs de Paris. L'urbanisation a créé un problème crucial pour les jeunes époux: celui du manque de logements. Beaucoup de ces jeunes ménages vivent dans des conditions assez difficiles parce que leurs salaires ne leur permettent pas de louer ou d'acheter un appartement confortable. L'Etat a essayé d'améliorer la situation avec la construction des H.L.M. (Habitations à Loyer Modéré). Malgré le fait que les grands ensembles s'élèvent dans toutes les villes, le nombre d'appartements reste insuffisant.

ménages (m.) couples mariés

Il est vrai que la famille française est en évolution. Cependant, les rôles des parents et des enfants restent assez clairs. Jusqu'en 1970 le père était le chef de la famille, mais un acte du 4 juin a changé cet aspect du Code Napoléon pour accorder des pouvoirs égaux à la femme. Dans la plupart des familles le père est responsable du point de vue financier. Si la mère travaille, souvent elle est exploitée et son salaire est conçu comme un salaire d'appoint à celui de son mari.

salaire d'appoint (m.) (supplementary salary)

La mère est responsable du bon fonctionnement de la maison. Elle s'occupe des dépenses et du budget du ménage. La libération de la femme est en train de modifier les rapports familiaux traditionnels et ce mouvement est irréversible. Il faudra compter de plus en plus sur le concours de la femme dans la vie du couple. Un assez grand nombre de femmes ne veulent plus être simplement mères de familles et ménagères, mais veulent avoir une vie professionnelle. La majorité des jeunes filles interrogées déclarent vouloir travailler et grouper la naissance des enfants au début du mariage. Le nombre idéal d'enfants désirés est deux par famille. C'est peut-être la fin des grandes familles.

concours (m.) participation à une activité

ménagères (f.) femmes qui ont soin de la maison

naissance (f.) commencement de la vie

La relation qui existe entre les parents français et leurs enfants est une relation de respect et d'affection, mais aussi de crainte, parce que les parents français croient toujours à l'adage «Qui aime bien châtie bien.» Ils sont convaincus que les enfants qui sont «bien élevés» sont plus heureux comme adultes que ceux qui n'ont pas de bonnes manières et ne savent pas ce que la société attend d'eux. Par conséquent, les enfants sont bien surveillés et disciplinés. Le contrôle exercé par les parents sur leurs enfants ne veut pas dire qu'il y ait un manque d'affection ou d'intimité dans le cercle familial. Le tutoiement d'enfant à parent est la règle

châtie punit, discipline

tutoiement (m.) l'emploi du *tu*

générale; le vouvoiement, s'il est employé pour souligner le respect et l'autorité, n'exclut pas l'affection.

vouvoiement (m.) l'emploi du *vous*

Généralement, les enfants respectent l'autorité de leurs parents. Mais de temps en temps les jeunes mettent en question les valeurs traditionnelles et le dialogue entre ces jeunes gens et leurs parents devient difficile. Les enfants sont certainement plus indépendants qu'avant et quittent le domicile familial plus tôt, quelquefois pour vagabonder. Les parents semblent se résigner plus facilement à laisser à leurs enfants le choix de leur existence et les rapports s'en trouvent souvent améliorés. Mais, quand on saute une génération, il y a très souvent incompréhension entre grands-parents et petits-enfants.

Si l'on compare la famille américaine avec la famille française, on dirait qu'il est bien difficile de pénétrer dans une famille française. Pierre Daninos, humoriste, a écrit à ce sujet: «Les Français peuvent être considérés comme les gens les plus hospitaliers du monde, pourvu que l'on ne veuille pas entrer chez eux.» Ceci est vrai même pour les enfants qui jouent avec leurs amis dans la rue ou dans la cour mais n'entrent pas chez eux. Si les Français invitent assez rarement, c'est parce que depuis très longtemps le foyer représente un havre où l'on peut échapper aux difficultés du monde extérieur.

havre (m.) refuge contre l'adversité

subis (undergone)

Malgré tous les changements qu'elle a subis, il faut admettre que la famille française est unie. Le mariage ne signifie pas rupture avec les parents ou les frères et les sœurs. Au contraire, les réunions familiales fréquentes sont toujours un des charmes de la vie en France. Quand on a des ennuis, on peut toujours compter sur la famille pour vous tirer d'embarras, et la vie en famille offre le meilleur refuge contre les agressions de la vie moderne.

embarras (m.) difficultés

Si la physionomie de la famille est profondément différente de ce qu'elle était il y a cent ans, cela ne signifie pas qu'on doive signer son acte de décès. En effet, la famille apparaît aujourd'hui plus libérée et plus authentique qu'auparavant.

acte de décès (m.) (death certificate)
auparavant (formerly, before)

QUESTIONS Répondez aux questions suivantes d'après le texte.

1 Généralement, aujourd'hui pourquoi se marie-t-on?
2 Autrefois est-ce que le mariage d'amour était la tradition en France?

3   Quelle était la tradition?
4   Si on ne se mariait pas pour soi, pour qui se mariait-on?
5   Qu'est-ce qu'on ne peut pas nier?
6   Quelle était la composition de la famille française d'hier?
7   En général, où vivaient les membres de la famille traditionnelle?
8   Dans la famille traditionnelle, qu'est-ce que le fils apprenait?
9   Où est-ce que les membres de la famille travaillaient?
10 Pourquoi est-ce que la famille d'autrefois était unie?
11 Pourquoi est-ce que la famille d'aujourd'hui s'est fragmentée?
12 Pourquoi est-ce que les jeunes quittent le foyer familial?
13 Pourquoi est-ce que beaucoup de Français montent à Paris?
14 Quelle est la composition de la famille moderne?
15 Généralement, est-ce que les membres de la famille d'aujourd'hui travaillent à la même entreprise?   70%   20%
16 En 1970, quel pourcentage des Français habitaient les villes? Paris?
17 Quel problème est-ce que l'urbanisation a créé?
18 Pourquoi est-ce que beaucoup de jeunes couples vivent dans des conditions assez difficiles?
19 Comment est-ce que l'Etat a essayé d'améliorer la situation?
20 Qu'est-ce qui s'élève dans toutes les villes?
21 Est-ce que le problème du logement est résolu?
22 Autrefois qui était le chef de la famille?
23 Dans la plupart des familles françaises, qui est responsable du point de vue financier?
24 Quel problème rencontrent beaucoup d'épouses qui travaillent?
25 Quel mouvement est en train de changer les rapports familiaux traditionnels?
26 Qui va participer de plus en plus dans la vie du couple?
27 Au lieu d'être simplement mères de familles et ménagères, que veulent beaucoup de jeunes femmes?
28 Actuellement, quel est le nombre idéal d'enfants selon les Français?

II
1   Comment est la relation entre les parents français et leurs enfants?
2   A quel adage les Français croient-ils toujours?
3   Pourquoi est-il important que les enfants soient «bien élevés»?
4   Pour que les enfants soient «bien élevés», que font les parents français?
5   Qu'est-ce qui ne manque pas dans le cercle familial?
6   En général, est-ce que les enfants tutoient ou vouvoient leurs parents?
7   Quand il est employé, qu'est-ce que le vouvoiement souligne?
8   De temps en temps qu'est-ce que les jeunes mettent en question?
                                            valeurs

9   Quand cela arrive, qu'est-ce qui devient difficile?
10   Les enfants d'aujourd'hui sont-ils plus ou moins indépendants?
11   Quand les parents laissent à leurs enfants le choix de leur existence, comment sont les rapports entre eux?
12   Qu'est-ce qu'il y a de temps en temps entre grands-parents et petits-enfants?
13   Est-ce facile de pénétrer dans une famille française?
14   Où est-ce que les enfants français jouent avec leurs copains?
15   Qu'est-ce que le foyer représente pour les Français?
16   Qu'est-ce qui est un des charmes de la vie en France?
17   Comment est-ce que la famille française apparaît aujourd'hui?

Réunion familiale

GRAMMAIRE

The present subjunctive is in reality a "timeless" verb form. It can express present, past, and future.

Present: Je suis content qu'il **vienne** maintenant.
Past: Je voulais qu'il **vienne** me voir ce jour-là.
Future: Je suis heureux qu'il **vienne** demain.

For all practical purposes, there is very little difference in meaning between the indicative and the subjunctive. The use of the subjunctive is conditioned by the occurrence of certain signals in the main clause of the sentence. The subjunctive is used in a dependent clause introduced by *que* when the subject of the main clause and the dependent clause are not the same and when the verb of the main clause expresses:

1. A wish, desire, or preference.

Je **veux** que vous **rentriez** de bonne heure.
Je **souhaite** que vous **veniez** à trois heures.
Je **désire** que vous **arriviez** à l'heure.
Je **préfère** que vous **partiez** tout de suite.
J'**aime mieux** que vous **restiez** ici.
J'**aime** que vous **parliez** français.

2. Doubt.

Je **doute** que vous **arriviez** à l'heure.

3. Denial.

to deny

> Il **nie** que cela **soit** possible.[1]

4. Emotions.

delighted

> Je **suis ravi** que vous nous **rendiez** visite.
> Nous **sommes heureux** que vous **veniez** nous voir.
> Je **suis contente** que vous **sortiez** ce soir.
> Elle **est triste** qu'il n'**obéisse** pas.
> Il **est fâché** que vous n'**écriviez** pas.
> Nous **sommes désolés** que vous ne **puissiez** pas venir.
> Elle **est surprise** qu'il ne **parte** pas.

5. An order, a command, or a requirement.

> Il **commande** que nous **parlions** français.
> Mes parents **exigent** que je **finisse** mes devoirs.
> Le professeur **ordonne** que nous nous **taisions**.

6. Permission or refusal of permission.

> Il **permet** qu'on **lise** ce roman.
> Je **consens** qu'il **parte** avec elle.
> Il **défend** que nous **conduisions** son auto.
> Il **empêche** que nous **parlions** en classe.

prevents

---

[1] *Nier* is also used with the indicative: Il nie qu'il vous connaît.

If the subject of the subordinate clause is the same as that of the main clause, the subjunctive can be avoided by using the infinitive construction.

> Infinitive: Pierre aime sortir le soir.
> Subjunctive: Pierre aime que nous sortions le soir.

EXERCICES Répondez en employant la réponse donnée.

Modèle: Qu'est-ce qu'il commande? (que j'obéisse à mes parents)
Il commande que j'obéisse à mes parents.

1 Qu'est-ce qu'on défend? (que nous parlions en classe) 2 Qu'est-ce que le professeur exige? (que la classe réponde correctement) 3 Qu'est-ce que votre père commande? (que je rentre de bonne heure) 4 Qu'est-ce que vos parents défendent? (que nous sortions pendant la semaine) 5 Qu'est-ce qu'il nie? (que cela se passe) 6 Qu'est-ce qu'il regrette? (que vous ne veniez pas ce soir) 7 Qu'est-ce que Marie craint? (que Paul ne sorte sans elle) 8 Qu'est-ce qu'il doute? (que nous disions la vérité) 9 Qu'est-ce qu'on veut? (que vous arriviez à l'heure) 10 Qu'est-ce qu'il préfère? (que nous suivions un cours de mathématiques) 11 Qu'est-ce que le professeur permet? (que nous écrivions sur les châteaux) 12 Qu'est-ce que votre mère défend? (que ma sœur sorte ce soir) 13 Qu'est-ce qu'on approuve? (que nous disions la vérité) 14 Qu'est-ce qu'il exige? (qu'on lui réponde poliment) 15 Qu'est-ce qu'il empêche? (qu'on le refuse)

Consultation médicale

IMPERSONAL EXPRESSIONS REQUIRING THE SUBJUNCTIVE

The subjunctive is also used following certain impersonal expressions, such as the following ones:

Il est douteux qu'elle **finisse** à l'heure.
Il est honteux qu'il **déçoive** ses parents. *to deceive*
Il est heureux que nous **arrivions** à l'heure.
Il est triste qu'elle ne **revienne** jamais.
Il est surprenant qu'il ne **réussisse** pas.
Il est étonnant qu'elle ne **réponde** pas.
Il est bon que nous **disions** la vérité.
Il est possible qu'on **serve** le dîner de bonne heure.
Il est impossible que vous **rentriez** seul.
Il est nécessaire que nous **répondions** à sa question.
Il est important que je **reçoive** cet argent.
Il est essentiel que vous **attendiez.**
Il est temps que vous **refusiez.**
Il vaut mieux qu'elle ne **parte** pas.
Il se peut qu'il **mente.**
Il faut que vous **étudiiez** ce soir.
Il suffit qu'il me **réponde.**
C'est dommage qu'elle ne se **souvienne** pas de vous.

EXERCICES   I   Répondez en employant le subjonctif d'après le modèle.

Modèle: Qu'est-ce qui est important? (qu'il vienne me voir)
Il est important qu'il vienne me voir.

1 Qu'est-ce qui est essentiel? (qu'on m'envoie de l'argent)   2 Qu'est-ce qui est impossible? (que nous refusions de lui parler)   3 Qu'est-ce qui

est bon? (que vous ne partiez pas)   4 Qu'est-ce qui est étonnant? (que je ne comprenne pas ce poème)   5 Qu'est-ce qui est douteux? (que Paul vienne nous rendre visite)   6 Qu'est-ce qui est heureux? (que Marie s'entende bien avec Hélène)   7 Qu'est-ce qui est honteux? (que Jean n'écrive jamais à ses parents)   8 Qu'est-ce qui est nécessaire? (qu'on me croie)   9 Qu'est-ce qui est triste? (qu'elle ne se souvienne pas de sa jeunesse)   10 Qu'est-ce qui est surprenant? (que vous ne me téléphoniez jamais)

II   Combinez les phrases suivantes en employant le subjonctif d'après le modèle.

Modèle: Elle arrive en retard. Il est possible.
Il est possible qu'elle arrive en retard.

1 Elle prend le train. Il est douteux.   2 Il se tait. Il est temps.   3 Elle part sans dire au revoir. Il est surprenant.   4 Je me sens beaucoup mieux. Il est heureux.   5 Vous surveillez les enfants. Il est important.   6 Il ne vous reconnaît pas. Il est triste.   7 On suit la bonne route. Il est impossible.   8 Il ment à ses camarades. Il est honteux.   9 Nous soulignons l'importance de ce fait. Il est nécessaire.   10 Il me dit bonjour. Il se peut.

SUBORDINATING CONJUNCTIONS REQUIRING THE SUBJUNCTIVE

Certain subordinating conjunctions require the use of the subjunctive. The following are the most common conjunctions which necessitate the use of the subjunctive.

avant que (*before*)   Je lui dirai au revoir **avant qu'**il (ne) **parte.**
pour que (*so that, in order that*)   Je ne fais pas de bruit **pour que** l'enfant **s'endorme.**
afin que (*so that, in order that*)   Le chauffeur conduisait vite **afin que** nous **arrivions** à l'heure.
sans que (*without*)   Elle est partie **sans qu'**on lui **dise** au revoir.
jusqu'à ce que (*until*)   On attendra **jusqu'à ce que** vous **finissiez.**
de peur que (*for fear that*)   Il ne vous téléphone pas **de peur que** vous (ne) **raccrochiez.**
à moins que (*unless*)   Nous sortirons ce soir **à moins que** vous (ne) **rentriez** trop tard.
quoique (*although*)   **Quoiqu'**il **veuille** partir, il ne peut pas.
bien que (*although*)   **Bien que** nous **voulions** revenir, nous ne pouvons pas.
pourvu que (*provided that*)   Je vous attendrai **pourvu que** vous vous **dépêchiez.**

While it is not obligatory, *ne* is usually used following the conjunctions *à moins que, avant que,* and *de peur que* when the verb in the subordinate clause is affirmative. When it is negative, *ne... pas* is used. Compare:

Nous nous dépêchons **de peur qu'**elle **ne parte** sans nous.
We are hurrying for fear that she will leave without us.

Nous nous dépêchons **de peur qu'**elle **ne nous attende pas.**
We are hurrying for fear that she will not wait for us.

EXERCICES   I   Répondez aux questions suivantes en employant la réponse donnée.

> Modèle: Quand partirez-vous? (avant qu'il ne se fâche)
>   Je partirai avant qu'il ne se fâche.

1 Quand reviendrez-vous? (avant qu'il ne parte)   2 Quand la verrez-vous? (avant qu'elle ne prenne le train)   3 Quand lui téléphonerez-vous? (avant qu'il ne sorte)   4 Quand lui répondrez-vous? (avant qu'il ne me punisse)

> Modèle: Pourquoi ne sortez-vous pas? (de peur que Jean ne téléphone)
>   Je ne sors pas de peur que Jean ne téléphone.

5 Pourquoi attendez-vous ici? (de peur que Marie ne vienne)   6 Pourquoi restez-vous à la maison? (de peur que mes amis n'arrivent)   7 Pourquoi rentrez-vous de bonne heure? (de peur que mon père ne se fâche)   8 Pourquoi n'allez-vous pas au concert? (de peur que Robert ne me voie)

II   Répondez affirmativement.

1 Etes-vous arrivé sans qu'on vous dise bonjour?   2 Etes-vous parti sans qu'on vous voie?   3 Avez-vous travaillé sans qu'on vous paie?   4 M'attendrez-vous jusqu'à ce que je finisse?   5 Resterez-vous ici jusqu'à ce que je revienne?   6 Expliquerez-vous jusqu'à ce que je comprenne?   7 Explique-t-il la règle pour que nous y obéissions?   8 Est-ce qu'on se tait pour que je me repose?   9 Attendons-nous Paul afin qu'il puisse nous accompagner?   10 Envoie-t-elle la lettre aujourd'hui afin qu'on la reçoive demain?

OTHER USES OF THE SUBJUNCTIVE

The subjunctive may be used as an indirect imperative when one is not actually talking to the person to whom the command is directed.

> Qu'il **parte!**
> Qu'elle me **réponde** tout de suite!

The subjunctive is used in certain fixed expressions, such as:

> **Vive** le roi! *Long live the king!*
> Que Dieu vous **bénisse!** *May God bless you.*

The subjunctive is used after a superlative adjective and after *seul* or *unique* modifying the antecedent of the dependent clause.

> C'est **le plus beau** poème que je **connaisse.**
> C'est le roman **le plus intéressant** que je **connaisse.**
> C'est **le seul** roman de Zola que je **connaisse.**

The subjunctive is used with the negative and the interrogative forms of *croire* and *penser* when they express uncertainty.

> Je **ne crois pas** qu'il **vienne.**
> **Croyez-vous** qu'il **vienne?**
>
> Elle **ne pense pas** que je **dise** la vérité.
> **Pense-t-elle** que je **dise** la vérité?

The affirmative forms of *croire* and *penser* do not express uncertainty, and consequently, the indicative is used.

> Je **pense** qu'elle **vient** ce soir.
> Je **crois** qu'il **dit** la vérité.

The indicative is also used with expressions which in the affirmative express certainty (*il est sûr, il est certain, il est probable,* etc.). In the negative and interrogative forms, uncertainty is implied and therefore the subjunctive is used.

> **Il n'est pas certain** qu'il **comprenne.**
> **Il n'est pas sûr** qu'elle **finisse** à l'heure.
> **Il n'est pas probable** qu'il **conduise** prudemment.

Répondez d'après le modèle.

Modèle: Il part tout de suite.
          Qu'il parte tout de suite!

1 Il vient demain.   2 Elle lit ce livre.   3 Il apprend ce poème.   4 Elle
répond à ma question.   5 Il finit ses devoirs.   6 On met la table.   7 Il
dit la vérité.

Modèle: Connaissez-vous cette pièce?
          Oui, c'est la meilleure pièce que je connaisse.

8 Connaissez-vous cet hôtel?   9 Connaissez-vous ces restaurants?
10 Connaissez-vous cette boutique?   11 Connaissez-vous ce film italien?

Modèle: Voulez-vous ce livre?
          Oui, c'est le seul livre que je veuille.

12 Voulez-vous cette auto?   13 Voulez-vous ces gants?   14 Voulez-vous
cette robe?   15 Voulez-vous ce logement?

Modèle: Crois-tu qu'elle vienne? (non)
          Non, je ne crois pas qu'elle vienne.

          Crois-tu qu'elle vienne? (oui)
          Oui, je crois qu'elle vient.

16 Crois-tu qu'il connaisse le chemin? (oui)   17 Crois-tu qu'elle parte à la
fin du mois? (oui)   18 Crois-tu qu'elle remette son mariage? (non)
19 Crois-tu que nous arrivions en avance? (non)

Modèle: Il est sûr que vous arriverez à l'heure.
          Mais non! Il n'est pas sûr que nous arrivions à l'heure.

20 Il est certain que ce garçon comprend le russe.   21 Il est probable que
vous suivez la bonne route.   22 Il est sûr que Paul vient avec son épouse.
23 Il est probable que Marie niera la vérité.

COMPOSITION   1   Croyez-vous que la famille française reste une institution bien
                   vivante? Justifiez votre réponse.
               2   Quelle est votre idée de la famille idéale?
               3   Quelles sont les répercussions de la prise de conscience des femmes
                   dans la vie familiale?
               4   Comment est-ce que la famille française a évolué au rythme des
                   changements sociaux et économiques du pays?
            √ 5   Y a-t-il des parallèles entre les changements subis par la famille
                   française et la famille américaine?   to take
                        comparision

Conversation

DOUZIÈME LEÇON

A la poste

Vocabulaire actif

retirer — *(to withdraw)* — faire sortir quelque chose de l'endroit où il est
La cliente a retiré les provisions de son filet.

courrier — m. — *(mail)* — ensemble de la correspondance: lettres, imprimés, paquets
Le courrier est là sur la table.

dépêche — f. — *(telegram)* — communication rapide; télégramme
Il a reçu une dépêche lui annonçant la mort de sa mère.

mandat — m. — *(postal money order)* — une somme d'argent envoyée par la poste
Je lui dois de l'argent; je vais lui envoyer un mandat.

à l'étranger — *(outside country - abroad)* — dans ou à un pays autre que celui dont on est citoyen
Il a beaucoup voyagé à l'étranger.

cabine — f. — *(phone booth)* — petit local affecté à l'usage du téléphone dans un lieu public
Je dois téléphoner chez moi; y a-t-il une cabine téléphonique près d'ici?

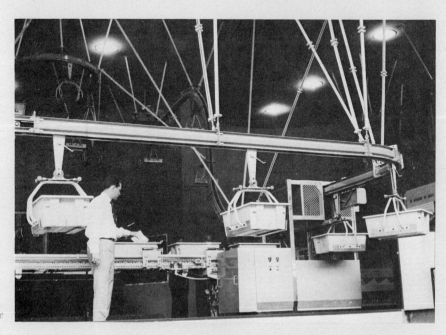

Appareil postal moderne

appareil — m.   *phone* (handwritten)   téléphone
        Qui est à l'appareil?

varier   changer *syn* (handwritten)
        Son expression varie d'un moment à l'autre.

attente — f.   *WAIT - Noun* (handwritten)   action de rester jusqu'à l'arrivée de quelqu'un ou de quelque chose
        Tiens, regardez cette queue devant le cinéma! L'attente va être longue!

II

guichet — m.   *ticket window* (handwritten)   ouverture par laquelle le public communique avec les employés d'une administration
        On fait la queue au guichet pour prendre les billets.

carnet — m.   *notebook* (handwritten)   assemblage de billets, de tickets, de chèques, de timbres, etc., qui peuvent être détachés au moment de l'emploi
        L'homme d'affaires a sorti son carnet de chèques.

timbre — m.   *stamp* (handwritten)   ce qu'on colle sur une lettre ou un paquet confié à la poste et qui en marque le tarif
        Il n'y a pas de timbre sur cette lettre.

EXERCICES DE VOCABULAIRE   I

A   Répondez aux questions suivantes en employant la réponse donnée.

1   Qu'est-ce que vous avez retiré de votre poche? (mon argent)
2   Qui a retiré son argent de la banque? (mon père)
3   Pourquoi avez-vous retiré votre pull? (parce que j'ai trop chaud)
4   Qui apporte le courrier? (le facteur)
5   Le courrier est-il arrivé? (oui... il y a un quart d'heure)
6   Où avez-vous mis le courrier? (là sur le bureau du directeur)
7   Pourquoi allez-vous à la poste? (pour envoyer une dépêche)
8   De qui avez-vous reçu cette dépêche? (de mes parents)
9   Où faut-il aller pour envoyer une dépêche? (à la poste)
10   Comment avez-vous reçu l'argent? (par mandat)
11   Pourquoi allez-vous à la poste? (pour envoyer un mandat)
12   Qu'est-ce que vous envoyez? (un mandat de cent francs)
13   Où envoyez-vous ce paquet? (à l'étranger)
14   Où voulez-vous voyager? (à l'étranger)
15   Où va cet homme d'affaires? (à l'étranger)

B   Complétez les phrases suivantes en employant le mot indiqué.

1   Cet homme est incroyable! Il occupe la _____ depuis une demi-heure. (cabine)
2   Tiens, voilà une _____ ; je vais téléphoner au restaurant pour retenir une table. (cabine)
3   Dans ce bureau de poste il y a trois _____. (cabine)
4   Pour téléphoner il faut mettre quarante centimes dans l'_____. (appareil)
5   C'est Anne Dubois à l'_____. (appareil)
6   Cet _____ ne marche pas. (appareil)
7   Le temps _____ très vite en cette saison. (varier)
8   Les prix _____ de magasin en magasin. (varier)
9   Ce restaurant _____ les menus toutes les semaines. (varier)
10 Je vous retrouverai dans la salle d'_____. (attente)
11 Cette longue _____ m'a beaucoup fatigué. (attente)
12 L'_____ à l'hôpital était insupportable. (attente)

II

C   Répondez aux questions suivantes en employant la réponse donnée.

1   Où faut-il aller pour envoyer un mandat? (au guichet numéro trois)
2   Où avez-vous pris les billets? (là-bas au guichet numéro deux)
3   Qu'est-ce que vous sortez de votre poche? (mon carnet de chèques)
4   Qu'avez-vous acheté? (un carnet de tickets d'autobus)
5   Pourquoi allez-vous à la poste? (pour acheter un carnet de timbres)
6   Qu'est-ce qu'il collectionne? (des timbres)

Boîte postale

Introduction

À LA POSTE

En France, l'Administration des Postes et Télécommunications offre de nombreux services. Le transport, la distribution et la levée des lettres est la responsabilité de la poste. La poste restante est un système qui permet à une personne de retirer son courrier à la poste au lieu de le recevoir à domicile. C'est de la poste qu'on envoie des dépêches et des mandats. Pour beaucoup de Français la poste avec son service de chèques postaux joue le rôle d'une banque.

Autrefois, il y avait très peu de téléphones publics, surtout en province, et c'était de la poste qu'on téléphonait. Actuellement, pour téléphoner de ville à ville en France, et même à l'étranger, c'est très simple.

Dans le bureau de poste, il y a généralement une ou plusieurs cabines. On dit à un employé qu'on désire téléphoner à Marseille, par exemple. L'employé indique une cabine où l'on compose directement le numéro, sans l'aide de l'employé. Quand on a terminé, on paie le prix de la communication à l'employé.

On peut aussi téléphoner d'une cabine publique sur la voie publique. Il y a deux sortes de cabines. Les cabines à téléphone bleu desservent uniquement le district et ne nécessitent pas l'intervention d'une opératrice ou d'un opérateur. Le prix est 0,40F, sans limitation de temps. Il suffit de mettre deux pièces de 0,20F dans l'appareil et de parler. Les cabines à téléphone jaune desservent la France entière et ne nécessitent pas non plus l'intervention des opérateurs. On compose le numéro et on paie le prix indiqué par minute de conversation. Le prix varie suivant la zone où se trouve le correspondant. Il y a quatre zones (rouge, orange, jaune et verte) indiquées sur une carte détaillée de la France avec le prix unitaire pour chaque zone. Il faut remettre des pièces quand la minute de conversation est écoulée, et lorsqu'on entend la tonalité.

Il arrive souvent que les circuits soient surchargés et que la communication ne passe pas. Il faut alors tenter sa chance plus tard.

Le téléphone a fait des progrès en France. Il est encore relativement difficile d'obtenir un téléphone privé. L'attente est de six mois à un an et quelquefois plus. Le téléphone privé coûte assez cher et est encore un luxe pour la majorité des Français.

Cependant des centaines de milliers de cabines publiques ont été mises à la disposition du public dans les trois ou quatre dernières années. D'autre part, un plan massif est en préparation et deviendra un objectif prioritaire pour doter la France d'un réseau téléphonique comparable à celui des Etats-Unis d'ici à 1980.

levée (f.) action de recueillir le courrier
poste restante (f.) (general delivery)

compose (dials)

sur la voie publique dans les rues
desservent assurent un service régulier pour

écoulée passée
tonalité (f) (sound)
tenter essayer sans être certain de réussir

doter donner à
réseau téléphonique (m.) (telephone system)
d'ici à 1980 (between now and 1980)

A la poste

II

Un touriste se présente au guichet. *ticket window*

LE TOURISTE Pardon, mademoiselle, je voudrais envoyer ces paquets et ces lettres à l'étranger.

L'EMPLOYÉE Voyons les paquets d'abord. Il y en a combien?

LE TOURISTE Il y en a trois.

L'EMPLOYÉE Comment voulez-vous les envoyer? Par avion ou par bateau?

LE TOURISTE Celui-ci par avion et ces deux-là par bateau. Celui qui part par avion est très urgent. Y a-t-il un moyen de le faire arriver plus vite?

L'EMPLOYÉE Oui. Vous pouvez l'envoyer par express, mais cela coûtera plus cher.

en recommandé
(registered) LE TOURISTE Alors, j'enverrai celui-ci par express, et en recommandé pour une valeur déclarée de cent francs.

L'EMPLOYÉE Bien. Voyons les lettres maintenant. Une pour les Etats-Unis, deux pour la Grèce. Toutes par avion?

LE TOURISTE Oui, c'est ça. Combien est-ce que ça fait?

L'EMPLOYÉE Cinquante-deux francs pour le tout.

LE TOURISTE Voilà. Je voudrais aussi un carnet de timbres à trente centimes.

L'EMPLOYÉE Un carnet de combien?

LE TOURISTE De vingt timbres, s'il vous plaît.

Répondez aux questions suivantes d'après le texte.

I

1 Quelle administration est responsable pour le transport, la distribution et la levée des lettres?

2 Qu'est-ce que c'est que la poste restante?

3 Où faut-il aller en France pour envoyer un télégramme?

4 Où va-t-on pour envoyer un mandat? *money order*

5 Pour beaucoup de Français la poste joue quel rôle?

6 Autrefois pourquoi est-ce qu'on téléphonait de la poste?

7 Actuellement, est-ce facile ou difficile de téléphoner de ville à ville en France? A l'étranger?

8 Si l'on téléphone d'une cabine dans un bureau de poste, qu'est-ce qu'on fait?

9 A qui est-ce qu'on paie le prix de la communication?

10 Si l'on n'a pas de téléphone privé, faut-il aller à la poste pour téléphoner?

11 Qu'est-ce que les cabines à téléphone bleu desservent?

12 Est-ce que les cabines à téléphone bleu nécessitent l'intervention d'une opératrice ou d'un opérateur?

13 Y a-t-il une limitation de temps?

14 Quel est le prix?

15 Qu'est-ce que les cabines à téléphone jaune desservent?

16 Qu'est-ce qu'on compose directement?

17 Le prix varie selon quoi?

Le facteur fait sa ronde

18   Il y a combien de zones?

19   Qu'est-ce qu'il faut remettre dans l'appareil quand la minute de conversation est écoulée?

20   Combien de temps faut-il attendre pour obtenir un téléphone privé en France?

21   Pourquoi est-ce que le téléphone privé est encore un luxe pour la plupart des Français?

22   D'ici à 1980 est-ce que la France a l'intention d'améliorer son réseau téléphonique?

II

1   Le touriste qui va à la poste, où se présente-t-il?

2   Qu'est-ce qu'il veut envoyer?

3   Où veut-il envoyer ses paquets et ses lettres?

4   Comment veut-il les envoyer?

5   Quel paquet est urgent?

6   Y a-t-il un moyen de faire arriver très vite un paquet?

7   Si l'on envoie un paquet par express, est-ce que cela coûte plus cher?

8   Comment est-ce qu'on peut se protéger contre la perte d'un paquet?

9   Le touriste veut un carnet de timbres à quel tarif?

GRAMMAIRE

DEMONSTRATIVE ADJECTIVES AND PRONOUNS

Demonstrative adjectives and pronouns are used to point out something. The singular forms mean "this" or "that" ("this one" or "that one"); the plural forms mean "these" or "those." A clear distinction between "this" and "that," "these" and "those" is achieved by adding the suffixes –ci meaning "this" and –là meaning "that."

Demonstrative adjectives

SINGULAR			PLURAL	
MASCULINE		FEMININE	MASCULINE & FEMININE	
Before con.	Before vowel	Before con. & vowel	Before con.	Before vowel
ce	cet	cette	ces	ces

Je veux ce livre-ci; je n'aime pas ce livre-là.
I want this book; I don't like that book.

Demonstrative pronouns

SINGULAR		PLURAL	
MASCULINE	FEMININE	MASCULINE	FEMININE
celui	celle	ceux	celles

Je préfère cette table-ci à celle-là.
I prefer this table to that one.

Je préfère ce guichet-ci à celui-là.
I prefer this ticket window to that one.

EXERCICES   Répondez d'après le modèle.

Modèle: Avez-vous écrit des chèques?
          Oui, j'ai écrit ce chèque-ci et celui-là.

1 Avez-vous retiré des lettres?   2 Avez-vous reçu des mandats?   3 Avez-vous pris des places?   4 Avez-vous reçu des dépêches?   5 Avez-vous acheté des timbres?

II Répondez d'après le modèle.

Modèle: Pourquoi aimez-vous mieux ce roman-là? (parce que l'intrigue est intéressante)
J'aime mieux celui-là parce que l'intrigue est intéressante.

1 Pourquoi aimez-vous mieux ce tableau-là? (parce que les couleurs sont belles) 2 Pourquoi aimez-vous mieux cette école-ci? (parce que les professeurs sont excellents) 3 Pourquoi aimez-vous mieux ces restaurants? (parce que la cuisine est superbe) 4 Pourquoi aimez-vous mieux ces jeunes filles? (parce qu'elles sont gentilles) 5 Pourquoi aimez-vous mieux cet étudiant? (parce qu'il est très intelligent)

THE FUTURE TENSE OF FIRST- AND SECOND-GROUP VERBS

Formation

The future tense of most verbs is formed by using the oral form of the infinitive as the base. Then the future endings are added to the infinitive.

Observe the forms of *finir* and *vendre*.

finir	**verb base = finir**
je finirai	nous finirons
tu finiras	vous finirez
on finira	
il finira	ils finiront
elle finira	elles finiront

vendre	**verb base = vendr-**
je vendrai	nous vendrons
tu vendras	vous vendrez
on vendra	
il vendra	ils vendront
elle vendra	elles vendront

EXERCICES I Répondez aux questions suivantes en employant la réponse donnée.

1 Quand est-ce que les étudiants finiront leur travail? (dans une heure) 2 Qui est-ce que le professeur punira? (Janine et Paul) 3 Quand rendrez-vous vos devoirs? (demain matin) 4 Quel train prendrez-vous?

(le train pour Paris) 5 Qui nous conduira à la poste? (mon frère)
6 Qu'est-ce qui plaira à Jacqueline? (ce paquet) 7 Quelle route suivrons-nous? (la route de Nice) 8 Qu'est-ce que vous craindrez? (de voyager seul)

II Répondez affirmativement.

1 Choisirez-vous un cadeau pour votre mère? 2 Obéirez-vous à vos parents? 3 Répondrez-vous à cette dépêche? 4 Attendrez-vous vos amis devant le guichet?

III Demandez à ... *Qu'est*

1 Demandez à quelqu'un s'il sortira ce week-end. 2 Demandez à quelqu'un s'il dira la vérité. 3 Demandez à quelqu'un quand il rejoindra ses camarades. 4 Demandez à quelqu'un à quelle heure elle partira pour aller à la poste. 5 Demandez à un ami ce qu'il lira. 6 Demandez à une amie ce qu'elle boira. 7 Demandez à un ami ce qu'il servira.
8 Demandez à une amie ce qu'elle dira.

THE FUTURE TENSE OF REGULAR —ER VERBS

Regular —er verbs use the infinitive as the base for the written forms of the future tense: *retirerai, retirerez, retireras, retirera, retirerons, retireront.*
   The oral forms of the future tense of regular —er verbs are the stem of the infinitive plus the endings /re/, /ra/, /rɔ̃/.
   If the stem of the infinitive ends in two pronounced consonants (as in *parler, rester, porter,* etc.), the endings are pronounced /ə re/, /ə ra/, /ə rɔ̃/.

EXERCICES I Répondez aux questions suivantes en employant la réponse donnée.

1 A quoi penserez-vous? (à mes vacances) 2 Que changerez-vous? (de classe) 3 Qu'est-ce que vous emporterez avec vous? (ces paquets)
4 Qu'est-ce que vous étudierez? (ma leçon) 5 Où resteras-tu ce soir?
6 A quelle heure est-ce que tu dîneras? (à sept heures) 7 Qu'est-ce qu'on mangera? (du rosbif) 8 A quelle heure se couchera-t-elle? (à minuit) 9 Qui se fâchera? (le patron) 10 Où vos parents se reposeront-ils? (à l'hôtel) 11 Qui s'arrêtera devant la cathédrale? (les touristes)

II Répondez d'après le modèle.

   Modèle: Avez-vous apporté le paquet?
        Non, mais je l'apporterai ce soir.

1 Avez-vous étudié votre leçon? 2 Avez-vous trouvé l'adresse de votre tante? 3 Les Brown ont-ils accepté l'invitation? 4 Les mécaniciens

ont-ils réparé la machine?   5 Anne a-t-elle cherché cette photo?   6 Henri a-t-il regardé la télévision?   7 As-tu trouvé le mandat?   8 As-tu parlé français?

VERBS WHICH USE THE 3RD PERSON SINGULAR OF THE PRESENT TENSE AS THE FUTURE STEM

Certain verbs use the 3rd person singular oral and written forms of the present tense as a base for the future. There are two categories of these verbs: (1) verbs with infinitives ending in *–yer* and (2) verbs with *–e–* in the stem of the infinitive.

INFINITIVE	BASE	FUTURE
1. nettoyer	nettoie	nettoierai
payer	paie	paierai
2. acheter	achète	achèterai
jeter	jette	jetterai

EXERCICES   Répondez d'après le modèle.

Modèle: Nettoie-t-il sa chambre?
          Pas maintenant, mais il la nettoiera bientôt.

1 Emploie-t-elle une femme de ménage?   2 Paie-t-il ses dettes?   3 Le touriste envoie-t-il les paquets?   4 Achète-t-on les timbres?   5 Mènent-ils

Distribution du courrier

leurs enfants au concert? 6 Les enfants appellent-ils leur chien? 7 Pesez-vous le paquet? 8 Levez-vous le rideau? 9 Payons-nous la facture? 10 Essayons-nous ce restaurant?

VERBS WITH SPECIAL FUTURE STEMS

Certain verbs have special stems for the future tense. To these stems the regular future endings are added.

INFINITIVE	FUTURE
courir	courrai
mourir	mourrai
recevoir	recevrai
devoir	devrai
venir (and derivatives)	viendrai
tenir (and derivatives)	tiendrai
pouvoir	pourrai
vouloir	voudrai
envoyer	enverrai
voir	verrai

EXERCICES Répondez aux questions suivantes en employant la réponse donnée.

1 Quand verrez-vous vos amis? (ce soir même) 2 Comment enverrez-vous cette lettre? (par avion) 3 Pourrez-vous revenir demain? (je crois que...) 4 Où retiendrez-vous des chambres? (à l'hôtel) 5 Qu'est-ce que votre frère recevra comme cadeau de Noël? (une motocyclette) 6 Qui viendra avec vous? (mes cousins) 7 Qui devra nettoyer la cuisine? (les enfants) 8 Qui pourra aller à la poste? (Charles) 9 Qui verra Marie ce soir? (nous) 10 Qui enverra ce paquet? (nous)

USAGE OF THE FUTURE TENSE

The future tense is used:

1. To describe an action that will take place at some future time.

Nous partirons demain.

2. To describe a habitual action that will take place in the future.

> Nous travaillerons tous les jours.

3. In the main clause of a sentence containing a dependent clause introduced by *si* + present tense.

> Si vous venez, nous étudierons ensemble.

4. After *quand, lorsque, au moment où* (when); *dès que, aussitôt que* (as soon as); *pendant que, tandis que* (while) when the verb of the main clause is in the future tense.

Quand Lorsque Au moment où	Jean arrivera, nous partirons.
Dès que Aussitôt que	vous finirez, nous dînerons.
Pendant que Tandis que	Paul jouera du piano, Georges chantera.

In the case of habitual action, the present tense is used after these conjunctions.

> Je vois Paul tous les jours quand il entre.

The future tense is used after these conjunctions with an imperative which refers to an action that will take place in the future.

Parlez à Marie dès qu'elle arrivera.

5. After the present tense of *savoir que...*, *espérer que...*, *penser que...*, etc. The present tense may also be used after these expressions.

Je pense qu'il viendra. *or* Je pense qu'il vient.
Je sais qu'il viendra. *or* Je sais qu'il vient.
J'espère qu'il viendra. *or* J'espère qu'il vient.

The future tense or the present tense may be used after *ne savoir pas si...*

Je ne sais pas s'il viendra. *or* Je ne sais pas s'il vient.

Remember that the subjunctive is usually used after *ne penser pas que...* and *ne croire pas que...*

Je ne pense pas |
Je ne crois pas | qu'il vienne.

EXERCICES   I   Répondez d'après le modèle.

Modèle: Apprenez-vous le poème ce soir?
            Non, mais j'apprendrai le poème demain.

1 Partez-vous en vacances ce soir? 2 Lit-elle un roman ce soir?
3 Attendons-nous Pierre ce soir? 4 Retournez-vous à Paris ce soir?
5 Fête-t-elle son anniversaire ce soir?   6 Viennent-ils nous voir ce soir?
7 Punissent-elles les enfants ce soir?

Modèle: Vous venez. Nous étudierons ensemble.
Si vous venez, nous étudierons ensemble.

8 Vous rentrez de bonne heure. Nous dînerons au restaurant.   9 Elle se lève de bonne heure. Nous partirons avant huit heures.   10 Elle reçoit de l'argent. Elle paiera ses dettes.   11 Vous devez partir. Je vous conduirai à la gare.

II   Suivez le modèle.

Modèle: Téléphonez-moi quand vous rentrerez.
D'accord, je vous téléphonerai quand je rentrerai.

1 Appelez-moi quand vous retournerez.   2 Retrouvez-moi quand vous viendrez.   3 Ecrivez-moi quand vous voyagerez en France.   4 Dites-moi quand vous voudrez partir.

Modèle: Il comprendra. Vous expliquerez.
Il comprendra quand vous expliquerez.

5 Il comprendra. Vous lui parlerez.   6 On rira. On verra ce film.   7 Elle sourira. Elle entendra votre voix.   8 Ils descendront. Leurs amis arriveront.

III   Dans les phrases suivantes, remplacez *dès que* par *aussitôt que*.

1 Dès qu'ils se lèveront, ils joueront.   2 Dès qu'elle reviendra, elle se couchera.   3 Dès qu'on se retrouvera, on s'amusera.   4 Dès qu'elle se réveillera, elle sortira.

IV   Dites à quelqu'un...

Modèle: de parler à Marie quand il la verra.
Parlez à Marie quand vous la verrez.

1 de téléphoner quand il pourra sortir.   2 de partir lorsqu'il voudra.
3 de payer quand il pourra.   4 de se coucher dès qu'il se sentira malade.

V   Répondez d'après le modèle.

Modèle: Pensez-vous qu'il vienne?
Oui, je pense qu'il viendra.

1 Pensez-vous qu'il attende?   2 Pensez-vous qu'on arrive à l'heure?
3 Croyez-vous qu'elle puisse venir?   4 Croyez-vous que mes amis viennent?

Modèle: Savez-vous s'il vient?
          Non, je ne sais pas s'il viendra.

5 Savez-vous si elle peut finir?   6 Savez-vous s'il veut venir?   7 Savez-vous si on doit rester ici?   8 Savez-vous si on sert le dîner à sept heures?

PRONOUNS *EN* AND *Y*

The pronoun *en* replaces a prepositional phrase introduced by *de* used:

1.   In the prepositional sense.

Nous venons **de Paris.** Nous **en** venons.

2.   In the partitive sense.

Nous avons **du vin.** Nous **en** avons.

3.   With expressions of quantity.

J'ai beaucoup **d'argent.** J'**en** ai beaucoup.

The pronoun *en* is also used to replace the noun modified by a number.

J'ai dix livres. J'**en** ai dix.
Il a plusieurs amis. Il **en** a plusieurs.

The pronoun *y* is used to replace a prepositional phrase introduced by any preposition other than *de* when the noun object refers to a thing.

> Je vais **à la gare.** J'**y** vais.
> Elle a mis le livre **dans le tiroir.** Elle **y** a mis le livre.
> Nous cherchons le billet **sous la table.** Nous **y** cherchons le billet.
> Elle voyage **en France.** Elle **y** voyage.

Remember that *lui* and *leur* are used when the noun object of a prepositional phrase introduced by *à* refers to a person.

> Je dis bonjour **à Marie.** Je **lui** dis bonjour.
> Il écrit **à ses parents.** Il **leur** écrit.

The pronouns *en* and *y* precede the verb in all constructions except the affirmative command, in which case they follow the imperative verb and are linked to it by a hyphen.

> Donnez **des fleurs** à Marie. Donnez-**en** à Marie.
> Entrez **dans le restaurant.** Entrez-**y**.

EXERCICES **I** Répondez d'après le modèle.

Modèle: Viendrez-vous de Paris?
Oui, j'en viendrai.

1 Sortirez-vous d'ici? 2 Viendrez-vous de la ville? 3 Les ouvriers sortiront-ils de ce bâtiment? 4 Le petit demandera-t-il du pain? 5 Achèteras-tu de la viande? 6 La marchande vendra-t-elle des journaux? 7 Servirez-vous beaucoup de vin? 8 Les touristes prendront-ils assez d'argent? 9 Boiras-tu trop de café? 10 Achètera-t-elle trois robes?

Modèle: Allez-vous à la poste?
          Oui, j'y vais.

11 Répondra-t-il à cette dépêche? 12 Travailleras-tu à la poste?
13 Voyagerez-vous en Europe? 14 Ecrira-t-il au tableau noir?
15 Attendrez-vous devant le guichet? 16 Montera-t-il dans l'autobus?
17 Penserez-vous à vos examens? 18 Retournerez-vous à l'hôtel?

II Dites à quelqu'un... en employant y ou *en* selon le cas.

Modèle: de venir à la conférence.
          Venez-y.

1 de venir en ville. 2 d'entrer dans l'hôtel. 3 de sortir de la chambre.
4 de servir des tartes. 5 de monter dans l'autobus. 6 de descendre de
l'autobus. 7 d'attendre dans la rue.

Modèle: de ne pas répondre à cette lettre.
          N'y répondez pas.

8 de ne pas voyager en Italie. 9 de ne pas attendre le bus sur le
boulevard Raspail. 10 de ne pas manger trop de fruits. 11 de ne pas
monter dans ce taxi. 12 de ne pas prendre quatre billets.

QUESTIONS À   1 Vous accompagnez un touriste américain à la poste. Il ne parle pas
DISCUTER   français. Aidez-le à envoyer un cadeau d'anniversaire à sa mère aux
                  Etats-Unis.
              2 Expliquez à un touriste en France les différentes manières d'employer
                 un téléphone public.

Littérature

Départ pour la France

Camara Laye

Vocabulaire

I

se taire   cesser de parler ou de faire du bruit
       Il s'est tu un moment, puis il a recommencé à parler.

chacun, chacune   chaque personne
       Chacun a sa destinée.

saisir   prendre quelque chose de manière à pouvoir le tenir
       Saisis cette occasion!

inquiet, inquiète   se dit d'une personne qui est agitée par la crainte d'un danger ou par l'incertitude (syn. = anxieux)
       Il est inquiet pour son fils.

tromper   duper quelqu'un; ne pas dire la vérité
       Ne trompez personne. Dites toujours la vérité.

Village africain

pressentir	penser que quelque chose peut arriver; le prévoir Sa mère a pressenti la nouvelle.
accélérer	rendre plus rapide une action commencée Elle a accéléré son travail.
brusquement	soudainement; brutalement Elle m'a répondu brusquement.
lâcher	laisser aller quelque chose; ne plus tenir quelque chose Elle a lâché le livre et il est tombé.
priver	refuser à quelqu'un la possession de quelque chose; lui en ôter l'usage Ils vont me priver de mon automobile à cause de l'accident.
baisser	faire descendre quelque chose; incliner la tête, le bras, etc., vers le bas Elle a baissé le regard.
violemment	avec violence; brutalement Elle m'a parlé violemment.
de rien du tout	sans importance C'est un petit accident de rien du tout.
serrer	tenir quelque chose fermement Il a serré sa pipe entre ses dents.
empêcher	faire obstacle à quelque chose; le défendre Elle veut empêcher mon départ.

EXERCICES DE VOCABULAIRE I

A Répondez aux questions suivantes en employant la réponse donnée.

1 Pourquoi est-ce que la classe se tait? (parce qu'on a peur du professeur)
2 Pourquoi est-ce que les enfants se sont tus? (parce que leur mère est fâchée)
3 Pourquoi est-ce que Jean s'est tu? (parce qu'il ne se sent pas bien)

Pilage du mil

B Répondez d'après le modèle.

Modèle: Est-ce que chaque voyage est intéressant?
Oui, chacun est intéressant.

1 Est-ce que chaque étudiant doit rendre son devoir demain?
2 Est-ce que chaque femme veut être chic?
3 Est-ce que chaque leçon est différente?

C Dans les phrases suivantes, remplacez *prendre* par *saisir*.

1 Prenez cette occasion pour parler.
2 Il a pris son amie par la main.
3 Nous avons pris une excuse pour partir.

D Répondez d'après le modèle.

Modèle: Etes-vous anxieux de l'avenir?
Oui, je suis inquiet de l'avenir.

1 Est-elle anxieuse de ce voyage?
2 Sa femme est-elle anxieuse de sa santé?
3 Le médecin a-t-il l'air anxieux?

E Répondez aux questions suivantes en employant la réponse donnée.

1 Qui vous a trompé? (mes camarades)
2 Sur quoi vous ont-ils trompé? (sur l'heure de la conférence)
3 Qu'est-ce que votre père vous a dit? (de ne tromper personne)

II

F Répondez d'après le modèle.

Modèle: Est-ce que sa mère a prévu la nouvelle?
Oui, elle a pressenti la nouvelle.

1 Est-ce que vos parents ont prévu votre arrivée?
2 Est-ce que votre mère a prévu l'accident?
3 Est-ce que le patron a prévu votre départ?

G Répondez aux questions suivantes en employant la réponse donnée.

Modèle: Pourquoi pensiez-vous qu'il se dépêchait? (parce qu'il a accéléré son automobile)
Je pensais cela parce qu'il a accéléré son automobile.

1 Pourquoi pensiez-vous qu'elle se pressait? (parce qu'elle a accéléré sa voiture)
2 Pourquoi pensiez-vous qu'elle était troublée? (parce qu'elle a accéléré son travail)
3 Pourquoi pensiez-vous qu'il avait peur? (parce qu'il a accéléré le pas)

H Répondez d'après le modèle.

Modèle: Est-ce que le professeur vous a parlé gentiment?
Non, il m'a parlé brusquement.

1 Est-ce que la patronne nous a dit *non* gentiment?
2 Est-ce que les officiers ont refusé gentiment?
3 Est-ce que vous avez répondu gentiment?

Cabanes africaines

I Répondez aux questions suivantes en employant la réponse donnée.

1 Qu'est-ce que l'enfant a lâché? (un verre)
2 Qu'avez-vous lâché? (mes lunettes)
3 De qui a-t-on privé cet homme? (de ses enfants)
4 De quoi a-t-on privé cette femme? (de sa liberté)

J Répondez d'après le modèle.

Modèle: A-t-elle incliné le regard?
          Oui, elle a baissé le regard.

1 A-t-il incliné la tête?
2 Avez-vous incliné les yeux?
3 L'enfant a-t-il incliné le front?

Modèle: Comment a-t-elle fermé la porte?
          Elle l'a fermée violemment.

4 Comment l'avez-vous poussé?
5 Comment vous a-t-il refusé?
6 Comment est-ce que son père l'a battu?

K Ajoutez l'expression *de rien du tout* aux phrases suivantes.

1 C'est un petit accident.
2 Elle a fait une petite faute.
3 Je lui ai acheté un petit cadeau.

L Répondez aux questions suivantes en employant la réponse donnée.

1 Qui serre-t-il dans ses bras? (sa mère)
2 A qui est-ce que la mère serre la main? (à son enfant)
3 Qu'est-ce qu'il serre entre ses dents? (sa pipe)

M Répondez d'après le modèle.

Modèle: Est-ce que sa mère permettra son départ?
          Non, elle empêchera son départ.

1 Est-ce que vos parents permettront ce voyage?
2 Est-ce que vous permettrez ce mariage?
3 Est-ce que le directeur permettra cette visite?

DÉPART POUR LA FRANCE

Camara Laye, l'auteur de *L'Enfant noir*, est né le 1er janvier 1928 à Kouroussa en Guinée.

Vers la fin du 19e siècle, la plupart des pays africains ont été conquis par les puissances européennes, surtout l'Angleterre, l'Espagne, la France et le Portugal. Les langues officielles des pays africains sont devenues celles des pays conquérants et le système d'éducation européenne y a été imposé. Dans les grandes villes comme Dakar au Sénégal, l'influence de l'européanisation était très forte. Dans les villages à l'intérieur comme le village natal de Camara Laye, cette influence étrangère a pénétré beaucoup moins la vie africaine traditionnelle.

s'est étendu (spread)

La République de Guinée s'est déclarée état indépendant le 2 octobre 1958. De pays en pays le nationalisme s'est étendu à travers le continent. Actuellement, il n'y a plus de colonies européennes en Afrique.

L'Enfant noir nous montre la tension créée entre les traditions africaines et la civilisation française. Camara Laye a écrit ce roman autobiographique quand il était étudiant à Paris. Loin de sa Guinée natale, loin de ses parents, il était souvent seul et triste. A ces moments, il pensait à sa jeunesse heureuse en Afrique et il écrivait pour son propre plaisir. Il n'avait pas l'intention de faire un livre de ces souvenirs, mais un ami l'a encouragé à publier ses «mémoires».

sorcellerie (f.) opération magique
forgeron (m.) (blacksmith)
coranique relatif au Coran, livre sacré des musulmans

La famille de Camara Laye était beaucoup respectée. Sa mère avait le don de la sorcellerie. Son père était forgeron et possédait les pouvoirs mystérieux de ce métier. L'enfant aimait l'école. Il est allé d'abord à l'école coranique du village, puis à l'école française. A l'âge de quinze ans, il est parti pour la capitale, Conakry, à 600 kilomètres de Kouroussa où il a passé plusieurs années au Collège technique. A la fin de sa quatrième année à Conakry, il s'est présenté au certificat d'aptitude professionnelle. Alors l'examen est venu. Il a duré trois jours, trois jours d'anxiété. Et finalement le triomphe: il a été reçu premier et a reçu une bourse pour étudier en France.

Dans la scène suivante, Camara, qui est retourné chez ses parents à Kouroussa, leur annonce la nouvelle.

Départ pour la France

— Père, dis-je, quand le directeur m'a proposé de partir en France, j'ai dit oui.

— Ah! tu avais déjà accepté?

— J'ai répondu oui spontanément. Je n'ai pas réfléchi, à ce moment, à ce que mère et toi en penseriez.

— Tu as donc bien envie d'aller là-bas? dit-il.

— Oui, dis-je. Mon oncle Mamadou m'a dit que c'était une chance unique.

— Tu aurais pu aller à Dakar; ton oncle Mamadou est allé à Dakar.

— Ce ne serait pas la même chose.

— Non, ce ne serait pas la même chose... Mais comment annoncer cela à ta mère?

— Alors tu acceptes que je parte? m'écriai-je.

— Oui... oui, j'accepte. Pour toi, j'accepte. Mais tu m'entends: pour toi, pour ton bien!

Et il se tut un moment.

— Vois-tu, reprit-il, c'est une chose à laquelle j'ai souvent pensé. J'y ai pensé dans le calme de la nuit et dans le bruit de l'enclume. Je savais bien qu'un jour tu nous quitterais: le jour où tu as pour la première fois mis le pied à l'école, je le savais. Je t'ai vu étudier avec tant de plaisir, tant de passion... Oui, depuis ce jour-là, je sais; et petit à petit, je me suis résigné.

— Père! dis-je.

— Chacun suit son destin, mon petit; les hommes n'y peuvent rien changer. Tes oncles aussi ont étudié. Moi — mais je te l'ai déjà dit: je te l'ai dit, si tu te souviens quand tu es parti pour Conakry — moi, je n'ai pas eu leur chance et moins encore la tienne... Mais maintenant que cette chance est devant toi, je veux que tu la saisisses; tu as su saisir la précédente, saisis celle-ci aussi, saisis-la bien! Il reste dans notre pays tant de choses à faire... Oui, je veux que tu ailles en France; je le veux aujourd'hui autant que toi-même:

se tut s'est tu

enclume (f.) masse de fer sur laquelle on forge les métaux

on aura besoin ici sous peu d'hommes comme toi... Puisses-tu ne pas nous quitter pour trop longtemps!...

Nous demeurâmes un long bout de temps sous la véranda, sans mot dire et à regarder la nuit; et puis soudain mon père dit d'une voix cassée:

— Promets-moi qu'un jour tu reviendras?

— Je reviendrai! dis-je.

— Ces pays lointains... dit-il lentement.

Il laissa sa phrase inachevée; il continuait de regarder la nuit. Je le voyais, à la lueur de la lampe-tempête, regarder comme un point dans la nuit, et il fronçait les sourcils comme s'il était mécontent ou inquiet de ce qu'il y découvrait.

— Que regardes-tu? dis-je.

— Garde-toi de jamais tromper personne, dit-il; sois droit dans ta pensée et dans tes actes; et Dieu demeurera avec toi.

Puis il eut comme un geste de découragement et il cessa de regarder la nuit.

II

1. Le lendemain, Camara a écrit au directeur que son père acceptait.
2. Bientôt, il a reçu une lettre du directeur qui confirmait son départ
3. pour la France et désignait l'école de France où il entrerait. L'école était à Argenteuil.

— Tu sais où se trouve Argenteuil? dit mon père.

— Non, dis-je, mais je vais voir.

4. J'allai chercher mon dictionnaire et je vis qu'Argenteuil n'était qu'à quelques kilomètres de Paris.

— C'est à côté de Paris, dis-je.

5. Et je me mis à rêver à Paris: il y avait tant d'années qu'on me parlait de Paris! Puis ma pensée revint brusquement à ma mère.

— Est-ce que ma mère sait déjà? dis-je.

— Non, dit-il. Nous irons ensemble le lui annoncer.

— Tu ne voudrais pas le lui dire seul?

6. — Seul? Non, petit. Nous ne serons pas trop de deux! Tu peux m'en croire...

7. Ma mère ne fut pas longue à pressentir la nouvelle: elle n'eut qu'à nous regarder et elle comprit tout ou presque tout.

— Que me voulez-vous? dit-elle. Vous voyez bien que je suis

---

demeurâmes sommes restés

cassée brisée

inachevée pas finie

lueur (f.) clarté faible

fronçait les sourcils se ridait le front (marque de mauvaise humeur ou de concentration)

geste (m.) mouvement du corps

vis ai vu

revint est revenue

ne fut pas n'a pas été
elle n'eut qu'à elle n'a eu qu'à

---

occupée! Et elle accéléra la cadence du pilon.

— Ne va pas si vite, dit mon père. Tu te fatigues.

— Tu ne vas pas m'apprendre à piler le mil? dit-elle. Et puis soudain elle reprit avec force:

— Si c'est pour le départ du petit en France, inutile de m'en parler, c'est non!

— Justement, dit mon père. Tu parles sans savoir: tu ne sais pas ce qu'un tel départ représente pour lui.

— Je n'ai pas envie de le savoir! dit-elle. Et brusquement elle lâcha le pilon et fit un pas vers nous.

— N'aurai-je donc jamais la paix? dit-elle. Hier, c'était une école à Conakry; aujourd'hui, c'est une école en France; demain... Mais que sera-ce demain? C'est chaque jour une lubie nouvelle pour me priver de mon fils!... Ne te rappelles-tu déjà plus comme le petit a été malade à Conakry? Mais toi, cela ne te suffit pas: il faut à présent que tu l'envoies en France! Es-tu fou? Ou veux-tu me faire devenir folle? Mais sûrement je finirai par devenir folle!...

Et elle tourna le regard vers le ciel, elle s'adressa au ciel:

— Tant d'années déjà, il y a tant d'années déjà qu'ils me l'ont pris! dit-elle. Et voici maintenant qu'ils veulent l'emmener chez eux!...

Et puis elle baissa le regard, de nouveau elle regarda mon père:

— Qui permettrait cela? Tu n'as donc pas de cœur?

— Femme! femme! dit mon père. Ne sais-tu pas que c'est pour son bien?

— Son bien? Son bien est de rester près de moi! N'est-il pas assez savant comme il est?

— Mère...commençai-je.

Mais elle m'interrompit violemment:

— Toi, tais-toi! Tu n'es encore qu'un gamin de rien du tout! Que veux-tu aller faire si loin? Sais-tu seulement comment on vit là-bas?... Non, tu n'en sais rien! Et, dis-moi, qui prendra soin de toi? Qui réparera tes vêtements? Qui te préparera tes repas?

— Voyons, dit mon père, sois raisonnable: les Blancs ne meurent pas de faim!

— Alors tu ne vois pas, pauvre insensé, tu n'as pas encore observé qu'ils ne mangent pas comme nous? Cet enfant tombera malade; voilà ce qui arrivera! Et moi alors, que ferai-je? Que deviendrai-je? Ah! j'avais un fils, et voici que je n'ai plus de fils!

Je m'approchai d'elle, je la serrai contre moi.

— Eloigne-toi! cria-t-elle. Tu n'es plus mon fils! Mais elle ne me repoussait pas: elle pleurait et elle me serrait étroitement contre elle.

repoussait poussait en arrière

— Tu ne vas pas m'abandonner, n'est-ce pas? Dis-moi que tu ne m'abandonneras pas?

Mais à présent elle savait que je partirais et qu'elle ne pourrait pas empêcher mon départ, que rien ne pourrait l'empêcher; sans doute l'avait-elle compris dès que nous étions venus à elle...

C'est ainsi que se décida mon voyage, c'est ainsi qu'un jour je pris l'avion pour la France.

QUESTIONS   Répondez aux questions suivantes d'après le texte.

1   Quand le directeur a proposé à Camara de partir en France, comment a-t-il répondu?
2   A quoi n'a-t-il pas réfléchi?
3   Qu'est-ce que son oncle Mamadou a dit du voyage?
4   Pourquoi est-ce que son père accepte qu'il parte?
5   Depuis quand est-ce que son père savait que Camara partirait?

Conakry, Guinée

6 Comment est-ce que Camara a étudié?
7 Qu'est-ce que son père a fait petit à petit?
8 Comment est-ce que son père explique le départ de Camara?
9 De quoi est-ce que la Guinée aura besoin, selon le père?
10 Qu'est-ce que Camara promet à son père?
11 Quel conseil le père donne-t-il à son fils?
12 Comment savons-nous que le départ de son fils fait de la peine au père?

II

1 Le lendemain, qu'est-ce que Camara a écrit au directeur?
2 Qu'est-ce que Camara a reçu bientôt?
3 Où se trouvait l'école désignée par le directeur?
4 Comment est-ce que Camara s'est renseigné sur Argenteuil?

5   A quoi Camara s'est-il mis à rêver?
6   Pourquoi est-ce que son père ne veut pas aller seul annoncer le départ à la mère?
7   Qu'est-ce que la mère a pressenti? le départ et happens.
8   Qu'est-ce que la mère ne veut pas comprendre?
9   Qu'est-ce qui est arrivé à Camara à Conakry?
10 Qu'est-ce que la mère dit en s'adressant au ciel?
11 De quoi accuse-t-elle son mari?
12 Quand le père dit, «Ne sais-tu pas que c'est pour son bien?» comment répond-elle?
13 Quand Camara essaie de lui parler, que dit sa mère?
14 Quelles sont les craintes de sa mère?
15 Qu'est-ce que le père dit pour la rassurer au sujet de la cuisine des Blancs?
16 Que répond-elle?
17 Qu'est-ce que Camara a fait pour consoler sa mère?
18 Qu'est-ce que la mère savait déjà?

QUESTIONS À
DISCUTER

1   Contrastez l'attitude de la mère et du père au sujet de l'avenir de Camara.
2   La mère de Camara est-elle égoïste ou pense-t-elle au bien de son fils? Justifiez votre point de vue.
3   Quels sont les témoignages dans cet épisode des changements créés par la présence des Européens en Guinée?

COMPOSITION

Répondez aux questions suivantes. Puis lisez les réponses que vous avez écrites. Arrangez-les en paragraphes. Essayez d'améliorer le style en combinant et en modifiant les phrases. Ajoutez autant de détails que vous jugez nécessaires à un bon résumé de la lecture.

1   Pourquoi Camara ne veut-il pas aller à Dakar comme son oncle Mamadou?
2   Son père accepte-t-il que Camara parte?
3   Qu'est-ce que son père dit au sujet du destin?
4   Quelle promesse son père exige-t-il de Camara?
5   Un jour, qu'est-ce que Camara a reçu du directeur du Collège technique?
6   Qui est allé annoncer la nouvelle à la mère?
7   Qu'est-ce qu'elle a dit en protestant?
8   A quoi s'est-elle résignée finalement?

Culture

TREIZIÈME LEÇON

Le fait canadien français au Québec

Vocabulaire actif

I

trait — m.   élément caractéristique d'une personne ou d'une chose
         Cet enfant a de nombreux traits de ressemblance avec son père.

starting with-from

à partir de   à dater de, depuis
         A partir de 1945, la France est devenue un pays industriel.

period- epoch

époque — f.   moment déterminé de l'histoire
         La structure politique de la France a beaucoup changé à l'époque de
         la Révolution.

to run into

se heurter à (ou contre)   rencontrer comme obstacle
         Il s'est heurté à la porte.

toward

envers   préposition qui indique l'objet d'un sentiment
         Les soldats sont souvent cruels envers leurs prisonniers.

Ecoliers québécois

ressentiment — m. _(resentment)_ souvenir que l'on garde d'un mal, d'une injustice, etc., avec le désir de se venger

   Cette femme garde un ressentiment profond envers son mari.

éteindre _(to extinguish)_ faire cesser de fonctionner une chose (mot concret)

   Elle a éteint la télévision.

faire cesser ou mettre fin à une chose (mot abstrait)

   Je n'ai jamais pu éteindre mon ressentiment envers lui.

revanche — f. _(revenge)_ action de rendre la pareille pour un mal que l'on a reçu

   L'enfant a pris sa revanche sur ses camarades.

II

grâce à _(thanks to)_ exprime une valeur causale et implique un résultat heureux

   Grâce à vous nous avons trouvé l'hôtel!

renforcer _(to strengthen, reinforce)_ rendre quelque chose plus fort, plus solide

   L'injustice de mon père a renforcé ma haine envers lui.

malaise — m. _(malaise, discomfort)_ sensation générale pénible d'un trouble de l'organisme (ex.: vertige)

   A cause de la fatigue, il a éprouvé un malaise.

sentiment pénible et mal défini

   Le candidat ne semble pas comprendre le malaise du peuple.

naissance — f. _(birth)_ commencement de la vie, de l'existence pour un être vivant

   Sa femme a donné naissance à une fille.

parvenir _(to reach, succeed)_ arriver à un certain point, à un certain degré

   Finalement, les alpinistes sont parvenus au sommet.

meurtre — m. _(murder)_ action de tuer volontairement un être humain

   Cet homme est accusé de meurtre.

EXERCICES DE VOCABULAIRE

I

A Complétez les phrases suivantes en employant le mot indiqué.

1 Le _____ dominant de sa personnalité est sa générosité. (trait)
2 Le _____ que j'admire chez lui c'est son courage. (trait)
3 Cet enfant a un _____ de cruauté que je n'aime pas. (trait)

Le fait canadien français au Québec 273

4 _____ 1608 la colonisation du Québec a commencé. (à partir de)
5 _____ maintenant tout va changer. (à partir de)
6 _____ 1920 les Américaines ont eu le droit de vote. (à partir de)
7 On parle de la splendeur de l'_____ de Louis XIV. (époque)
8 A quelle _____ de l'histoire vous intéressez-vous? (époque)
9 L'_____ de la guerre était pénible pour les Français. (époque)

B Répondez d'après les modèles.

Modèle: Comment vous êtes-vous fait du mal? (me heurter contre la porte)
Je me suis heurté contre la porte.

1 Comment vous êtes-vous cassé la jambe? (me heurter contre le piano)
2 Comment s'est-il fracturé le bras? (se heurter contre un arbre)
3 Pourquoi avez-vous mal au pied? (me heurter contre la table)

Modèle: Cet homme a-t-il été cruel envers sa femme?
Oui, et elle éprouve un vif ressentiment envers lui.

4 Cet homme a-t-il été injuste envers sa fille?
5 Cette mère a-t-elle été cruelle envers ses enfants? *elle*
6 Ce père a-t-il été méchant envers son fils?

Modèle: Allez-vous allumer la lampe dans votre chambre?
Non, je vais l'éteindre.

7 Allez-vous allumer l'électricité?
8 Allez-vous allumer la cigarette?
9 Allez-vous allumer le feu?

Modèle: Est-ce que l'enfant a pris sa revanche sur ses camarades?
Oui, il a pris sa revanche sur eux.

10 Est-ce que le professeur a pris sa revanche sur vous?
11 Est-ce que le patron a pris sa revanche sur les employés?
12 Est-ce que la mère a pris sa revanche sur ses filles?

II

C Répondez d'après les modèles.

Modèle: Est-ce que Paul vous a expliqué la leçon?
Oui, et grâce à lui je l'ai comprise.

1 Est-ce que le professeur vous a expliqué la lecture?
2 Est-ce que Richard vous a expliqué le poème?
3 Est-ce que Marie vous a expliqué les problèmes?

Ville de Québec: basse-ville et port

Modèle: Qu'est-ce que les ouvriers ont rentorcé? (le mur)
Ils ont renforcé le mur.

4 Qui a renforcé l'escalier? (les ouvriers)
5 Pourquoi faut-il renforcer les planchers? (parce que cette maison est très vieille)
6 Qu'est-ce qu'on a renforcé? (les portes de la forteresse)

D Complétez les phrases suivantes en employant le mot indiqué.

1 Après le repas mon père a éprouvé un _____. (malaise)
2 La pollution lui a causé un _____. (malaise)
3 Pendant la guerre les Français ont éprouvé un _____ général. (malaise)
4 Cette femme est tombée malade après la _____ de son fils. (naissance)   *Congratulated*
5 Nous l'avons félicité pour la _____ de sa fille. (naissance)
6 Elle est très heureuse à cause de la _____ de cet enfant. (naissance)

E Répondez aux questions suivantes en employant la réponse donnée.

1 Pourquoi envoyez-vous cette lettre par avion? (parce qu'elle doit parvenir après-demain)
2 Quand est-ce que cette dépêche parviendra? (cet après-midi)
3 Qui est accusé de ce meurtre? (cet homme-là)
4 De quoi est-il accusé? (du meurtre de son frère)

Le fait canadien français au Québec

Le Québec est l'un des rares endroits de l'Amérique du Nord où une civilisation d'origine française a pu survivre.

Deux fois plus grand que le Texas, le Québec est la plus vaste des dix provinces du Canada. Sa population, canadienne française à quatre-vingts pour cent, compte plus de six millions d'habitants dont cinq millions parlent le français et est concentrée dans la vallée du Saint-Laurent, particulièrement dans les centres urbains de Montréal, Québec et Trois-Rivières. La ville de Québec, fondée en 1608 par Samuel de Champlain, «Père de la Nouvelle France», est la plus ancienne ville du Canada, et Montréal, fondée en 1642, est la plus grande avec près de trois millions d'habitants.

volonté (f.) vif désir de quelque chose

Le trait dominant de l'histoire du Québec a été la volonté collective de sa population de maintenir son identité culturelle malgré les tentatives d'assimilation du groupe ethnique anglais.

tentatives (f.) actions par lesquelles on essaie de faire réussir une chose

L'explorateur Jacques Cartier a pris possession de la région du Saint-Laurent au nom de François Ier en 1534, mais ce n'est qu'à partir de 1608, date de la fondation de Québec, que la colonisation a commencé. Elle était relativement modeste du temps de l'occupation française et était aidée par l'Eglise qui a toujours gardé une influence très importante dans la société québécoise jusqu'à une époque récente, non seulement comme guide spirituel, mais aussi en assumant diverses fonctions politiques, administratives et éducatives.

La colonie française dès ses débuts s'est heurtée à la rivalité des Anglais de Virginie qui finalement l'ont emporté militairement en 1760 grâce à leur supériorité numérique. En effet, alors que la colonie du Saint-Laurent comptait 76.000 habitants à cette date, les colonies anglo-américaines en avaient plus d'un million et demi.

traité (m.) (treaty)

Par le traité de Paris de 1763, la présence française a été éliminée en Amérique du Nord et la Nouvelle France est devenue une colonie britannique. Depuis lors les difficultés entre les deux groupes linguistiques ont constitué pour une bonne part la trame de la vie politique du Canada.

La discrimination en matière politique, économique, religieuse et en matière d'éducation a été la cause du ressentiment des Canadiens français envers la communauté anglophone d'origine anglaise. Aujourd'hui un tel ressentiment n'est pas éteint car les Canadiens anglais, constituant seulement 4% de la population de la ville de Québec et 24% des habitants de Montréal, continuent à dominer la vie économique de la province. Ainsi assiste-t-on à un des paradoxes de la vie à Montréal : alors que la langue des affaires y est généralement l'anglais, la langue de travail dans les usines ou les petits commerces est le français. Souvent, pour arriver au faîte de la pyramide sociale, la connaissance de l'anglais est indispensable. En revanche, au niveau du gouvernement provincial la langue de travail est le français. En 1974 le mouvement pour le renouveau de la langue française au Canada a réussi à faire adopter une loi qui décrète que le français est la seule langue officielle de la province de Québec.

II

Si les Québécois ont pu jusqu'à un passé récent, préserver leur langue, c'est grâce à leur concentration dans un territoire et leur activité agraire. Le phénomène d'urbanisation dans la région montréalaise a renforcé le malaise des Canadiens français confrontés au monde des affaires où leur participation reste encore minoritaire.

On comprend donc que la domination économique des anglophones ait donné naissance à un nationalisme québécois dont certains activistes réclament le séparatisme. En 1970, le Parti Québécois de René Levesque, partisan du séparatisme, remportait 23% des votes, tandis que le Front de Libération du Québec (FLQ) faisait usage de la violence pour parvenir à ses fins et endossait la responsabilité du meurtre du ministre du Travail du Québec, Jean Laporte. En novembre 1976, le Parti Québécois a gagné une majorité absolue en passant de six sièges à soixante-dix et René Levesque est devenu le Premier Ministre du Québec.

Le problème québécois ne se réduit certes pas à des questions

lors cette époque

trame de la vie (f.) (thread of life)

faîte (m.) la partie la plus élevée de quelque chose

renouveau (m.) (renewal)

décrète décide par autorité legale

agraire qui concerne la terre

réclament demandent une chose juste avec insistance

remportait gagnait

fins (f.) buts

endossait prenait

ne se réduit...pas à n'est pas limité à

purement économiques ou politiques, mais implique une dimension culturelle et humaine qui les englobe. Les frustrations des Québécois ne révèlent pas seulement leur désir de devenir maîtres de leur destinée, mais aussi de préserver un héritage culturel vieux de trois cents ans qui se manifeste aussi bien en littérature qu'en peinture, musique ou dans la danse. Jamais, sans doute, la littérature et les arts n'ont été aussi fertiles que de nos jours au Québec.

englobe réunit en un tout

QUESTIONS

Répondez aux questions suivantes d'après le texte.

1 Qu'est-ce qui a pu survivre au Québec?
2 Le Québec est deux fois plus grand que quel état?
3 Quelle est la grandeur du Québec en comparaison avec les autres provinces canadiennes?
4 Quel pourcentage des habitants du Québec sont Canadiens français?
5 Où est-ce que la population canadienne française est concentrée?
6 Qui a fondé la ville de Québec? En quelle année?
7 Quelle ville est la plus ancienne du Canada? Quelle ville est la plus grande?
8 En quelle année est-ce que la colonisation du Québec a commencé?
9 Qu'est-ce qui a aidé la colonisation du Québec?
10 A partir de sa fondation, la colonie française s'est heurtée à quoi?
11 Pourquoi est-ce que les Anglais ont été victorieux?
12 Quel traité a éliminé la présence française en Amérique du Nord?
13 Qu'est-ce que la Nouvelle France est devenue?
14 A partir de cette époque, qu'est-ce qui a caractérisé la vie politique du Québec?
15 Qu'est-ce qui a été la cause du ressentiment des Canadiens français envers les anglophones?
16 Quel groupe ethnique domine la vie économique de la province?
17 Les Canadiens anglais constituent quel pourcentage de la population de la ville de Québec? De Montréal?
18 Au Québec quelle est la langue des affaires?
19 Parle-t-on anglais ou français dans les usines et dans les petits commerces?
20 Quelle langue est la langue de travail du gouvernement québécois?
21 Quelle langue est la seule langue officielle de la province?

II

1 Comment est-ce que leur concentration dans un territoire et leur activité agraire ont aidé les Québécois?
2 Qu'est-ce qui a renforcé le malaise des Canadiens français?
3 A quoi est-ce que la domination économique des anglophones a donné naissance?
4 Quel parti réclame le séparatisme?
5 Quel parti faisait usage de la violence pour parvenir à ses fins?
6 Le Front de Libération du Québec prenait la responsabilité du meurtre de qui?
7 Qu'est-ce que les Québécois veulent préserver?

Église québécoise

GRAMMAIRE

The following pronouns are commonly called the stressed or disjunctive pronouns:

moi	nous
toi	vous
lui	eux
elle	elles

These pronouns occur under the following circumstances:

1. After a preposition.

> Nous sommes partis **sans elle.**   Nous parlons **de vous.**

2. After a comparison.

> Elle est plus intelligente **que lui.**
> Il est plus fort **que moi.**

3. As part of a compound subject.

> **Vous et moi** nous l'avons fait.
> **Henri et toi** vous êtes en retard.

4.   When used alone.

Qui est à la porte? **Moi.**
Qui vient? **Lui.**

5.   In combination with *même.*

moi-même	nous-mêmes
toi-même	vous-même(s)
lui-même	eux-mêmes
elle-même	elles-mêmes

6.   After *c'est* and *ce sont.* (*C'est* is used with all the stressed pronouns
     except *eux* and *elles,* which require *ce sont.*)

C'est moi. C'est **moi** qui l'**ai** fait.
C'est nous. C'est **nous** qui l'**avons** fait.
Ce sont eux. Ce sont **eux** qui l'**ont** fait.

Notice that the verb in the *qui* clause must agree with the stressed pronoun.

Usually a prepositional phrase introduced by *à* is the indirect object of the verb and is replaced by an indirect object pronoun.

> J'obéis **à mes parents**. Je **leur** obéis.

Certain verbs, such as *penser, songer,* and *courir* cannot have an indirect object and must use the stressed pronoun.

> Je pense à Marie. Je **pense à elle**.
> Je songe à mes parents. Je **songe à eux**.
> Je cours à mon père. Je **cours à lui**.

When the object of the prepositional phrase is a thing rather than a person, the pronoun *y* is used.

> Je pense à mes examens. J'y pense.
> Je cours à la gare. J'y cours.

EXERCICES   Répondez d'après le modèle.

Modèle: Avez-vous acheté ce livre pour Marie?
           Oui, je l'ai acheté pour elle.

1 Etes-vous allé au cinéma sans Robert?   2 Pierre est-il plus grand que Denise?   3 Est-ce que Marie est à côté de Paul?   4 Parlez-vous de Richard?   5 Pensez-vous à vos copains?   6 Allons-nous chez les Martin?   7 Sortez-vous sans moi?   8 Est-ce que le garçon a pris sa revanche sur ses camarades?   9 Est-ce que ma sœur est plus forte que toi?   10 Est-ce que cette jeune fille a été méchante envers son petit frère?

Modèle: Qui chante? Henri?
          Oui, c'est lui qui chante.

11 Qui parle? Anne et François?   12 Qui répond? Jacqueline?   13 Qui écrit? Vous?   14 Qui pleure? Les enfants?   15 Qui l'a fait? Toi?   16 Qui l'a vu? Jacques?   17 Qui met la table? Nous?

Modèle: Qui le fera? Lui et moi?
          Oui, vous et lui vous le ferez.

18   Qui le fera? Vous et moi?   19 Qui conduira? Robert et elle? 20 Qui sortira? Hélène et moi?   21 Qui descendra? Paul et toi?   22 Qui attendra? Henri et elle? 3^{ed} plur'

THE CONDITIONAL TENSE OF FIRST- AND SECOND-GROUP VERBS

Formation

The conditional tense is formed from the future stem of all verbs. The future endings are replaced by the conditional endings which are the same as the imperfect tense endings.

Observe the oral and written forms of *dire* which represents the pattern for all verbs, except regular *–er* verbs.

dire	verb base = dir–
je dirais	nous dirions
tu dirais	vous diriez
on dirait	
il dirait	ils diraient
elle dirait	elles diraient

As in the future tense, regular *–er* verbs use the stem of the infinitive as the base for the conditional tense. The oral endings are /rɛ/, /ə rjɔ̃/, and /ə rje/. If the stem of the infinitive ends in two pronounced consonants, the endings are /ə rɛ/, /ə rjɔ̃/, and /ə rje/.

EXERCICES   I   Répondez aux questions suivantes en employant la réponse donnée.

1 De qui parleriez-vous? (de mes cousins)   2 Qu'est-ce que vous renforceriez? (ce mur)   3 Où passeriez-vous le week-end? (à New York) 4 Pourquoi changeriez-vous de classe? (à cause du professeur)   5 Quel

cours suivriez-vous? (un cours de biologie)   6 A quelle heure partirions-nous? (à quatre heures et quart)   7 Qui craindrions-nous? (les professeurs difficiles)   8 Qu'est-ce que les jeunes liraient? (les romans romantiques) 9 Qu'est-ce que les enfants boiraient? (de l'eau)   10 Quel train est-ce que Marie prendrait? (le train de trois heures dix)

II Demandez à...

1 Demandez à quelqu'un s'il mentirait.   2 Demandez à quelqu'un à qui il écrirait.   3 Demandez à quelqu'un de quoi il rirait.   4 Demandez à quelqu'un ce qu'il dirait.   5 Demandez à un ami avec qui il sortirait. 6 Demandez à un ami s'il resterait chez lui.   7 Demandez à une amie où elle habiterait.   8 Demandez à une amie si elle dînerait en ville.

USAGE OF THE CONDITIONAL TENSE

The conditional tense is used:

1. In the main clause of a sentence containing a dependent clause introduced by *si* + the imperfect tense used to express a condition that is doubtful or contrary to fact.

> *imperfect*   *cond.*
>
> S'il se dépêchait, il **arriverait** à l'heure.   *or*
> Il **arriverait** à l'heure, s'il se dépêchait.
>
> Si j'étais vous, je **refuserais**.   *or*
> Je **refuserais**, si j'étais vous.

2. In such sentences, even when the *si* clause is omitted.

A votre place, je **refuserais**.
Dans ce cas-là, je **refuserais**.

3. To express possible or probable situations.

Je le **refuserais**.
Il **reviendrait** de bonne heure.

4. To express future action in indirect discourse when the main verb is in a past tense.

Il a dit qu'il **viendrait** ce soir.
Il m'a demandé si j'**étudierais** ce soir.

5. After *quand, lorsque, dès que, aussitôt que,* and *tant que* when the main verb is in the conditional tense.

Il **finirait** dès qu'il **reviendrait**.

6. To soften a request, a command, or the expression of desire.

Pourriez-vous m'expliquer ce qui se passe?
Voudriez-vous voir ce film?
Je **voudrais** voir le directeur.
J'**aimerais** voyager en Europe.

I   Répondez aux questions suivantes en employant la réponse donnée.

1 Voyagerez-vous en Europe cet été? (Non, mais si j'étais riche...)
2 Arriverez-vous à l'heure? (Non, mais si je me dépêchais...)   3 Vous
reposerez-vous ce soir? (Non, mais si j'étais fatigué...)   4 Reviendrez-vous
bientôt? (Non, mais si je pouvais...)   5 Achèterez-vous quelque chose de
beau? (Non, mais si j'avais de l'argent...)   6 Dînerez-vous au restaurant?
(Non, mais si je voulais...)   7 Paierez-vous l'addition? (Non, mais si je
pouvais...)   8 Comprenez-vous la leçon? (Non, mais si j'étudiais...)
9 Viendrez-vous nous voir? (Non, mais si j'avais le temps...)   10 Ecrirez-
vous à votre ami? (Non, mais si j'avais l'adresse...)

II   Répondez aux questions suivantes comme vous voulez.

Modèle: Qu'est-ce que je devrais faire — accepter ou refuser?
          A votre place, je refuserais.   ou
          A votre place, j'accepterais.

1 Qu'est-ce que je devrais faire — travailler ou m'amuser?   2 Qu'est-ce
que je devrais faire — rentrer ou rester ici?   3 Qu'est-ce que je devrais
faire — revenir ou attendre?   4 Qu'est-ce que je devrais faire — me taire
ou répondre?   5 Qu'est-ce que je devrais faire — téléphoner ou écrire?

III   Répondez aux questions suivantes en employant la réponse donnée.

1 Qu'a-t-elle dit? (qu'elle me téléphonerait)   2 Qu'est-ce que le professeur
a dit? (qu'il nous donnerait congé)   3 Qu'avez-vous dit? (que je vous
retrouverais devant le cinéma)   4 Qu'est-ce qu'il a demandé? (si nous
reviendrions ce week-end)   5 Qu'avez-vous demandé? (si vous pourriez
sortir avec moi)

IV   Suivez le modèle.

Modèle: A quelle heure vient-il? (à huit heures)
          Il a dit qu'il viendrait à huit heures.

1 Avec qui sort-il? (avec Marie)   2 Quand part-il? (lundi prochain)
3 Qu'est-ce qu'elle sert comme dessert? (de la glace)   4 A qui écrit-elle?
(à Jacques)

Modèle: Expliquez-moi ce qui se passe.
          Pourriez-vous m'expliquer ce qui se passe?

5 Attendez-moi.   6 Téléphonez-moi.   7 Prêtez-moi ce livre.   8 Conduisez-
moi à la gare.

Modèle: Allons voir ce film.
          Voudriez-vous aller voir ce film?

9 Allons au concert.   10 Dînons dans un petit restaurant.   11 Assistons à cette conférence.   12 Visitons le Louvre.

V   Demandez...

V   Demandez...

Modèle: un billet aller et retour
          Je voudrais un billet aller et retour.

1 deux places à l'orchestre   2 du café   3 un journal   4 un billet de deuxième classe

INDIRECT INTERROGATIVE PRONOUNS

The interrogative pronouns *qui, qu'est-ce qui, que,* and *quoi* are used to ask direct questions, such as:

Qui vient? *Who is coming?*
Qu'est-ce qui fait ce bruit? *What is making that noise?*
Que fait-il? *What is he doing?*
A **quoi** pensez-vous? *What are you thinking about?*

Indirect interrogatives are used as follows: *Qui* referring to persons remains unchanged as subject, direct object, and object of a preposition.

Je ne sais pas **qui** vient. *I don't know who is coming.*
Je ne sais pas **qui** il a vu. *I don't know whom he saw.*
Je ne sais pas à **qui** il pense. *I don't know whom he is thinking about.*

Qu'est-ce qui is replaced by *ce qui.*

Savez-vous **ce qui** fait ce bruit? *Do you know what is making that noise?*

Restaurant à Québec

Que is replaced by *ce que.*

> Je veux savoir **ce que** Pierre fait.
> Je me demande **ce qu'**il fait.

Quoi used as object of a preposition and referring to things is unchanged.

> Sais-tu à **quoi** elle pense?

Ce dont may be used in place of *de quoi.*

> Je ne sais pas **de quoi** elle a besoin.
> Je ne sais pas **ce dont** elle a besoin.

EXERCICES **I** Demandez à quelqu'un en employant les pronoms interrogatifs.

1 Demandez qui est malade. 2 Demandez ce qu'elle étudie. 3 Demandez qui il a rencontré. 4 Demandez ce qui tombe. 5 Demandez de quoi elle a besoin. 6 Demandez avec qui il est sorti. 7 Demandez avec quoi il a fait le travail. 8 Demandez ce qu'il cherche. 9 Demandez qui il attend. 10 Demandez ce qu'elle veut. 11 Demandez ce qui se passe. 12 Demandez à qui il écrit. 13 Demandez ce qu'il dit. 14 Demandez sur quoi elle écrit. 15 Demandez qui il admire.

II Répondez aux questions suivantes en employant *je ne sais pas.*

1 Qui a téléphoné? 2 Qui est-ce que Pierre a invité? 3 A qui est-ce que Marie écrit? 4 Qui est-ce que Georges a vu au bal? 5 A qui est-ce que Jeannette pense? 6 Qu'est-ce qui arrive? 7 Qu'est-ce qui se passe? 8 Qu'est-ce qui est sur la table? 9 Qu'est-ce qui ferme la porte? 10 Qu'est-ce qui sent si bon? 11 Qu'est-ce que Pierre étudie? 12 Qu'est-ce que les enfants veulent? 13 Qu'est-ce que Jacques achète? 14 Qu'a-t-elle donné à son ami? 15 Qu'a-t-il voulu? 16 De quoi Hélène a-t-elle envie? 17 Avec quoi est-ce que Jacques a réparé le moteur? 18 A quoi le professeur réfléchit-il? 19 A quoi a-t-elle pensé? 20 Sur quoi est-ce que Pierre a mis ses livres?

III Répondez aux questions suivantes en employant *je me demande.*

Modèle: Que dit-il?
Je me demande ce qu'il dit.

1 Qu'est-ce qui s'est passé? 2 Qui est fâché? 3 Qui a-t-il rencontré au restaurant? 4 Qu'est-ce qui intéresse cette dame? 5 Que cherche-t-il? 6 Qu'est-ce que le directeur veut? 7 De quoi ont-ils besoin? 8 Sur qui compte-t-elle? 9 A quoi pense-t-il? 10 Qu'est-ce qu'il faisait?

COMPOSITION 1 Quelles sont les ressemblances et les différences entre le nationalisme québécois et africain?

2 Le problème québécois est-il purement une question politique et économique? Justifiez votre réponse.

3 La solution du problème québécois est-elle le séparatisme? Justifiez votre réponse.

BILLETS GRANDES LIGNES
ACCES AUX QUAIS
TABACS
LA GUERRE D'ALGERIE
LA GUERRE D'ALGERIE
LA GUERRE D'ALGERIE
LA GUERRE D'ALGERIE
Chaque semaine
3 F

Conversation

QUATORZIÈME LEÇON

La S.N.C.F.

Vocabulaire actif

chemin de fer — m.   voie où circulent des trains; l'administration des trains
    Le chemin de fer français est très moderne.

vitesse — f.   distance parcourue dans l'unité de temps choisie; rapidité à agir
    L'auto roulait à une vitesse de 130 kilomètres à l'heure au moment
    de l'accident.

moyen, moyenne   se dit de ce qui tient le milieu entre deux extrémités
    Cet homme est de taille moyenne; il n'est ni grand ni petit.

Gare Montparnasse

se rendre à   aller dans un lieu

> Il se rend à son travail.

II

en avance   temps restant à s'écouler avant l'heure exacte à laquelle on devait être arrivé

> Le train est en avance sur l'horaire.

quai — m.   construction dans les gares qui s'étend le long des voies pour permettre l'embarquement ou le débarquement des voyageurs

> Je vais le chercher à l'entrée du quai.

kiosque — m.   petit abri dans les rues, dans les gares, sur les endroits publics pour la vente de journaux, de revues, de livres

> Achète-moi un journal au kiosque.

EXERCICES DE VOCABULAIRE

I

Répondez aux questions suivantes en employant la réponse donnée.

1. Où travaille Denise? (pour la compagnie des chemins de fer)
2. Est-il employé des postes? (non... employé des chemins de fer)
3. Quelle est la vitesse moyenne de ce train? (120 kilomètres à l'heure)
4. Quelle est la vitesse maximale de cette automobile? (200 kilomètres à l'heure)
5. Quelle était la note moyenne de la classe? (5 sur 10)
6. Est-ce que les cadres font partie de la classe moyenne? (oui)
7. Quel moyen de transport prenez-vous pour vous rendre à l'hôtel? (le métro)
8. Où est-ce que les touristes se rendent? (à l'aéroport)

II

9. Est-ce que nous sommes en avance ou en retard? (en avance, heureusement)
10. Pourquoi sommes-nous en avance? (parce que le chauffeur de taxi a conduit très vite)
11. Où vous attend-elle? (sur le quai)
12. Où se trouve le kiosque? (au bout du quai)
13. Où peut-on acheter des journaux? (là-bas au kiosque)
14. Avec qui parle-t-il? (avec le marchand du kiosque)

S.N.C.F. société nationale
des chemins de fer

La S. N. C. F.

moyens de transports (m.)
véhicules servant au transport
desservir assurer un
service de transport
réseau ferré (m.) ensemble
des voies où circulent des
trains

De tous les moyens de transports publics, la S. N. C. F. est le seul à desservir la totalité du territoire français. La S. N. C. F. a le réseau ferré le plus long d'Europe et emploie les techniques les plus modernes. La vitesse moyenne des trains est près de 140 kilomètres à l'heure sur certaines lignes. Les départs et les arrivées sont fréquents, surtout entre Paris et les villes principales de province. Le service est excellent et les trains ponctuels.

éveillés sans dormir
couchettes (f.) lits dans un
train

Dans la plupart des trains, les voitures de 1e et 2e classe sont divisées en compartiments de six ou huit places respectivement. Il y a aussi des voitures à l'américaine. Les voyageurs qui n'aiment pas rester éveillés toute la nuit peuvent prendre des couchettes dans les wagons-lits. Pour ceux qui ne veulent pas emporter avec eux un repas froid, il y a le wagon-restaurant qui sert une cuisine fort acceptable.

accroissement (m.)
augmentation

A Paris, il y a six gares: la gare du Nord, la gare de l'Est, la gare de Lyon, la gare d'Austerlitz, la gare Montparnasse et la gare Saint-Lazare. Ces gares ont été construites à l'époque où chacune appartenait à une compagnie de chemins de fer privée. L'accroissement du trafic a causé la centralisation de ces lignes et actuellement chaque gare dessert un certain secteur géographique du pays.

Le train reste le moyen de transport favori de beaucoup de Français qui préfèrent prendre les rapides Paris-Lille, Paris-Strasbourg, Paris-Lyon, Paris-Bordeaux, Paris-Nice ou d'autres plutôt que de prendre l'avion ou l'autocar ou de conduire leur automobile.

éviter (avoid)

Comparée au chemin de fer américain, la S. N. C. F. est vraiment excellente. Mais, même dans le meilleur des mondes possibles il peut y avoir des inconvénients. Dans le cas de la S. N. C. F., l'ennui c'est que toutes les grandes lignes vont à Paris. Par conséquent, pour éviter les petites lignes qui prennent plus de temps, le voyageur à Grenoble qui veut se rendre à Strasbourg doit passer par Paris au lieu d'aller directement à sa destination.

La S.N.C.F.

II

La famille Dupont se rend à la Gare de Lyon à Paris pour prendre le train en direction de Grenoble d'où ils prendront un autocar pour gagner Val d'Isère, la célèbre station de sports d'hiver.

M. DUPONT   Nous avons bien fait de retenir nos places. La gare est pleine de gens qui partent aux sports d'hiver.

MME DUPONT   Avez-vous pris un billet aller ou un aller et retour?

M. DUPONT   Un aller et retour. Tiens, nous sommes en avance. Nous avons le temps de manger un sandwich au buffet de la gare. Qui a faim?

JEAN   Moi. Mais je préfère attendre pour dîner dans le wagon-restaurant. On y mange bien.

M. DUPONT   D'accord. Ta mère et moi nous allons te laisser en deuxième classe et gagner nos couchettes. Nous sommes trop vieux pour rester toute la nuit éveillés.

MME DUPONT   Quand nous étions jeunes nous faisions cela.

M. DUPONT   Et les wagons de troisième classe étaient même plus inconfortables que ceux de seconde classe.

JEAN   Heureusement, les chemins de fer se sont démocratisés et il n'y a plus de troisième classe!

M. DUPONT   Ecoutez. On annonce le départ de notre train du quai numéro trois.

MME DUPONT   Avant de monter, il faut chercher les bagages que nous avons laissés à la consigne.

consigne (f.) bureau d'une gare où l'on dépose des bagages

M. DUPONT   Jean, va les prendre, et puis achète-moi des journaux au kiosque.

MME DUPONT   Nous te retrouverons dans cinq minutes à l'entrée du
             quai.

Un peu plus tard la famille se retrouve à l'entrée du quai où l'on
contrôle les tickets. A ce moment, on entend «En voiture!» et la famille
se dépêche de monter dans le train.

QUESTIONS   I

Répondez aux questions suivantes d'après le texte.

1   De tous les moyens de transports publics, lequel est le seul à
    desservir toute la France?
2   Comment est le service de la S.N.C.F.?
3   Les trains français sont-ils à l'heure?
4   Combien de classes y a-t-il actuellement dans un train français?
5   Est-ce que tous les trains français sont divisés en compartiments?
6   Qu'est-ce qu'il y a pour le voyageur qui veut dormir dans un
    train?
7   Comment est la cuisine du wagon-restaurant?
8   Les voyageurs qui ne veulent pas manger au wagon-restaurant,
    qu'emportent-ils avec eux?
9   Combien de gares y a-t-il à Paris?
10 Autrefois à qui appartenaient ces gares?
11 Actuellement que dessert chacune de ces gares?
12 Comparée au chemin de fer américain comment est la S.N.C.F.?

II

1   Qu'est-ce que c'est que Val d'Isère?
2   Quelle sorte de billet M. Dupont a-t-il pris?
3   Dans une gare où peut-on prendre un sandwich?
4   Dans quelle classe est-ce que Jean va voyager?
5   Pourquoi est-ce que M. et Mme Dupont ont retenu des couchettes?
6   Où peut-on laisser les bagages?
7   Où est-ce que Jean veut dîner?
8   Autrefois il y avait combien de classes dans un train français?
9   S'il y avait toujours une troisième classe, Jean voyagerait-il dans
    cette classe-là?
10 Où faut-il montrer les tickets?
11 Qu'est-ce qu'on crie pour avertir les passagers du départ du train?

GRAMMAIRE

Relative pronouns are linking words which connect the main clause of a sentence to the dependent clause. Their form is determined by their function *within the dependent clause.*

1. Subject form: **qui** (*who, which*)
   Qui as a relative pronoun may refer to persons or to things.

   Le garçon qui est là-bas est mon frère.
   Les livres qui sont sur la table sont bleus.

Notice that the verb of the dependent clause agrees with the antecedent of *qui.*

2. Direct object form: **que** (*whom, which*)
   Que as a relative pronoun may refer to persons or to things.

   La jeune fille que vous regardez est ma cousine Georgette.
   Les cadeaux qu'elle a achetés sont très jolis.

Que contracts to *qu'* before a vowel.

3. Prepositional phrase forms for all prepositions except *de:*
   a. **qui**
      Qui is used to refer to persons.

   Le professeur à qui vous parliez est gentil.
   La jeune fille pour qui j'ai acheté des fleurs est malade.

b. **lequel**

Lequel is used to refer to things or to persons.

	MASCULINE		FEMININE	
singular	*plural*		*singular*	*plural*
lequel	lesquels		laquelle	lesquelles

Le restaurant dans lequel nous sommes entrés est excellent.

When preceded by the preposition à, the following forms occur: *auquel, auxquels, à laquelle, auxquelles.*

L'hôtel auquel nous allons est sur les Champs-Elysées.

4. Prepositional phrase forms with *de*:
   While the forms *de qui* referring to persons and *duquel, desquels, de laquelle,* and *desquelles* referring to things do occur, most speakers of

French prefer to use *dont* which is invariable in form and can be used for persons or things.

> La femme de qui il parlait est Mme Dupont.
> La femme dont il parlait est Mme Dupont.
>
> L'examen duquel il parlait était difficile.
> L'examen dont il parlait était difficile.

5. Adverbial form: **où**
    A relative clause referring to a place is often introduced by *où* in order to avoid the preposition + *lequel* form.

> Le restaurant dans lequel nous dînions était très bon.
> Le restaurant où nous dînions était très bon.

Notice that the noun antecedent of the relative pronoun is preceded by a definite article: *le, la, l',* or *les*.

EXERCICES   Répondez d'après le modèle.

Modèle: Qui parle bien français? Le professeur qui est devant la classe?
          Oui, le professeur qui est devant la classe parle bien français.

1 Qui achète un journal? L'homme qui est au kiosque?   2 Qu'est-ce qui est excellent? Le restaurant qui est en face?   3 Qu'est-ce qui est en avance? Le train qui va à Nice?   4 Qui est très intelligent? La jeune fille qui répond?   5 Qui est sympathique? La femme qui habite dans cet appartement?

Modèle: Qu'est-ce qui est intéressant? (le roman que je lis)
          Le roman que je lis est intéressant.

6 Qu'est-ce qui marche bien? (l'auto que nous vendons)   7 Qu'est-ce qui est arrivé ce matin? (la lettre que j'ai envoyée hier)   8 Qui est son frère? (le garçon que vous voyez là-bas)   9 Qu'est-ce qui est excellent? (le vin qu'il a commandé)   10 Qui est la meilleure étudiante de la classe? (la jeune fille que vous connaissez)

Modèle: Le professeur à qui vous parliez, est-il sévère?
Oui, le professeur à qui je parlais est sévère.

L'examen auquel vous pensez, va-t-il être difficile?
Oui, l'examen auquel je pense va être difficile.

11 L'amie à qui vous téléphonez, est-elle chez elle? 12 L'homme à qui vous avez expliqué le problème, est-il votre patron? 13 La lettre à laquelle vous avez répondu, est-elle de vos parents? 14 L'adresse à laquelle il a écrit, est-elle correcte? 15 Le restaurant auquel vous êtes allé, est-il bon? 16 La conférence à laquelle elle a assisté, était-elle intéressante? 17 L'homme pour qui vous travaillez, vous paie-t-il bien? 18 Le garçon avec qui vous sortez, est-il ambitieux?

Modèle: Est-ce que l'appartement dans lequel vous habitez est confortable?
Oui, l'appartement où nous habitons est confortable.

19 Est-ce que la ville à laquelle elle va est grande? 20 Est-ce que l'église à laquelle vous allez le dimanche est vieille? 21 Est-ce que le bureau dans lequel il travaille est au centre de la ville? 22 Est-ce que les restaurants dans lesquels vous dînez sont bons? 23 Est-ce que l'école à laquelle vous allez est dure?

Modèle: Où est le garçon dont vous connaissez les parents?
Voilà le garçon dont je connais les parents.

24 Où est le dictionnaire dont vous avez besoin? 25 Où sont les enfants dont Pierre s'occupe? 26 Où est le médecin dont vous connaissez les enfants? 27 Où sont les petits dont vous vous chargez? 28 Où sont les jeunes filles dont vous connaissez bien le frère?

Modèle: Est-ce que la leçon de laquelle vous parlez est impossible?
Oui, la leçon dont je parle est impossible.

29 Est-ce que la robe de laquelle vous avez envie est trop chère? 30 Est-ce que le livre duquel elle a besoin est à la bibliothèque? 31 Est-ce que les romans desquels vous m'avez parlé sont intéressants? 32 Est-ce que le travail duquel vous vous occupez est difficile?

THIRD-GROUP VERBS

The third group of French verbs contains all verbs that are irregular, such as *avoir, être, faire, aller, savoir,* and *s'asseoir.* These verbs are irregular not only in the present tense but have special bases in other tenses as well.

AVOIR

Formation

The present tense of *avoir* has five oral forms and six written forms.

j'ai	nous avons
tu as	vous avez
on a	
il a	ils ont
elle a	elles ont

The imperfect tense of *avoir* is formed regularly by using the stem of the 1st person plural of the present tense av– to which the regular imperfect endings (–ais, –ait, –aient, –ions, –iez) are added.

J'avais faim.

The conditional tense of *avoir* is built upon a special stem *aur*– to which the imperfect endings are added.

Dans ce cas, vous auriez raison.

The future tense uses the same stem *aur*– plus the regular future tense endings (–ai, –as, –a, –ont, –ons, –ez).

Bientôt tu auras assez d'argent.

The formation of the present subjunctive of *avoir* is irregular. Observe the oral and written patterns.

j'aie	nous ayons
tu aies	vous ayez
on ait	
il ait	ils aient
elle ait	elles aient

The imperative forms of *avoir* are identical to the present subjunctive forms.

Aie.   Ayons.   Ayez.

Le «Gril-Express»

Notice that the *tu* form is written without the –s.

The present participle of *avoir* is built upon the stem *ay–*.

ayant

The past participle of *avoir* is *eu* /y/. All compound tenses are formed by using *avoir* in the appropriate tense as the auxiliary verb and the past participle *eu*.

Usage

The verb *avoir* is a high-frequency verb used as the main verb of a sentence to show possession and in many idiomatic expressions. It is also used as the auxiliary verb in the compound tenses of the majority of French verbs.

1. Possession

Pierre a tous les livres.

2. Idiomatic expressions, such as

avoir faim — *to be hungry*
   J'ai très faim.
avoir soif — *to be thirsty*
   Les enfants ont soif.
avoir froid — *to be cold*
   Nous avions froid dehors.
avoir chaud — *to be hot*
   Elle avait trop chaud devant la cheminée.
avoir sommeil — *to be sleepy*
   Cet enfant a sommeil; il doit se coucher.
avoir peur de — *to be afraid*
   J'ai peur de ce chien.

avoir honte de — *to be ashamed*
   Il a honte de ses parents.
avoir raison — *to be right; correct*
   Je crois que vous avez raison.
avoir tort — *to be wrong; incorrect*
   Cet étudiant a tort.
avoir mal à — *to have an ache in*
   Elle a mal à la tête.
avoir lieu — *to take place*
   L'accident a eu lieu au coin.
avoir beau — *to do something in vain*
   J'avais beau étudier; je n'ai pas réussi à l'examen.
avoir l'air ... — *to look... (the completing adjective must agree with the subject in number and gender)*
   Elle a l'air fatiguée.
avoir confiance en — *to have confidence in*
   Nous avons confiance en vous.
avoir de la chance — *to be lucky*
   Cette fille a de la chance.
avoir de la patience — *to be patient*
   Elle a de la patience.
avoir ... de retard — *to be late by... (measure of time)*
   Le train a vingt minutes de retard.
avoir ... d'avance — *to be early by... (measure of time)*
   Nous avons cinq minutes d'avance.
avoir envie de — *to want to*
   J'ai envie d'aller au cinéma ce soir.
avoir besoin de — *to need to*
   Il a besoin d'étudier son français.
avoir le droit de — *to have the right to*
   Les étudiants ont le droit de rester ici.
avoir l'habitude de — *to be in the habit of*
   Ma famille a l'habitude de passer l'été en Bretagne.
avoir coutume de — *to be in the habit of*
   Les Dupont ont coutume de venir nous voir à Noël.
avoir l'occasion de — *to have the chance to*
   Il a l'occasion d'étudier à Paris.
avoir l'intention de — *to intend to*
   J'ai l'intention de me réveiller de bonne heure demain.
avoir le temps de — *to have time to*
   Il n'a pas le temps de répondre.
avoir quelque chose — *to have something wrong*
   Vous avez quelque chose, Marie?
   — Oui, j'ai mal à la tête.

Qu'est-ce que Paul a?

— Il n'a rien.

avoir ... ans — *to be ... years old*

Quel âge avez-vous?

— J'ai quinze ans.

avoir ... de longueur (hauteur) (épaisseur) — *to be ... long (tall) (thick)*

Cette table a six mètres de longueur.

La maison a quarante mètres de hauteur.

Les murs ont vingt centimètres d'épaisseur.

avoir à — *to have to*

J'ai à régler quelques détails.

Qu'est-ce qu'il y a? — *What's the matter?*

Qu'avez-vous? — *What's the matter with you?*

*Wagon–restaurant
traditionnel*

EXERCICES **I** Répondez d'après le modèle.

> Modèle: A-t-elle beaucoup d'amis? (autrefois)
> Pas maintenant, mais autrefois elle avait beaucoup d'amis.

1 Les enfants ont-ils faim? (ce matin) 2 Avez-vous confiance en Jacques? (autrefois) 3 A-t-elle chaud? (tout à l'heure) 4 Pauline a-t-elle mal aux yeux? (hier soir) 5 As-tu l'habitude de parler français? (autrefois)

> Modèle: En qui aurez-vous confiance? (en vous)
> J'aurai confiance en vous.

6 Qui aura les billets? (Paul) 7 Demain c'est l'anniversaire de Marie. Quel âge aura-t-elle? (seize ans) 8 De quoi aurez-vous besoin pour votre voyage? (d'une nouvelle valise) 9 De quoi aura-t-elle envie? (d'être seule) 10 Qui aura sommeil avant minuit? (les enfants)

> Modèle: Aurez-vous soif? (...si je buvais assez d'eau)
> Oui, mais je n'aurais pas soif, si je buvais assez d'eau.

11 Aurez-vous faim? (...si je déjeunais à midi) 12 Aura-t-elle froid? (...si elle portait des vêtements chauds) 13 Aurez-vous sommeil? (...si nous dormions bien) 14 Auras-tu peur? (...si je disais la vérité) 15 Aura-t-il honte? (...s'il se conduisait sagement)

> Modèle: Avez-vous confiance en lui? (Il faut que...)
> Oui, il faut que j'aie confiance en lui.

16 Jean a-t-il l'occasion de parler français? (Je ne crois pas que...)   17 Les professeurs ont-ils l'intention de donner congé à la classe? (Il est douteux que...)   18 Aurez-vous le temps de m'attendre après l'école? (Je ne pense pas que...)   19 Votre père a-t-il besoin de son parapluie? (Je ne crois pas que...)   20 Avons-nous dix minutes de retard? (Il est possible que...)

II   Dites à ...

1 Dites à quelqu'un d'avoir confiance.   2 Dites à quelqu'un d'avoir de la patience.   3 Dites à quelqu'un d'avoir assez d'argent.   4 Dites à une amie d'avoir confiance en vous.   5 Dites à un ami de ne pas avoir honte. 6 Dites à un ami de ne pas avoir peur.

QUESTIONS À DISCUTER

1   Préparez une conversation intitulée «Dans le train». Employez les expressions suivantes:

vitesse	buffet de la gare
chemin de fer	consigne
quai	couchettes
kiosque	wagon-restaurant

2   Racontez l'histoire de votre premier voyage en train.

Culture

Les visiteurs sans bagages

Vocabulaire actif

trottoir — m. *(sidewalk)* espace légèrement surélevé de chaque côté d'une rue et réservé aux piétons

    Restez sur le trottoir; ne marchez pas dans la rue.

entendre parler de *(heard tell of)* entendre parler de quelqu'un ou de quelque chose — en savoir quelque chose par ce qui se dit à son sujet

    J'ai entendu parler de ce musée.

environ *(about)* adverbe qui indique une approximation

    Deux cents personnes environ assistaient à la conférence.

débarquer *(disembark)* descendre à terre d'un navire ou de tout autre moyen de transport

    Nous avons débarqué au Havre.

morceau — m. *(piece)* partie d'une substance, d'un aliment

    J'ai très faim; donnez-moi un morceau de pain.

Boulevard Saint-Michel

carnet ^{notebook} petit cahier sur lequel on inscrit des notes

Tiens, j'ai écrit son nom sur mon carnet d'adresses.

traîner ^{drag + pull} errer à l'aventure

Tout l'après-midi nous avons traîné dans les boutiques.

EXERCICES DE
VOCABULAIRE

A Répondez aux questions suivantes en employant la réponse donnée.

1 Où avez-vous vu un kiosque? (là-bas sur le trottoir)

2 Pourquoi marchez-vous dans la rue? (parce qu'il n'y a pas de place sur le trottoir)

3 Où est-ce qu'on fait la queue? (sur le trottoir devant le cinéma)

4 Avez-vous entendu parler du Louvre? (bien sûr)

5 De quoi avez-vous entendu parler? (de ce restaurant)

6 Qui a entendu parler de ce quartier? (les jeunes)

7 Il y a combien de kilomètres par la route de Paris à Rouen? (environ cent cinquante)

8 Combien de personnes y a-t-il dans ce train? (environ trois cents)

9 Combien de touristes visitent la France chaque année? (environ quatre millions)

10 Où est-ce que vous avez débarqué? (à Bordeaux)

11 Quand est-ce que les passagers vont débarquer? (tout à l'heure)

12 Qui vous attendait quand vous avez débarqué? (mes parents)

13 Qu'est-ce que vous achetez dans la boucherie? (un bon morceau de viande)

14 Voulez-vous un morceau de tarte aux pommes? (oui, merci)

15 Qu'est-ce que vous avez acheté? (un morceau de tissu)

16 Qu'est-ce que vous écrivez sur votre carnet? (son numéro de téléphone)

17 Où avez-vous écrit l'adresse? (ici sur mon carnet)

18 Qu'est-ce que le professeur a écrit sur son carnet de notes? (un zéro)

B Répondez d'après le modèle.

Modèle: Est-ce que vous avez passé l'après-midi dans les grands magasins?
Oui, tout l'après-midi nous avons traîné dans les grands magasins.

1 Est-ce que vous avez passé l'après-midi dans les musées?

2 Est-ce que vous avez passé l'après-midi dans les petites rues?

3 Est-ce que vous avez passé l'après-midi dans les cafés?

Les visiteurs sans bagages

Nancy a vingt-trois ans. A New York où elle vit elle est secrétaire d'un médecin. A Paris depuis quarante-huit heures, Nancy est arrivée par un des douze charters qui atterrissent chaque jour à Orly depuis le début de juin. Je l'ai rencontrée au coin de la rue Saint-André-des-Arts et de la rue de l'Ancienne-Comédie, là où les hippies, assis sur les trottoirs, jouent de la guitare et échangent les bonnes adresses. Malgré son Levi's, ses mocassins et sa veste en daim, sa valise de toile, Nancy n'est pas une hippie. Elle est venue là, en descendant du Boeing, directement ou presque, parce que le seul quartier de Paris dont elle avait entendu parler, c'était Saint-Germain.

«Je ne sais pas où je coucherai ce soir» dit-elle.

Ce n'est pas un défi; c'est une simple constatation, sans agressivité, sans malice, sans amertume.

«J'ai déjà visité plusieurs foyers. Dans l'un, 24, rue Bonaparte, la nuit est à 10 F. Je veux passer quinze jours à Paris: c'est trop cher. Je ne connais personne; je n'ai que l'adresse d'un médecin français que m'a donnée mon employeur américain. Heureusement.»

Nancy n'est pas la seule dans ce cas. Chaque année, 20.000 étudiants étrangers environ arrivent à Paris; la plupart viennent des Etats-Unis, du Canada et des pays scandinaves. Trois fois sur quatre, ils débarquent les mains dans les poches ou presque. Une vague adresse d'une vague connaissance sur un morceau de papier. C'est souvent ainsi que commence à Paris leur quête d'un abri et d'une occupation pour l'été.

Ce qu'ils cherchent à Paris? Ils ne le savent souvent pas eux-mêmes. Certains — comme cet étudiant en histoire — viennent ici comme ils feuilletteraient un album de photographies. Ils passent trois jours au Louvre, à Versailles, prennent des notes, noircissent des carnets et, après deux ou trois soirées rue de la Huchette, reprennent la route vers le Prado, le musée des Offices ou la National Gallery.

daim (m.) (suede)
toile (f.) (canvas)

défi (m.) proclamation par laquelle on provoque quelqu'un
constatation (f.) remarque, observation
amertume (f.) tristesse, déception
foyer (m.) hôtel pour les jeunes

quête (f.) action de chercher quelque chose
abri (m.) lieu où l'on peut se mettre à couvert de la pluie, etc.

noircissent écrivent sur
Prado musée à Madrid
musée des Offices musée à Florence
National Gallery musée à Londres

D'autres, de très loin les plus nombreux, viennent à Paris pour le simple plaisir d'être à Paris. Ils viennent regarder de plus près une France de cartes postales: cette jeune Canadienne, ne sachant où dormir, n'avait qu'une idée en tête:

«Où est le Moulin Rouge?»...

Les jeunes que j'ai rencontrés au «Danton», boulevard Saint-Germain, étaient tous des Américains. Ils ont fait connaissance à Paris. L'un d'eux m'a dit:

«Les Parisiens ont leurs occupations; il est difficile de les rencontrer. Alors, on se retrouve entre compatriotes.»

Travailler, pour eux, est impossible: certes il n'est pas difficile de faire des craies sur le boulevard Saint-Michel en attendant que les pièces tombent. Mais pour ceux qui cherchent un vrai travail, avec un vrai salaire, il y a le problème du contrat de travail:

«Pour travailler en France, il faut un permis de travail; pour avoir un permis, il faut un engagement signé de l'employeur; on n'en sort pas», m'a expliqué un de ces Américains, qui avait épuisé son pécule. Ce à quoi un autre, plus expérimenté, lui a répliqué qu'il fallait «être fou pour essayer de travailler en France pendant les vacances»...

Alors, les jeunes étrangers, regroupés entre eux, traînent dans Paris; souvent ils en ont une image neuve...

Michèle Kespi

Le Nouvel Observateur

Moulin Rouge le fameux music-hall dont les dessins de Toulouse-Lautrec (1864–1901) ont immortalisé le cancan

compatriotes se dit d'une personne qui est du même pays qu'une autre
faire des craies faire des dessins avec de la craie sur les trottoirs
pièces (f.) pièces de monnaie

épuisé dépensé
pécule (m.) somme d'argent
Ce à quoi (to which)

QUESTIONS   Répondez aux questions suivantes d'après le texte.

1   Où habite Nancy?
2   Comment gagne-t-elle sa vie?
3   Depuis combien de temps est-elle à Paris?
4   Comment a-t-elle fait le voyage?
5   Qu'est-ce que les hippies faisaient, assis sur les trottoirs?
6   Comment est-ce que Nancy est habillée?
7   Quel est le seul quartier de Paris que Nancy connaissait?
8   Pourquoi est-ce que Nancy ne sait pas où elle couchera?
9   Qui connaît-elle à Paris?
10   Combien d'étudiants étrangers environ arrivent à Paris chaque année?
11   D'où viennent-ils?
12   Qu'est-ce que ces étudiants cherchent à Paris?

13 L'étudiant en histoire que fait-il?
14 Est-ce que la plupart de ces visiteurs ont des raisons précises pour visiter la France?
15 Avec qui est-ce que les étudiants étrangers font connaissance à Paris?
16 Pourquoi les étudiants étrangers ne peuvent-ils pas travailler?
17 Comment passent-ils le temps à Paris?

Paris: les Beaux-Arts

GRAMMAIRE

Formation

Like *avoir*, the present tense of *être* has five oral forms and six written forms.

je suis	nous sommes
tu es	vous êtes
on est	
il est	ils sont
elle est	elles sont

The imperfect tense of *être* is formed by adding the regular imperfect endings to the stem ét– (–ais, –ait, –aient, –ions, –iez).

Pendant votre absence j'étais très inquiet.

The present participle of *être* is built upon the same stem as the imperfect.

étant

The past participle of *être* is *été*. The compound tenses are formed by using *avoir* in the correct tense as the auxiliary verb and the past participle *été*.

The conditional tense of *être* has a special stem *ser–* to which the regular imperfect endings are added.

Dans ce cas, il serait très content de vous voir.

The future tense of *être* is formed by adding the regular future endings to the stem *ser–* (*–ai, –as, –a, –ons, –ez, –ont*).

On sera heureux de vous recevoir.

The formation of the present subjunctive of *être* is irregular.

je sois	nous soyons
tu sois	vous soyez
on soit	
il soit	ils soient
elle soit	elles soient

The imperative forms of *être* are *sois, soyons, soyez.*

Quartier des étudiants

Usage

The verb *être* is used as the main verb of a sentence in linking the subject to an attribute, in expressing the passive voice, and in idiomatic expressions. It is used as an auxiliary verb in the compound tenses of certain French verbs.

1. *Etre* as a linking verb: The verb *être* is used as the main verb of a sentence to link the attribute which may be a noun, an adjective, a pronoun, or a prepositional phrase.

Subject linked to a noun:

Marie est étudiante.

Subject linked to an adjective which must agree in number and gender with the subject:

Les tableaux sont beaux.

Subject linked to a pronoun:

C'est moi.
Ce sont eux.

Subject linked to a prepositional phrase:

Elle est avec nous.

2. *Etre* is used along with the past participle to express the passive voice. The past participle must agree with the subject. All tenses of *être* can be used in the passive construction, but the present tense and the conversational past tense are the most common.

PRESENT

Active: Les étudiants **aiment** ce professeur.
Passive: Ce professeur **est aimé** des étudiants.

CONVERSATIONAL PAST

Active: On **a détruit** cette maison pendant l'invasion.
Passive: Cette maison **a été détruite** pendant l'invasion.

IMPERFECT

Active: La police **interrogeait** le criminel.
Passive: Le criminel **était interrogé** par la police.

FUTURE

Active: On **fera** le travail cet après-midi.
Passive: Le travail **sera fait** cet après-midi.

CONDITIONAL

Active: Dans ce cas, on **comprendrait** votre discours.
Passive: Dans ce cas, votre discours **serait compris.**

Normally, only transitive verbs (verbs which can have a direct object) can occur in the passive voice. The subject of the active sentence becomes the agent in the passive sentence. The agent is introduced most often by *par*.

La lettre a été lue par toute la famille.

In the case of verbs which describe a condition rather than an action, the preposition *de* is used to introduce the agent.

Ce professeur est respecté de sa classe.

If *on* is the subject of the active sentence, no agent will be expressed in the passive sentence.

On a lu cette lettre.
Cette lettre a été lue.

3. The verb *être* occurs in idiomatic expressions such as:

être en train de — *to be in the act of*
Je suis en train d'étudier.

être à — *to belong to*
Ces gants sont à moi.

être de — *to be from*
Marie est de Paris.

être égal à — *to make no difference to*
Cela m'est égal.

être de retour — *to be back*
Je serai de retour demain.

4. *Etre* is used as the auxiliary verb in the compound tenses of all reflexive verbs and the following intransitive verbs:

aller	monter	retourner
arriver	mourir	sortir
descendre	naître	tomber
devenir	partir	venir (revenir, parvenir, etc.)
entrer (rentrer)	rester	

When *être* is used as the auxiliary verb in the formation of the compound tenses, the past participle must agree with the subject of the sentence.

I   Répondez aux questions suivantes en employant la réponse donnée.

1 Qui était roi de France pendant la Révolution? (Louis XVI)   2 Que faisiez-vous quand j'ai téléphoné? (être en train d'écrire une lettre) 3 D'où étaient vos parents? (d'Allemagne)   4 A qui étaient ces gants? (à Robert)   5 Quelle était la date de son mariage? (le 21 mai)   6 Pourquoi ne m'avez-vous pas téléphoné? (être trop pressé)   7 Qu'aviez-vous hier soir? (être malade)   8 Quelle était la nationalité de votre mère? (russe) 9 Qui était à la porte? (le facteur)   10 Qu'est-ce que les étudiants étaient en train de faire? (leurs devoirs)   11 Quand serez-vous de retour? (aujourd'hui en huit)   12 Quel jour serons-nous à Marseille? (mercredi prochain)   13 A quel moment serez-vous en vacances? (à Noël)   14 A quelle heure est-ce que le directeur sera libre? (à onze heures)   15 Qui sera président? (Paul)

II   Répondez d'après le modèle.

> Modèle: Est-ce que je suis en retard? (Je ne crois pas que...)
> Je ne crois pas que vous soyez en retard.

1 Est-il français? (Je ne pense pas que...)   2 Tante Hélène est-elle malade? (Il est possible que...)   3 Sommes-nous en avance? (Il se peut que...) 4 Est-ce que les invités sont à l'heure? (Je ne crois pas que...)

III   Dites à...

1 Dites à quelqu'un d'être gentil.   2 Dites à quelqu'un d'être au rendez-vous de bonne heure.   3 Dites à quelqu'un de ne pas être en retard pour la conférence.   4 Dites à quelqu'un de ne pas être en avance. 5 Dites à une amie d'être sage.   6 Dites à un ami d'être au restaurant à huit heures. 7 Dites à une amie d'être de retour avant minuit. 8 Dites à un ami d'être généreux.

IV   Répondez d'après le modèle.

> Modèle: Les étudiants aiment-ils ce professeur?
> Oui, il est aimé des étudiants.

1 Est-ce que tout le monde admire cet homme?   2 Est-ce que tous les employés respectent le directeur?   3 Est-ce que la classe déteste le professeur?   4 Est-ce que les soldats admirent le général? ·

> Modèle: Est-ce que les membres ont élu le président?
> Oui, il a été élu par les membres.

5 Est-ce que Pierre a écrit ce poème?   6 Est-ce qu'Anne a trouvé ce chèque?   7 Est-ce que le patron a envoyé cette dépêche?   8 Est-ce que votre mère a reçu ce paquet?

Mettez les verbes suivants au passé composé en employ
      avoir ou *être* comme il faut.

1 Ils rentrent de bonne heure.   2 Elle habite à Lyon.   3
aller au bal, n'est-ce pas?   4 Tu viens à dix heures.   5 Nos
ce matin.   6 Elle décide de partir.   7 Jacques sort avec H
disent la vérité, n'est-ce pas?   9 Nous descendons à la gare.   10 Je
retourne chez moi.

WORD ORDER OF OBJECT PRONOUNS

When two pronouns are used as the objects of a French verb, they both
precede the verb, except in the affirmative command, and occur in the
following combinations.

1. Basic sentence: Il **me** donne **le livre**.

| Il | me
te
se
nous
vous | le
la
les
en | donne. |

2. Basic sentence: Il donne **le livre à Paul**.

| Il | le
la
les | lui
leur | donne. |

3. Basic sentence: Il donne **des crayons à Paul.**

| Il | lui
leur | en donne. |

EXERCICES   Répondez d'après le modèle.

Modèle: Est-ce qu'il vous donne les billets?
          Oui, il me les donne.

1 Est-ce qu'elle vous rend le carnet?   2 Est-ce que votre mère vous
envoie les paquets?   3 Est-ce que l'étudiant vous pose des questions?
4 Est-ce que le marchand vous vend des chapeaux?   5 Est-ce que le
garçon vous donne un morceau de pain?   6 Est-ce que vos parents
vous privent de la voiture?

Modèle: Vous brossez-vous les dents?
          Oui, je me les brosse.

7 Vous rappelez-vous le voyage? 8 Vous lavez-vous les cheveux?
9 Vous lavez-vous les mains?   10 Vous rappelez-vous la lettre?   11 Vous
souvenez-vous de ce musée?   12 Vous souvenez-vous de ces cartes
postales?

Modèle: Me donne-t-il les billets?
          Oui, il te les donne.

13 Me rend-elle l'argent?   14 Me vend-il les chaussures?   15 Me
demande-t-elle de l'argent?   16 M'apporte-t-il des cadeaux?

Modèle: Se brosse-t-elle les dents?
          Oui, elle se les brosse.

17 Se lave-t-il le visage?   18 Se rappelle-t-il l'histoire?   19 Se lave-t-elle
les cheveux?   20 Se brosse-t-il les cheveux?

Modèle: Est-ce qu'il nous donne les billets?
          Oui, il nous les donne.

21 Est-ce que le professeur nous rend les carnets?   22 Est-ce que l'agent
nous donne la carte?   23 Est-ce que le facteur nous apporte les lettres?
24 Est-ce que le professeur nous pose des questions?   25 Est-ce que nos
parents nous envoient de l'argent?

Modèle: M'envoie-t-elle la carte postale?
          Oui, elle vous l'envoie.

26 Me demande-t-il la clef?   27 Me rendez-vous les billets?   28 Me
parlez-vous de la lettre?   29 Me donne-t-il des fleurs?

Modèle: Donnez-vous les journaux aux voyageurs?
          Oui, je les leur donne.

30 Envoyez-vous ce paquet à Marie?   31 Empruntez-vous ce livre au
directeur?   32 Donnez-vous ces cadeaux à vos camarades?   33 Rendez-
vous l'argent à vos amis?   34 Demandez-vous la carte au garçon?

Modèle: Donne-t-il de l'argent à ses parents?
          Oui, il leur en donne.

35 Rend-il des billets au professeur?   36 Envoyons-nous des lettres à nos
copains?   37 Apportez-vous des gâteaux à votre mère?   38 Donne-t-il
du pain aux oiseaux?   39 Parlez-vous du problème à Denise?

COMPOSITION   1   Voudriez-vous visiter la France comme Nancy?

                2   Quels problèmes aurait un(e) jeune Français(e) qui visitait une grande ville aux Etats-Unis?

Annonce d'une pétition

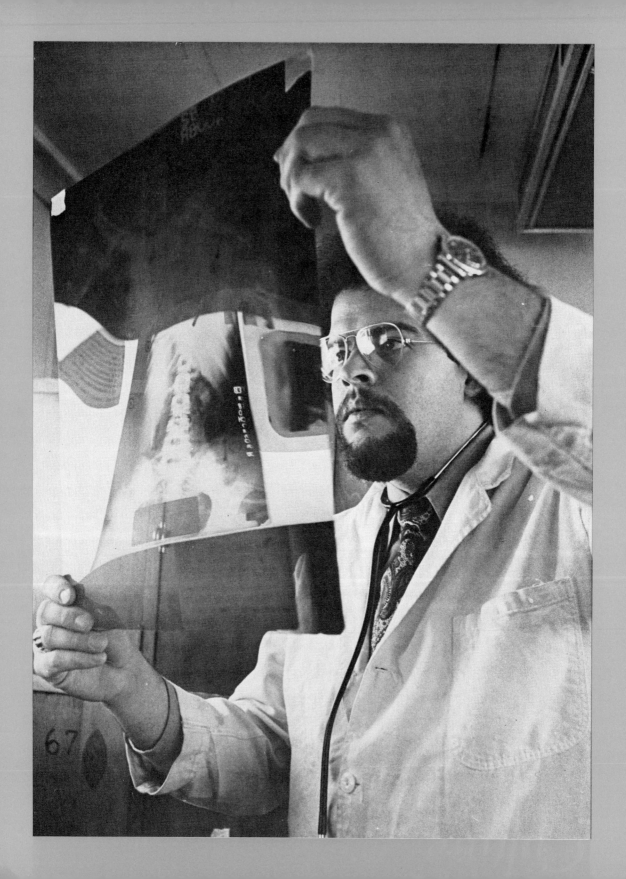

Conversation

SEIZIÈME LEÇON

Chez le médecin

Vocabulaire actif

cabinet — m.   pièce où les clients sont reçus dans certaines professions
Il est entré dans le cabinet du médecin.

infirmier, –ère   personne qui soigne les malades dans les hôpitaux, les cliniques
Hélène veut être infirmière.

consultation — f.   visite d'un client à un médecin ou à un spécialiste; examen d'un malade par un médecin à son cabinet
Le docteur a eu plus de dix consultations cet après-midi.

attraper   attraper une maladie — prendre une maladie
J'ai attrapé la grippe à Noël.

au fond de   dans la partie la plus éloignée de l'entrée
Il y a un piano au fond de la pièce.

ordonnance — f.   ensemble des prescriptions d'un médecin
Le médecin m'a fait une ordonnance.

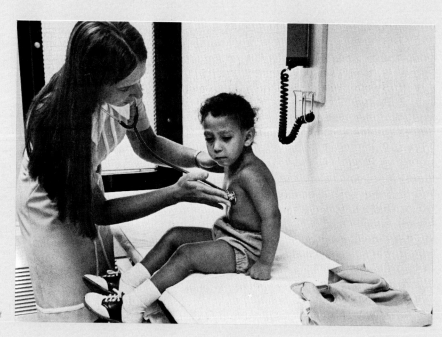

Dans le cabinet

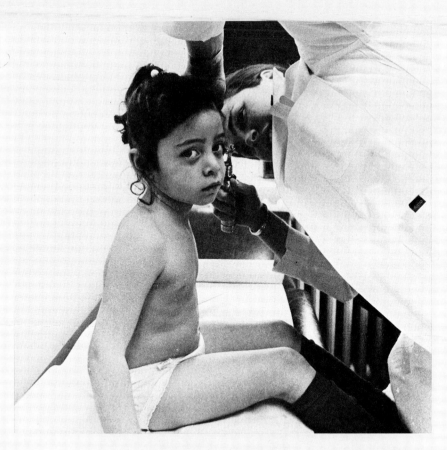

EXERCICES DE VOCABULAIRE

Répondez aux questions suivantes en employant la réponse donnée.

1 Où se trouve le cabinet du Docteur Leclerc? (chez lui au premier étage)
2 Où est-ce que le malade est entré? (dans le cabinet du médecin)
3 Y a-t-il assez d'infirmières dans cet hôpital? (non... trop peu)
4 Qui faites-vous venir? (l'infirmier)
5 A quelle heure est-ce que la consultation commence? (à deux heures)
6 Pourquoi allez-vous chez le médecin? (pour une consultation)
7 Où avez-vous attrapé ce rhume? (aux sports d'hiver)
8 Qu'est-ce que vous avez attrapé? (un coup de soleil)
9 Où vous êtes-vous assis au théâtre? (au fond de la salle)
10 Où se trouve votre garage? (au fond du jardin)
11 Qu'est-ce que le médecin vous a donné? (une ordonnance pour des médicaments)
12 Que faut-il faire si on veut se guérir vite? (suivre les ordonnances du médecin)

CHEZ LE MÉDECIN

Le médecin français typique a son cabinet chez lui et normalement n'a ni infirmière ni secrétaire. Le soir il rend visite aux malades qui ne peuvent pas venir au cabinet pour les consultations. Dans les villes il y a de plus en plus de cabinets de groupes de deux, trois ou quatre médecins avec une réceptionniste mais très rarement une infirmière.

La Sécurité Sociale permet à tous les Français de consulter presque gratuitement des médecins et de suivre les traitements nécessaires quand ils sont malades. Actuellement, tous les Français sans exception sont couverts par la Sécurité Sociale, qu'ils soient salariés, ouvriers agricoles, travailleurs indépendants ou retraités.

retraités personnes qui ont cessé leurs activités professionnelles et qui reçoivent une pension

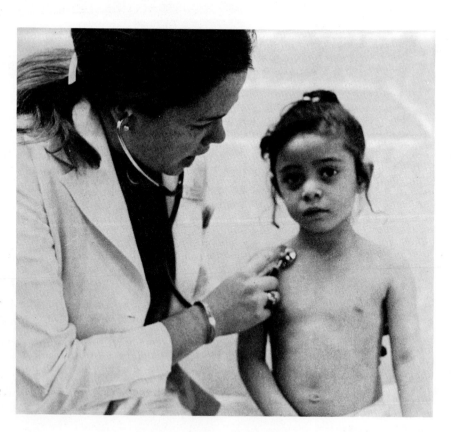

«Où est-ce que cela te fait mal?»

Chez le médecin

Paul LaCroix, étudiant français, passe ses vacances en Bretagne. Mal-heureusement le temps est froid et pluvieux et il attrape un mal de gorge. Il rend donc visite à un médecin.

pluvieux caractérisé par la pluie

PAUL   Je voudrais voir le docteur. Est-ce possible?

L'EMPLOYÉE   Oui, la consultation est commencée, mais il va vous falloir attendre un peu car il y a déjà du monde.

PAUL   Bon. Si ce n'est pas trop long, je reste.

L'EMPLOYÉE   Voulez-vous passer dans la salle d'attente au fond du couloir?

Paul attend une heure et demie. Enfin le médecin le fait entrer dans son cabinet.

LE MÉDECIN   Alors, qu'est-ce qui se passe?

PAUL   Rien de grave, je pense, mais je préfère vous consulter avant que cela n'empire. J'ai mal à la gorge.

empire devienne plus mauvais

LE MÉDECIN   Ouvrez la bouche. Faites «Ah». Bon. Je vois ce que c'est. Il y a des points blancs. C'est une angine. Cela vous fait mal?

angine (f.) sorte de mal de gorge

douloureux pénible

PAUL   Oui, c'est un peu douloureux. Je parle avec difficulté.

LE MÉDECIN   Ce n'est pas grave. Je vais vous faire une ordonnance dont vous suivrez les prescriptions. D'abord vous irez chez le pharmacien acheter les médicaments.

PAUL   Très bien. Je garde le lit?

LE MÉDECIN   Bien entendu. Vous devriez être couché. Je viendrai vous visiter demain soir. N'oubliez pas de prendre votre température matin et soir.

régler payer
honoraires (m.) somme
d'argent payée à un médecin

PAUL   Est-ce que je dois vous régler vos honoraires aujourd'hui ou à la prochaine visite?

LE MÉDECIN   Comme vous voulez, monsieur.

QUESTIONS   Répondez aux questions suivantes d'après le texte.

1   Où est-ce que le médecin français typique a son cabinet?
2   Normalement a-t-il une infirmière ou une secrétaire?
3   A qui rend-il visite le soir?
4   Qu'est-ce qui permet au Français de consulter un médecin quand il est malade?
5   Actuellement qui est couvert par la Sécurité Sociale?
6   Quand Paul entre chez le médecin, est-ce que la consultation est commencée?
7   Pourquoi faut-il attendre?
8   Où peut-on attendre le médecin?
9   Si Paul n'a rien de grave, pourquoi veut-il consulter le médecin?
10   Qu'est-ce qu'il a?
11   Quand on a mal à la gorge et qu'il y a des points blancs, qu'est-ce que c'est?
12   Est-ce que l'angine fait mal?
13   Comment Paul parle-t-il à cause de l'angine?
14   Quand un malade a besoin de médicaments, qu'est-ce que le médecin lui donne?
15   Où va-t-on pour acheter les médicaments?
16   Paul doit-il garder le lit?
17   Qu'est-ce qu'il faut que Paul n'oublie pas?

GRAMMAIRE

Usage of the literary past tense

The conversational past tense (passé composé) is used in conversation and in informal writing. The literary past tense (passé simple) is used in literary contexts. The conversational past tense and the literary past tense have essentially the same function: to express an action completed in the past.

Although the past action may have taken place over a long time, the literary past tense is used if the action is seen as a statement of fact, rather than as a description of a continuing act.

PASSÉ SIMPLE: Louis XIV coucha dans ce lit. *Louis XIV slept in this bed.*

IMPARFAIT: Jean dormait. *Jean was sleeping.*

Formation

The endings *–ai, –as, –a, –èrent, –âmes, –âtes* are added to the stem of regular first-group *–er* verbs to form the passé simple.

parler	stem = parl–
je parlai	nous parlâmes
tu parlas	vous parlâtes
on parla	
il parla	ils parlèrent
elle parla	elles parlèrent

The endings *–is, –is, –it, –irent, –îmes, –îtes* are added to the stem of the infinitive of regular second-group verbs ending in *–ir* and *–re*.

finir	stem = fin–
je finis	nous finîmes
tu finis	vous finîtes
on finit	
il finit	ils finirent
elle finit	elles finirent

EXERCICES   Mettez les verbes suivants au passé composé.

1 J'emmenai mon petit frère chez le médecin.   2 Il trouva le restaurant fermé.   3 Nous nous pressâmes.   4 Les élèves se levèrent.   5 Ils allumèrent les lampes.   6 Le conducteur accéléra la vitesse.   7 Nous finîmes la lecture.   8 On réfléchit à cette possibilité.   9 Les enfants obéirent au moniteur.   10 Je me rendis à la gare.   11 On vendit des journaux au kiosque.   12 Nous attendîmes l'occasion de vous voir.   13 J'entendis parler de cette auberge.

THE PASSÉ SIMPLE OF OTHER FIRST- AND SECOND-GROUP VERBS

The passé simple tense of many verbs, other than regular verbs ending in *–er, –ir,* and *–re*, is built upon the past participle to which the endings *–s, –s, –t, –rent, –̂ mes, –̂ tes,* are added.

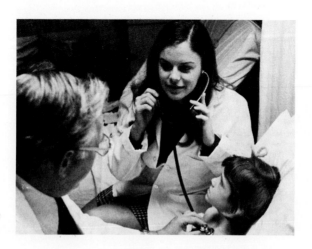

A l'hôpital: consultation médicale

The pattern as illustrated by *finir* is perfectly regular for the following verbs:

INFINITIVE	PAST PARTICIPLE	PASSÉ SIMPLE
sortir	sorti	je sortis
partir	parti	je partis
sentir	senti	je sentis
mentir	menti	je mentis
dormir	dormi	je dormis
servir	servi	je servis
rire	ri	je ris
sourire	souri	je souris
suffire	suffi	je suffis
suivre	suivi	je suivis

Verbs with past participles ending in –i + consonant

In the case of these verbs, the final consonant of the past participle is replaced by the endings –s, –s, –t, –rent, – ̂mes, – ̂tes.

INFINITIVE	PAST PARTICIPLE	PASSÉ SIMPLE
dire	dit	je dis
mettre	mis	je mis
prendre	pris	je pris

Note however:

conduire	conduit	je conduisis
cuire	cuit	je cuisis
détruire	détruit	je détruisis

connaître	past participle = connu
je connus	nous connûmes
tu connus	vous connûtes
on connut	
il connut	ils connurent
elle connut	elles connurent

Connaître represents the pattern of the following verbs:

INFINITIVE	PAST PARTICIPLE	PASSÉ SIMPLE
paraître	paru	je parus
reconnaître	reconnu	je reconnus
courir	couru	je courus
secourir	secouru	je secourus
plaire	plu	je plus
se taire	tu	je me tus
devoir	dû	je dus
recevoir	reçu	je reçus
pouvoir	pu	je pus
vouloir	voulu	je voulus
boire	bu	je bus
croire	cru	je crus
lire	lu	je lus
vivre	vécu	je vécus

The literary past tense of *avoir* uses the past participle *eu* as a base to which the regular endings –s, –t, –rent, –mes, –tes are added.

Jeanne d'Arc eut beaucoup de courage.

Mettez les verbes suivants au passé composé.

1 Nous sortîmes ce soir-là. 2 Elle partit seule. 3 Nous dormîmes tard.
4 Je suivis la route à Dijon. 5 On ne mentit pas. 6 Il sourit en
parlant. 7 Nous servîmes le dîner à huit heures. 8 Je ris à ses paroles.
9 Il dit au revoir en sortant. 10 Je pris mon temps. 11 Elles
conduisirent prudemment. 12 On cuisit un bon dîner. 13 Vous mîtes
vos lunettes sur la table. 14 Je connus ce garçon. 15 Il lut *Madame
Bovary*. 16 Ce roman me plut. 17 Le garçon se tut. 18 Les rois de
France eurent de vastes domaines. 19 Il voulut partir ce matin-là.
20 Elles ne purent pas partir.

THE PASSÉ SIMPLE OF VERBS NOT BUILT UPON THE PAST PARTICIPLE

The following verbs use the regular passé simple endings (−s, −s, −t, −rent,
− ̂mes, − ̂tes) but they add these to a base other than the past participle.
Notice that all of these verbs except *mourir, tenir, venir,* and *être* contain
the vowel *i* /i/ in their passé simple forms.

INFINITIVE	PAST PARTICIPLE	PASSÉ SIMPLE
écrire	écrit	j'écrivis
battre	battu	je battis
rompre	rompu	je rompis
vaincre	vaincu	je vainquis
naître	né	je naquis
voir	vu	je vis
ouvrir	ouvert	j'ouvris
couvrir	couvert	je couvris
offrir	offert	j'offris
souffrir	souffert	je souffris
craindre	craint	je craignis
peindre	peint	je peignis
joindre	joint	je joignis
mourir	mort	je mourus
tenir	tenu	je tins
venir	venu	je vins
être	été	je fus

Mettez les verbes suivants au passé composé.

1 La vieille femme souffrit du froid. 2 Nous écrivîmes à nos amis.
3 Je vis mes camarades. 4 Ils craignirent leurs camarades. 5 Nous

craignîmes cet examen.   6 Il rompit avec son partenaire.   7 Les élèves ouvrirent les fenêtres.   8 Le héros vainquit son ennemi.   9 Je tins compte de vos difficultés.   10 Je le vis en face de la poste.   11 Cet artiste peignit un portrait.   12 La patronne ouvrit la lettre.   13 J'écrivis une longue lettre à mes parents.   14 Nous offrîmes un cadeau à Marie. 15 Il vint de Paris.

THIRD-GROUP VERB *FAIRE*

Formation

Faire is a high-frequency verb because of its many and varied uses. Like all third-group verbs, it is irregular in a number of aspects.

The present tense of *faire* has four oral forms and five written forms.

je fais	nous faisons
tu fais	vous faites
on fait	
il fait	ils font
elle fait	elles font

The imperative forms of *faire* are identical to the 2nd person singular and plural forms and the 1st person plural form of the present tense.

Fais.   Faites.   Faisons.

The present participle is regular in its formation.

faisant

The past participle of *faire* is identical to the 3rd person singular form *fait* /fɛ/. The compound tenses are formed by using *avoir* in the appropriate tense as the auxiliary verb. The past participle agrees in number and gender with the preceding direct object. When the preceding direct object is feminine, the past participle is pronounced /fɛt/.

La promenade que j'ai **faite** ce matin m'a fait beaucoup de bien.

The imperfect tense is also regular in its formation. The 1st person plural stem *fais–* /fəz/ serves as the base to which the regular imperfect tense endings are added.

Je faisais des courses quand j'ai rencontré Pierre.

The future tense and the conditional tense of *faire* are built upon a special stem *fer–* to which the regular endings are added.

FUTURE

Tu feras de ton mieux.

CONDITIONAL

Vous feriez ce voyage si vous aviez assez d'argent.

The present subjunctive of *faire* also uses a special stem *fass–* /fas/ to which one adds the regular endings (*–e, –es, –ent, –ions, –iez*).

Il est nécessaire que je fasse ce voyage.

The passé simple tense of *faire* is formed by adding the regular endings (–s, –t, –rent,– ˆmes, – ˆtes) to the stem *fi–*.

L'Allemagne fit la guerre contre la France.

Usage

The verb *faire* is one of the most frequently used French verbs. It occurs in numerous grammatical constructions and idiomatic expressions with many different meanings. These can be divided into two categories: (1) those using nouns or personal pronouns as subject and (2) those using the impersonal pronoun forms *il* and *ça, cela.*

1.   With nouns or personal pronouns as subject

faire le ménage — nettoyer la maison, l'appartement
faire le lit — mettre en ordre les draps et les couvertures
faire une faute — commettre une faute
faire la cuisine — cuire le repas
faire un discours — prononcer un discours
faire un beau mariage — se marier avantageusement
faire un cadeau à quelqu'un — offrir un cadeau à quelqu'un
faire une valise, une malle, etc. — y mettre les habits
faire un voyage — voyager
faire une promenade — se promener
faire des études — étudier
     faire des études de pharmacie, de philosophie, etc. — étudier la pharmacie, la philosophie
     faire son droit — étudier le droit
faire son service militaire — servir dans l'armée
faire son devoir — accomplir son devoir
faire de la politique — avoir des activités politiques
faire du golf, du tennis, du ski — jouer au golf, au tennis, skier
faire de la musique, du piano, du violon, etc. — jouer du piano, du violon
faire l'impossible — faire d'énormes efforts (*to do the impossible*)
faire de son mieux — ⎫
faire son possible — ⎭ *to do one's best*

faire l'amour — avoir des rapports sexuels
faire la France, l'Italie, etc. — visiter toute la France, l'Italie
faire du bien — produire un bon effet

Ce médicament lui fait du bien.

faire fortune — devenir riche
faire fiasco — gâcher complètement
faire peur à — effrayer
faire plaisir — donner plaisir
faire mal — causer une souffrance physique

Ma jambe me fait mal. *My leg hurts.*

se faire du mal — se causer une souffrance physique

Je me suis fait du mal en tombant. *I hurt myself in falling.*

faire de la peine — causer une souffrance morale

Sa mort me fait de la peine.

faire attention   *to pay attention*
faire une drôle de tête — avoir l'air surpris
faire la connaissance de quelqu'un — connaître
faire de l'argent — gagner de l'argent
faire des courses — *to run errands*
faire des progrès — progresser
faire la queue — *to wait in line*
faire de la bicyclette, du cheval, etc. — aller à bicyclette, monter à cheval
faire exprès — avec intention

Il faut m'excuser; je ne l'ai pas fait exprès. *I did not do it on purpose.*

faire semblant — donner l'apparence

Il fait semblant de dormir.

faire savoir à quelqu'un — informer quelqu'un

Il m'a fait savoir qu'il était arrivé.

faire — être égal à

Deux et deux font quatre.

Que faites-vous? — Quelle est votre profession?
Faites quelque chose! — Soyez utile!
Qu'as-tu fait de tes lunettes? — Où as-tu mis tes lunettes? *What did you do with your glasses? What happened to your glasses?*

2. With impersonal *il* or *cela*, *ça* as subject
   a. Pour indiquer quel temps il fait

> Il fait chaud.
> Il fait froid.
> Il fait frais.
> Il fait mauvais.
> Il fait bon.
> Il fait soleil. (Il fait du soleil.)
> Il fait une chaleur terrible.
> Il fait du vent.
> Il fait du brouillard.

   b. Pour indiquer le moment de la journée

> Il fait nuit.
> Il fait jour.

   c. **Cela (ça) ne fait rien**

> Cela n'a pas d'importance. *It doesn't matter.*

   d. **Cela (ça) fait** + une indication de temps — une indication du temps passé depuis une certaine date (syn. = il y a... que)

> Ça fait quinze jours qu'il est malade.

e. Other expressions

> **Il n'y a rien à faire** — Il faut se résigner. *There's nothing to be done.*
> **Il n'y a plus rien à faire** — C'est irrémédiable. *There's nothing more to be done.*

EXERCICES   I   Répondez d'après le modèle.

> Modèle: Jouez-vous du violon?
>   Oui, je fais du violon.

1 Offrons-nous un cadeau à notre père?   2 Joue-t-elle du piano?   3 Le professeur prononce-t-il un discours?   4 Jouons-nous au tennis?   5 Votre frère étudie-t-il le droit?

II   Suivez le modèle.

> Modèle: Qu'est-ce qu'il étudie? (des études de philosophie)
>   Il fait des études de philosophie.

1 Que faites-vous? (le ménage)   2 Qu'est-ce que Maman fait? (le lit) 3 Qu'est-ce que Pierre fait actuellement? (son service militaire)   4 Quel sport pratiquez-vous? (du golf)   5 Comment passe-t-il son temps? (de la politique)   6 Pourquoi est-ce que cet homme travaille tant? (de son mieux)   7 Est-ce que Robert voyage actuellement? (la France)   8 Pourquoi restez-vous à la maison? (la cuisine)   9 Pourquoi est-ce que cet homme est admiré de tout le monde? (l'impossible)   10 Que sait-elle faire? (du cheval)

III   Dites à...

1 Dites à une amie de faire son possible.   2 Dites à un ami de faire son lit.   3 Dites à une amie de faire sa valise.   4 Dites à un ami de faire son devoir.   5 Dites à une amie de faire de son mieux.   6 Dites à quelqu'un de faire fortune.   7 Dites à quelqu'un de faire attention. 8 Dites à quelqu'un de faire des courses.   9 Dites à quelqu'un de faire la queue.   10 Dites à quelqu'un de faire de la bicyclette.

IV   Répondez aux questions suivantes en employant le participe présent du verbe *faire* et la réponse donnée.

Modèle: Quand l'avez-vous vu? (en faisant une promenade)
           Je l'ai vu en faisant une promenade.

1 Quand l'avez-vous rencontré? (en faisant des courses)   2 Quand l'avez-vous découvert? (en faisant de la bicyclette)   3 Quand l'avez-vous trouvé? (en faisant ce voyage)   4 Quand l'avez-vous appris? (en faisant mon droit)

V   Répondez d'après le modèle.

Modèle: Faites-vous du tennis?
           Maintenant non, mais autrefois je faisais du tennis.

1 Fait-elle le ménage?   2 Faites-vous la cuisine?   3 Fait-il des discours?
4 Font-elles des études de pharmacie?   5 Fais-tu ton service militaire?

Modèle: Faites-vous le lit?
           Pas maintenant, mais je ferai le lit bientôt.

6 Faites-vous votre valise?   7 Fait-elle une promenade?   8 Fais-tu de la politique?   9 Font-ils du golf?   10 Faites-vous fortune?

VI   Répondez aux questions suivantes en employant le conditionnel du verbe *faire* et la réponse donnée.

1 Qu'est-ce qui vous ferait peur? (un voyage en avion)   2 Qu'est-ce qui vous ferait du bien? (des vacances)   3 Qu'est-ce qui vous ferait de la peine? (sa mort)   4 Qu'est-ce qui vous ferait mal? (mes pieds)   5 Qu'est-ce qui vous ferait plaisir? (un cadeau)

VII   Posez des questions d'après le modèle.

Modèle: J'ai fait une promenade le long de la Seine.
           Quelle promenade avez-vous faite?

1 Elle a fait une tarte aux pommes.   2 Il a fait un article sur la France.
3 Nous avons fait une salade de fruits.   4 Ils ont fait une promenade en voiture.   5 Vous avez fait une faute.

QUESTIONS À DISCUTER

1   Imaginez que vous parlez avec l'infirmière avant d'entrer dans le cabinet du médecin. Expliquez-lui la raison de votre visite. Elle vous pose des questions.

2   Inventez une conversation avec un médecin. Vous voulez partir en vacances malgré votre mal de gorge. Employez les expressions suivantes:

infirmière   ordonnance
attraper   médicaments
mal à la gorge   garder le lit
cabinet   température

3   Expliquez à une amie ou à un ami ce qui vous est arrivé pendant votre consultation avec le médecin.

Littérature

L'Evasion

Joseph Kessel

Vocabulaire

I

borne — f.   ce qui forme la limite (le plus souvant au pluriel)
           Il montre une dévotion sans bornes.

preuve — f.   ce qui établit la vérité, la réalité d'une chose
           Je crois qu'il est innocent; il n'y a aucune preuve contre lui.

oser   avoir le courage de
           Ce petit garçon a osé dire la vérité.

hausser les épaules   les soulever en signe de mépris, d'indifférence
           Il a haussé les épaules pour indiquer son indifférence.

raconter   faire le récit de choses vraies ou fausses; (syn. = dire, rendre compte)
           Il nous a raconté en détail ses aventures.

poursuivre   chercher à obtenir quelque chose
           Il poursuit un rêve impossible.

chuchoter   parler à voix basse
           Il chuchotait pour ne pas faire de bruit.

s'évader   s'échapper, s'enfuir d'un lieu où l'on était enfermé
           Deux prisonniers se sont évadés.

Le 25 août 1945 : la libération de Paris

aveugle   privé de la vue
Elle est aveugle depuis la naissance.

paisiblement   calmement
Le médecin m'a regardé paisiblement.

adroit, e   capable
Un électricien doit être adroit de ses mains.

s'appuyer   se servir de quelque chose comme d'un support
Le malade s'appuyait sur la rampe de l'escalier.

avis — m.   manière de voir; (syn. = opinion)
Quel est votre avis sur la question?

évasion — f.   fuite; action de s'échapper, de se sauver
Le prisonnier a préparé son évasion avec soin.

II

ouvrage — m.   travail
La réparation de ce moteur est un ouvrage difficile.

serrure — f.   mécanisme fixé à une porte, à un tiroir, etc., qui sert à les fermer ou à les
ouvrir et qu'on manœuvre à l'aide d'une clef
Il a mis la clef dans la serrure.

se maîtriser   se dominer; se rendre maître de son émotion; se contrôler
L'homme n'a pas pu se maîtriser; il a pleuré abondamment.

entretien — m.   conversation
Mon entretien avec le directeur n'a pas réussi.

tousser   expirer brusquement l'air contenu dans les poumons
A cause de ce rhume, le bébé tousse beaucoup.

mine — f.   ensemble des traits du visage exprimant l'état général du corps
Cet enfant est malade; il a mauvaise mine.

agir   faire quelque chose
Il n'a plus la force d'agir.

A   Répondez d'après le modèle.

Modèle :   Y a-t-il des limites à la connaissance humaine?
Oui, il y a des bornes à la connaissance humaine.

1   Est-ce que votre patience a des limites?
2   Est-ce que cet enfant exprime un amour sans limites envers ses parents?
3   Est-ce que le fils a une confiance sans limites en son père?

B   Complétez les phrases suivantes en employant le mot *preuve*.

1   Ces _____ ne convainquent personne.
2   Son absence semble être une _____ qu'il est coupable.
3   Nous avons les _____ en main qu'il est coupable.

C   Répondez aux questions suivantes en employant la réponse donnée.

1   Qui a osé critiquer le président? (les journalistes)
2   Qui a osé partir sans permission? (Jean-Pierre)
3   Pourquoi avez-vous haussé les épaules? (pour montrer mon indifférence)

Charles de Gaulle en 1945

4   Pourquoi a-t-elle haussé les épaules? (pour montrer son ignorance)
5   Comment a-t-il raconté l'histoire? (brièvement)
6   A qui a-t-il raconté ses aventures? (à tout le monde)
7   Qu'est-ce que cet étudiant poursuit avec enthousiasme? (ses études)
8   Qu'est-ce que vous poursuivez? (un but important)
9   Qui a puni les élèves qui chuchotaient pendant l'examen? (le professeur)
10   Pourquoi chuchotait-on? (pour ne pas réveiller les enfants)
11   Qui s'est évadé des mains des policiers? (le criminel)
12   Comment est-ce que le prisonnier s'est évadé? (dans un camion)
13   Depuis quand est-il aveugle? (depuis l'accident)
14   Comment est-ce qu'elle est devenue aveugle? (d'une maladie)
15   Comment est-ce que ses parents ont reçu la nouvelle de son accident? (paisiblement)
16   Qu'est-ce que le patron a discuté paisiblement? (les problèmes)

D   Répondez d'après le modèle.

   Modèle: Ce mécanicien sait-il son métier?
             Oui, c'est un mécanicien adroit.

1   Cet électricien sait-il son métier?
2   Cet avocat sait-il sa profession?
3   Cette boulangère sait-elle son métier?

   Modèle: L'enfant est-il près de la porte?
             Oui, il s'appuie sur la porte.

4   Le malade est-il près du lit?
5   Le vieux est-il près de la table?
6   La vieille femme est-elle près de la chaise?

E   Répondez aux questions suivantes en employant la réponse donnée.

1   Sur quoi vous a-t-il donné son avis? (sur ce film)
2   Etes-vous de mon avis? (non)
3   Qu'est-ce qui est impossible? (toute évasion de cette prison)
4   Pourquoi a-t-on donné l'alarme? (à cause de son évasion)

II

F   Répondez aux questions suivantes en employant la réponse donnée.

1   Qu'est-ce que le patron a examiné? (l'ouvrage de l'employé)
2   Comment est son ouvrage? (bien fait)
3   Qu'est-ce qui est cassé? (la serrure de cette valise)

4 Où avez-vous laissé votre clef? (dans la serrure)
5 Quand est-ce qu'il ne se maîtrise plus? (quand il est fâché)
6 S'est-elle maîtrisée? (oui... malgré ses émotions)
7 Qui a eu un entretien secret? (les diplomates)
8 Qu'est-ce qu'il a cherché? (un entretien avec le directeur)

G Complétez les phrases suivantes en employant le mot indiqué.

1 Il _____ pour avertir ses camarades que le professeur entre. (tousser)
2 Le malade _____ en parlant. (tousser)
3 Voilà deux jours que l'enfant _____. (tousser)
4 Le bébé est en bonne santé; il a bonne _____. (mine)
5 Vous n'allez pas bien; vous avez mauvaise _____. (mine)
6 Est-elle malade? Elle n'a pas bonne _____. (mine)

H Répondez aux questions suivantes en employant la réponse donnée.

1 Quand faut-il agir? (le plus tôt possible)
2 Qui agit de cette façon? (les enfants bien élevés)
3 Qui s'est évadé des mains des policiers? (le criminel)
4 Pourquoi faut-il donner l'alarme? (parce que les prisonniers se sont évadés)

LA RÉSISTANCE

Le 10 mai 1940, les forces allemandes commencèrent leur attaque contre les armées alliées. Le 14 juin Paris tomba et fut déclaré «ville ouverte». Le 22 juin, le gouvernement français, avec le maréchal Pétain, héros de la Première Guerre mondiale, à sa tête, signa avec l'Allemagne un armistice qui divisa le pays en deux zones: au nord la zone occupée et au sud la zone libre, gouvernée de la ville de Vichy par le maréchal Pétain.

En même temps, le plus jeune général de l'armée française, Charles de Gaulle, se réfugia à Londres et à la radio le 18 juin évoqua la résistance: «Quoi qu'il arrive, la flamme de la résistance française ne doit pas s'éteindre et ne s'éteindra pas.»

Hors de France, sous le commandement du général de Gaulle, s'organisaient les Forces françaises libres qui avec l'aide des Etats-Unis et de la Grande-Bretagne continuaient la guerre aux côtés des alliés jusqu'à la victoire finale.

Parallèlement à ces événements à l'étranger s'organisait à l'intérieur du pays en juillet 1940 la Résistance clandestine qui allait jouer un rôle de plus en plus important au cours de la guerre.

C'est de ce mouvement héroïque que Joseph Kessel, romancier populaire, tira l'histoire de *L'Evasion*. L'action se déroule dans un camp de concentration. En avril 1941, Philippe Gerbier fut arrêté et envoyé à ce camp. On mit Gerbier dans une **baraque** (f.) construction pour des troupes ou des prisonniers. On mit Gerbier dans une baraque où il y avait cinq prisonniers, dont trois — le colonel Jarret, le pharmacien Aubert et le voyageur de commerce, Bonnafous — jouèrent un rôle mineur dans l'intrigue. Les deux autres prisonniers, tous les deux très jeunes, étaient le petit instituteur Armel, gravement malade, et son ami Legrain. Peu après l'arrivée de Gerbier, Armel mourut. Legrain n'ayant plus personne au monde et ayant besoin de croire à quelque chose, se tourna vers la Résistance dont Gerbier fut pour lui la personnification. Tous les jours Gerbier lui parla des actes de sabotage et des sacrifices héroïques de toutes sortes. Minutieusement, Gerbier prépara son évasion du camp. Il comptait sur l'aide de Legrain qui travaillait à la centrale électrique du camp et qui seul pouvait arranger à l'avance de plonger le camp dans le noir à une heure convenue.

baraque (f.) construction pour des troupes ou des prisonniers

centrale (f.) usine

L'Evasion

Un matin, en allant à son travail, Legrain demanda soudain:

— Monsieur Gerbier, vous êtes un chef dans la Résistance?

Gerbier considéra avec une attention presque cruelle le jeune visage brûlant et ravagé de Legrain. Il y vit une loyauté et une dévotion sans bornes.

— J'étais dans l'état-major d'un mouvement, dit-il. Personne ici ne le sait. Je venais de Paris; on m'a arrêté à Toulouse sur une dénonciation, je pense. Mais aucune preuve. Ils n'ont même pas osé me juger. Alors ils m'ont envoyé ici.

— Pour combien de temps? demanda Legrain.

Gerbier haussa les épaules et sourit.

— Le temps qu'il leur plaira, voyons, dit-il. Tu le sais mieux que personne.

Legrain s'arrêta et regarda fixement le sol. Puis il dit d'une voix étouffée mais très ferme:

— Monsieur Gerbier, il faut que vous partiez d'ici.

Legrain fit une pause, releva la tête et ajouta:

— On a besoin de vous dehors.

Comme Gerbier ne répondait pas, Legrain reprit:

— J'ai une idée... et je l'ai depuis longtemps... Je vous la raconterai ce soir.

Ils se quittèrent. Gerbier acheta des cigarettes au gardien qui lui servait de fournisseur. Il fit le tour du plateau. Il avait son sourire habituel. Il atteignait pourtant au but qu'il avait poursuivi à travers les récits et les images dont il avait patiemment enivré Legrain.

— Je vais vous dire mon idée, chuchota Legrain, lorsqu'il fut assuré que le colonel, le voyageur de commerce et le pharmacien dormaient profondément.

Legrain se recueillit et chercha ses mots. Puis il dit:

— Qu'est-ce qui empêche de s'évader? Il y a deux choses — les

barbelés (m.) (barbed wire)
patrouilles (f.) (patrols)

se couler se glisser

se déchirant s'arrachant
la peau

courant (m.) (current)

coude (m.) (elbow)

quinte de toux (f.) (attack
of coughing)

bourgerons (m.) vêtements
portés par les prisonniers

carte d'alimentation (f.)
(ration tickets)

cogna battit
délabré ravagé

barbelés et les patrouilles. Pour les barbelés, le sol n'est pas au même niveau partout, et il y a des endroits où un homme mince comme vous l'êtes, Monsieur Gerbier, peut se couler par dessous, en se déchirant un peu.

— Je connais tous ces endroits, dit Gerbier.

— Voilà pour les barbelés, dit Legrain. Reste les patrouilles. Combien de minutes vous faut-il pour courir jusqu'au chemin de ronde, passer et vous perdre dans la nature?

— Douze... Quinze au plus, dit Gerbier.

— Eh bien, je peux faire en sorte que les gardiens soient aveugles plus longtemps que ça, dit Legrain.

— Je le pense, dit paisiblement Gerbier. Il n'est pas difficile pour un électricien adroit d'arranger à l'avance une panne de courant.

— Vous y pensiez, murmura Legrain. Et vous ne m'en avez jamais touché un mot.

— J'aime commander ou accepter. Je ne sais pas demander, dit Gerbier. J'attendais que la chose vienne de toi.

Gerbier s'appuya sur un coude comme pour essayer de discerner à travers l'obscurité le visage de son compagnon. Et il dit:

— Je me suis demandé souvent pourquoi, ayant ce moyen à ta disposition, tu n'en as pas profité.

Legrain eut une quinte de toux avant de répondre.

— Dans le commencement, j'ai parlé de la chose avec Armel. Il n'a pas été d'avis. Il se résignait trop facilement peut-être. Mais dans un sens c'était vrai ce qu'il disait. Avec nos bourgerons et sans papiers, sans carte d'alimentation, on ne serait pas allés bien loin. Puis Armel est tombé malade. Je ne pouvais pas le laisser. Et moi-même ça n'allait plus trop fort. Pour vous c'est tout différent. Avec vos amis de la Résistance...

— J'ai déjà établi un contact par le gardien qui me vend des cigarettes, dit Gerbier.

Il ajouta sans transition:

— Dans une semaine, deux au plus tard, nous pouvons partir.

Il y eut un silence. Et le cœur de Legrain cogna si fort dans son flanc délabré que Gerbier entendit ses battements. Le jeune homme murmura:

— C'est bien *nous* que vous avez promis, Monsieur Gerbier?

— Mais évidemment, dit Gerbier. Qu'est-ce que tu pensais donc?

— Je croyais par instant que vous me prendriez avec vous. Mais je n'osais pas en être sûr, dit Legrain.

Gerbier demanda lentement et en appuyant sur chaque mot:

— Alors tu avais accepté l'idée de préparer mon évasion tout en restant ici?

— La chose était entendue comme ça avec moi-même, dit Legrain.

— Et tu l'aurais faite?

— On a besoin de vous, Monsieur Gerbier, dans la Résistance.

Depuis quelques minutes Gerbier avait très envie de fumer. Il attendit pourtant avant d'allumer une cigarette. Il détestait de laisser voir la moindre émotion sur ses traits...

Gerbier, ayant acheté des cigarettes, trouva à l'intérieur du paquet une feuille de papier **pelure**. Il alla aux cabinets, lut attentivement le message et le brûla. Puis il fit le tour des barbelés, comme il le faisait à l'ordinaire. A la fin de l'après-midi, il dit à Legrain:

— Tout est en ordre. Nous partons samedi.

— Dans quatre jours, **balbutia** Legrain.

Le sang déserta complètement ses **joues pincées**, puis revint en force, les abandonna de nouveau. Legrain s'appuya contre Gerbier en disant:

— Excusez-moi... la tête me tourne. C'est le bonheur.

Legrain se laissa aller doucement contre le sol. Gerbier constata que la dernière semaine avait terriblement **éprouvé** le jeune homme. Sa figure était devenue petite et les yeux plus grands. Le nez était mince comme une **arête de poisson**. On voyait beaucoup plus la pomme d'Adam.

— Il faut te calmer, et dominer tes émotions, dit Gerbier, avec sévérité, et, avant samedi, tu dois reprendre des forces. Il y a tout de même cinq kilomètres à marcher. Tu prendras ma soupe de midi, tu entends.

— Je le ferai, Monsieur Gerbier.

— Et tu ne dors pas assez. Tu iras demain demander des **cachets** à l'infirmerie.

— J'irai, Monsieur Gerbier.

Legrain quitta la baraque plus tôt que de coutume et Gerbier l'accompagna jusqu'**au seuil**.

---

pelure fin et translucide

balbutia s'exprima en articulant mal, d'une manière hésitante
joues pincées (f.) (thin cheeks)

éprouvé fait souffrir

arête de poisson (f.) (fish bone)

cachets (m.) médicaments

au seuil à la porte

Bison membre de la
Résistance

— Plus que trois nuits ici, et c'est la voiture du Bison, dit Legrain.

Il partit en courant. Gerbier le suivit du regard et pensait: «Il est jeune, il tiendra.»...

II

au cours de pendant
accoutumée habituelle
enlèvement (m.) (removal)

Dans la matinée de samedi, au cours de sa promenade accoutumée, Gerbier passa par la station électrique où, depuis l'enlèvement du vieil ingénieur autrichien, Legrain travaillait seul. Gerbier vit avec satisfaction que Legrain était calme.

— Tout est prêt, dit le jeune homme.

mécanisme d'horlogerie
(m.) (timing mechanism)
déclencher mettre en action
consommées parfaites

Gerbier examina l'ouvrage de Legrain. Le mécanisme d'horlogerie qui devait déclencher le court-circuit avait été conçu avec une intelligence et une adresse consommées. Le courant serait interrompu à l'heure voulue.

— Et soyez tranquille, assura Legrain, les ignorants du service de nuit mettront quarante minutes pour le moins à réparer.

— Personne n'aurait mieux fait que toi. C'est comme si nous étions dehors, dit Gerbier.

— Merci, Monsieur Gerbier, murmura le jeune homme.

Il avait les yeux très brillants.

aménagé arrangé

crocheta ouvrit

battant (m.) partie mobile
d'une porte
cernait entourait
paillasse (f.) sac bourré de
paille qui sert de lit

... Le mécanisme aménagé par Legrain devait jouer à minuit. Il restait environ une heure. Gerbier fuma plusieurs cigarettes, puis alla jusqu'à la porte et crocheta la serrure sans faire de bruit. Il poussa un battant. Il vit la lumière brutale qui cernait le plateau. Gerbier revint à sa paillasse, et prévint.

— Tiens-toi prêt, Roger, il n'y en a plus pour longtemps.

Alors, une fois encore, Gerbier entendit les mouvements du cœur de Legrain.

— Monsieur Gerbier, murmura difficilement le jeune homme, il faut que je vous dise quelque chose.

— Je ne pars pas, dit-il.

empire (m.) contrôle

Malgré tout l'empire qu'il avait sur lui-même, Gerbier fut sur le point d'élever la voix d'une façon imprudente. Mais il se maîtrisa

parla sur le diapason (m.)
adopta le ton qui
convenait à la circonstance
gémit (groaned)

et parla sur le diapason habituel de ces entretiens dans l'ombre.

— Tu as peur? demanda-t-il très doucement.

— Oh! Monsieur Gerbier, gémit Legrain.

Et Gerbier fut sûr que Legrain était inaccessible à la crainte. Aussi sûr que s'il avait pu voir son visage.

— Tu crois que tu es trop fatigué pour faire la route? dit Gerbier. Je te porterai s'il le faut.

— Je l'aurais faite. Je l'aurais faite, même bien plus longue, dit Legrain.

Et Gerbier sentit que cela était vrai.

— Je vais vous expliquer, Monsieur Gerbier, seulement ne me parlez pas, dit Legrain. Il faut que je fasse vite, et c'est bien malaisé.

Les poumons de Legrain sifflèrent. Il toussa et reprit:

— Quand je suis allé chercher les cachets pour dormir comme vous me l'aviez commandé, j'ai vu le docteur. Il est gentil, le docteur. C'est un vieux qui comprend. Il nous a fait mettre ici avec Armel parce que ici au moins il ne pleut pas à travers la toiture et le plancher reste sec. Il ne pouvait rien de plus. C'est pour vous dire qu'on peut causer avec lui. Il ne m'a pas trouvé bonne mine. Il m'a ausculté. Je n'ai pas tout bien compris de ce qu'il m'a raconté... Mais assez quand même pour savoir que j'ai un poumon perdu et l'autre qui se prend. Il a soupiré très fort de me voir toujours enfermé et sans espoir de sortir. Alors je lui ai demandé ce qui arriverait si j'étais dehors. Alors il m'a dit qu'avec deux années de sana je pouvais me consolider. Sans ça, je n'étais bon à rien. Je suis sorti de chez lui assommé. Vous m'avez vu... Je pensais tout le temps à ce que vous m'aviez raconté de la vie de la Résistance. J'ai mis jusqu'à ce matin à comprendre que je ne pouvais pas partir.

Gerbier se croyait très dur. Et il l'était. Il croyait ne jamais agir sans réflexion. Et il le faisait. Il n'avait enflammé Legrain de ses récits que pour avoir un sûr complice. Pourtant ce fut sans réflexion, sans calcul et saisi par une contraction inconnue, qu'il dit:

— Je ne vais pas te laisser. J'ai des moyens d'argent et j'en trouverai d'autres; tu seras à l'abri, soigné. Tu te retaperas le temps qu'il faut.

— Ce n'était pas pour ça que je partais, Monsieur Gerbier, dit la voix tranquille du jeune homme invisible. Je voulais être agent de liaison. Je ne veux pas prendre les tickets des copains pour ma petite santé. Je ne veux pas encombrer la Résistance. Vous m'avez trop bien montré ce qu'elle était.

Gerbier se sentit physiquement incapable de répondre, et Legrain poursuivit:

— Mais quand même je suis bien content de connaître la

malaisé pénible, difficile

poumons (m.) (lungs)
sifflèrent produisirent un son aigu

ausculté examiné

soupiré (sighed)

sana (m.) sanatorium

assommé accablé

complice (m.) qui participe à une action

te retaperas retrouveras la santé

tickets (m.) (ration tickets)

encombrer gêner

Résistance. Je ne vais plus être tellement malheureux. Je comprends la vie et je l'aime. Je suis comme Armel, maintenant. J'ai la foi.

Il s'anima un peu et d'un ton plus farouche :

farouche sauvage

— Mais ce n'est pas dans l'autre monde que j'attends la justice, Monsieur Gerbier. Dites aux amis ici et de l'autre côté de l'eau, dites-leur qu'ils se dépêchent. Je voudrais avoir le temps de voir la fin des hommes aux yeux vides.

des hommes aux yeux vides des Nazis

Il se tut et le silence qui suivit, ni l'un, ni l'autre n'en mesura la durée. Sans le savoir ils avaient tous les deux le regard fixé sur la fente de la porte par où l'on voyait briller les feux du chemin de ronde. Ils se levèrent en même temps parce que ce fil lumineux sauta tout d'un coup. Les ténèbres de la liberté avaient rejoint les ténèbres prisonnières. Gerbier et Legrain étaient à la porte.

fente (f.) ouverture étroite

fil lumineux (m.) (stream of light)

ténèbres (f.) obscurité profonde

Contre toute prudence, contre tout bon sens, Gerbier parla encore :

— Ils s'apercevront du sabotage, ils verront que je me suis évadé. Ils feront le rapprochement. Ils penseront à toi.

Ils feront le rapprochement (They will put two and two together)

— Qu'est-ce qu'ils peuvent nous faire de plus ? murmura Legrain. Gerbier ne partait toujours pas.

— Au contraire, je vous serai utile, dit le jeune homme. On viendra me chercher pour réparer. Je sortirai si vite qu'ils ne verront pas votre paillasse vide et je les entortillerai une bonne demi-heure encore. Vous serez loin avec le Bison.

entortillerai (will mess it up)

Gerbier franchit le seuil.

franchit passa

— Réfléchis une dernière fois, dit-il presque suppliant.

— Je n'ai pas un caractère à être à la charge de personne, répondit Legrain. Ce n'est pas avec la Résistance que je commencerai...

Joseph Kessel

L'Armée des ombres (1944)

QUESTIONS   Répondez aux questions suivantes d'après le texte.

I

1   Qu'est-ce que Legrain a demandé à Gerbier un matin ?
2   Qu'est-ce que Gerbier a vu sur le visage de Legrain ?
3   Où et comment est-ce que Gerbier a été arrêté ?
4   Pourquoi faut-il que Gerbier parte du camp ?

5 Qu'est-ce qui empêche les prisonniers de s'évader?
6 Combien de minutes faut-il à Gerbier pour courir au chemin de ronde et se perdre dans la nature?
7 Qu'est-ce que Legrain peut arranger à l'avance?
8 Pourquoi est-ce que Legrain aurait préparé l'évasion de Gerbier tout en restant dans le camp?
9 Pourquoi est-ce que Gerbier a attendu quelques minutes avant d'allumer sa cigarette?
10 Où est-ce que Gerbier a trouvé un message de ses amis de la Résistance?
11 Quand partiraient-ils?
12 Il y aurait combien de kilomètres à marcher?
13 Pourquoi est-ce que Gerbier a voulu que Legrain mange sa soupe?
14 Qu'est-ce que Legrain va demander à l'infirmerie?
15 Qu'est-ce que Gerbier pensait de Legrain?

II

1 Quand est-ce que Gerbier est passé par la station électrique?
2 Comment était Legrain?
3 Comment était l'ouvrage de Legrain?
4 Selon Legrain, les ignorants du service de nuit mettraient combien de minutes à réparer la panne?
5 Quelle annonce étonnante est-ce que Legrain a faite à Gerbier une heure avant leur évasion?
6 Si Legrain était trop fatigué pour faire la route, qu'est-ce que Gerbier ferait?
7 Pourquoi faut-il que Legrain explique vite et sans interruption?
8 Qui a-t-il vu à l'infirmerie?
9 Selon Legrain, comment était le docteur?
10 Comment est-ce que le docteur a trouvé Legrain?
11 Qu'est-ce qu'il a raconté à Legrain?
12 Qu'est-ce qu'il faudrait à Legrain afin de se consolider?
13 Pourquoi est-ce que Gerbier avait enflammé Legrain des récits de la vie de la Résistance?
14 Pourquoi est-ce que Legrain voulait partir?
15 Qu'est-ce qu'il voulait être dans la Résistance?
16 Qu'est-ce qu'il ne voulait pas prendre des copains, s'il ne pouvait pas être utile à la Résistance?
17 Pourquoi est-ce que Gerbier n'a pas répondu à l'explication de Legrain?
18 Dans quel monde est-ce que Legrain attend la justice?
19 Qu'est-ce que Legrain voudrait voir?

20 Pourquoi est-ce que Legrain n'avait pas peur d'être accusé du sabotage?
21 Comment pourrait-il être utile à Gerbier?
22 Quelles étaient les dernières paroles de Gerbier?
23 Qu'est-ce que Legrain a dit en refusant de partir?

QUESTIONS À DISCUTER

1 Décrivez Legrain tel que vous l'imaginez.
2 Discutez l'idéalisme et la générosité de Legrain.
3 Contrastez les actions et les pensées de Gerbier, membre de la Résistance, avec celles de Gerbier, ami de Legrain.

COMPOSITION

A Répondez aux questions suivantes.

1 Quand est-ce que le mécanisme aménagé par Legrain devait jouer?
2 Qu'est-ce que Legrain a expliqué à Gerbier peu avant minuit?
3 Qu'est-ce que Gerbier a dit à Legrain pour qu'il parte quand même?
4 Pourquoi Legrain a-t-il refusé l'offre de Gerbier?
5 Pourquoi Legrain n'avait-il pas peur de rester dans le camp?

B Lisez les réponses que vous avez écrites. Arrangez-les en paragraphes. Améliorez le style en combinant des phrases et en les modifiant autant que nécessaire.

C Ajoutez tous les détails que vous jugez essentiels à un bon résumé de la lecture.

Culture

Se priver de vacances? Impossible!

Vocabulaire actif

sacré, e   (S.'s sacred)
digne d'un respect absolu; qui appartient à la religion
Un secret est une chose sacrée.

signifier
indiquer quelque chose; avoir un sens déterminé
Le mot *book* en anglais signifie *livre*.

chiffre — m.   (figure-digit)
signe servant à représenter un nombre
Je ne peux pas lire ce chiffre; est-ce un 1 ou un 7?

coût — m.   (cost)
somme que coûte une chose; prix d'une chose
Il semble que le coût de la vie augmente chaque année.

cuisinière — f.   (kitchen range)
appareil destiné à la cuisson des aliments et muni d'un four
Pour faire de la bonne cuisine, il faut avoir une cuisinière qui marche bien.

remettre   (to put back - off)
remettre une chose — la renvoyer à une autre époque
Il ne faut pas remettre au lendemain ce qu'on peut faire le jour même.

Tennis dans les montagnes

se restreindre   *to cut down expenses*   réduire ses dépenses, son train de vie
Depuis qu'il ne travaille plus, il a dû se restreindre.

s'efforcer de   *to strive*   employer ses forces à; faire son possible pour
Il s'efforçait de rester calme après l'accident.

se servir de   *to use*   employer une personne ou une chose en vue d'un résultat (syn. = utiliser)
Cet écrivain se sert toujours des mêmes expressions.

ressentir   *to feel*   éprouver une sensation agréable ou pénible; éprouver tel ou tel sentiment
J'ai ressenti de la sympathie pour elle.

bistrot — m.   *pub*   restaurant modeste, café
Nous mangeons à midi dans un petit bistrot.

pique-niquer   *picnic*   faire un pique-nique: un repas pris en plein air, sur l'herbe
Nous allons pique-niquer dans le parc.

nourriture — f.   *nourishment*   aliment destiné à entretenir la vie; ce qu'on mange
La nourriture est chère à Paris.

EXERCICES DE VOCABULAIRE

A   Complétez les phrases suivantes en employant le mot *sacré*.

1   Il parle de nos droits _____.
2   Elle est très religieuse et aime visiter les lieux _____.
3   Pour les Français les vacances sont _____.

B   Répondez d'après le modèle.

Modèle: Qu'est-ce que ce geste veut dire? (Je ne sais pas)
Je ne sais pas ce que ce geste signifie.

1   Qu'est-ce que cette expression veut dire? (Je n'ai aucune idée de)
2   Qu'est-ce que ce mot veut dire? (Je ne sais pas)
3   Qu'est-ce que cette action veut dire? (Je voudrais bien savoir)

C   Répondez aux questions suivantes en employant la réponse donnée.

1   Quel est ce chiffre-ci? (un huit)
2   Qu'est-ce qui est mal écrit? (ces chiffres)
3   Qu'est-ce qui augmente chaque année? (le coût de la vie)
4   Qu'est-ce qui vous étonne? (le coût des vacances)
5   Y a-t-il une bonne cuisinière dans cet appartement? (non)

6 Est-ce que c'est une cuisinière à gaz? (oui)
7 Qu'est-ce qu'elle a remis? (la date de son mariage)
8 Est-ce qu'on a remis la surprise-partie? (oui... à samedi)
9 Quand est-ce que les Français n'aiment pas se restreindre? (pendant les vacances)
10 Qui se restreint? (les ouvriers)

D Répondez d'après le modèle.

Modèle: Essaie-t-il de rester calme?
Oui, il s'efforce de rester calme.

1 Essaie-t-elle de se restreindre?
2 Essayez-vous de finir ce travail?
3 Essaie-t-il de comprendre la situation?

E Répondez aux questions suivantes en employant la réponse donnée.

1 Pour qui ressentez-vous de la sympathie? (pour cette petite fille)
2 Qu'est-ce qu'elle ressent? (un malaise)
3 Où avez-vous déjeuné? (au bistrot là-bas)
4 Préférez-vous déjeuner dans ce bistrot ou dans un bon restaurant? (dans ce bistrot)
5 Où allez-vous pique-niquer? (dans le Bois de Boulogne)
6 Si le restaurant est fermé, qu'allez-vous faire? (pique-niquer)
7 Qu'est-ce qui coûte de plus en plus cher? (la nourriture)
8 Qu'est-ce que le médecin a ordonné? (une nourriture légère)

Camping dans le Bois de Boulogne

Se priver de vacances? Impossible!

«Les vacances? On travaille toute l'année pour ça. Alors, s'en priver, pas question!» C'est la réponse d'un chauffeur routier interviewé par un journaliste de *L'Express*.

Pour lui comme pour 26 millions de Français, «les vacances, c'est sacré». Au Syndicat des agences de voyages, donc, le ton n'est pas à la morosité. «Les Français se privent peut-être de bifteck, mais certainement pas de vacances.»

«Il semble que l'inquiétude, quant à la situation économique, au climat social, à la montée de chômage, se traduise par un besoin plus grand encore d'oublier, de mettre pendant quelques semaines l'avenir entre parenthèses», constate le directeur des relations humaines d'une importante société de travaux publics. C'est, en somme, une sorte de fuite en avant.

C'est pour cerner de plus près ce phénomène sociologique que douze journalistes de *L'Express* ont enquêté, à Paris, en banlieue, dans les grandes villes de province et sur les lieux de vacances, pour comprendre ce que le mot «vacances» signifie vraiment pour les Français.

En moyenne, le budget «vacances» représente un mois de salaire. Parfois un mois et demi. 29% seulement des personnes interrogées ont estimé avoir fait des sacrifices pour s'offrir des vacances. Même chiffre, pratiquement, que l'année dernière. Pourtant, le coût des vacances a augmenté. Et le pouvoir d'achat a diminué, depuis un an.

Des sacrifices sur quoi? D'abord sur les vêtements. Ensuite, l'équipement de la maison.

«Chez moi, il y a juste un lit et une cuisinière», dit une jeune employée des chèques postaux, rue Bourseul, à Paris. Elle passe ses journées assise devant un terminal à créditer et débiter des chèques. «Avec de telles conditions de travail, dit-elle, je sacrifierais n'importe quoi aux vacances.»

tissus d'ameublement (m.)
tissus destinés aux meubles

couvre-lits (m.) couverture
de lit
Du coup Soudainement

R8 modèle de voiture

crise (f.) (crisis; slump in
business)

expert-comptable (m.)
(accountant)
confié (m.) (entrusted)

M. Adrien Blavignac, 60 ans, tient depuis trente ans un magasin de tissus d'ameublement dans le XIe arrondissement. Sa femme travaille avec lui, il ne gagne pas plus de 2.000 Francs par mois. Il est aujourd'hui victime des vacances des autres. «Les gens préfèrent remettre à plus tard l'achat de rideaux ou de couvre-lits, pour pouvoir partir en vacances. Du coup, c'est moi qui ne peux plus prendre de vraies vacances. Avant, nous allions en Italie ou en Espagne. Cette année, nous irons dans le Berry, chez ma sœur.»

Economies, enfin, sur la voiture. Si un Français sur deux part annuellement en vacances, un sur quatorze seulement change de voiture (neuve ou d'occasion). La R 8 de M. Christian Pierron date de 1969. Il la répare lui-même. Pas question d'en changer.

Comme M. François Miotton, ouvrier de bâtiment, qui ne veut surtout pas se restreindre pendant la semaine qu'il passera sur la Côte avec sa femme et son enfant de 2 ans, mais qui s'efforce, pendant l'année, de se servir le moins possible de sa voiture.

Mais 58% des personnes interrogées ne changeront rien à leurs habitudes. Tel ce technicien du Havre de 22 ans marié à une ouvrière de textile. «Nous n'avons pas l'intention de nous restreindre. Nous passerons trois semaines en camping sur la côte atlantique. Nous dépenserons chacun notre mois de salaire. Au total, 5.000 Francs. La crise? Nous la ressentons de manière très simple: nous avons de plus en plus de mal à mettre de l'argent de côté!»

«Je n'ai pas l'intention de me priver, déclare M. René Pestier, expert-comptable. Nous avons confié notre petite fille à sa grand-mère. Une semaine à Nice, à l'hôtel, puis Florence, Rome et Venise, des vacances à 10.000 ou 15.000 Francs, peut-être. A quoi bon économiser?»

M. G., électronicien à Paris, lui fait écho: il gagne 7.000 Francs par mois et en dépensera 10.000 cet été. Il est marié, avec un enfant. «Nous louons un appartement à Cannes pour 4.000 Francs. Pour nous, les vacances, c'est la mer, le soleil, bien sûr, mais aussi l'ambiance, les sorties un peu folles, les bons restaurants. Tant pis si les nuits sont courtes!»

17% seulement des personnes interrogées partent avec l'objectif bien arrêté de moins dépenser. Serveur dans un restaurant à Metz, M. Yves Cabriel, 44 ans, deux enfants de 16 et 12 ans, passe ses vacances dans un camping, à Mandelieu. «Nous sommes partis pour la première fois en 1970. Nous n'avions jamais vu la mer. Cela a été une découverte extraordinaire. Depuis, nous revenons chaque année. Pas plus que quinze jours, car je ne gagne que 3.000 Francs par mois. Mais ces quinze jours de soleil nous sont indispensables. Je suis effrayé par l'augmentation des prix des restaurants sur la Côte. L'année dernière, encore, nous allions dîner le soir dans un petit bistrot ou une pizzeria. Cette année, après avoir pique-niqué sur la plage à midi, nous nous faisons la popote, le soir, sur un réchaud à butane.»

popote (f.) cuisine
réchaud (m.) ustensile portatif servant à faire cuire la nourriture

Très organisé, M. Etienne *Martin* Schmutz, 37 ans, programme minutieusement ses vacances. Il gagne 8.000 Francs par mois, mais déteste jeter l'argent par les fenêtres. «Nous emportons toutes nos provisions d'épicerie, de la viande pour plusieurs jours. Cela nous fait économiser près de 50% sur notre nourriture. Finalement, chaque année j'arrive à dépenser moins que prévu.»

M. Daniel Frénot, câbleur, 40 ans, sait à quelques francs près ce qu'il dépensera en Espagne — 3.000 Francs à trois pour quatre semaines. Il en gagne 4.000 par mois. «Ma femme, dit-il, est très stricte sur son budget. En vacances, elle ne s'achète ni vêtements ni colifichets. Pas question non plus de langouste ou de gigot.»

colifichets (m.) petits ornements de fantaisie
langouste (f.) (lobster)
gigot (m.) (leg of lamb)

«La crise? Quelle crise? demande le directeur d'une agence de voyages de la place de la République, à Paris. Cette année, les clients sont plus nombreux. Tout au plus peut-on dire qu'ils partent moins longtemps ou quelque fois moins loin.»

«On part, c'est sacré, dit M. Koltès, électricien à Moyeuvre-Grande (Moselle). Mais quinze jours seulement en location, en Savoie, au lieu de trois semaines l'année dernière.»

Les Français seraient-ils différents pendant un mois sur douze? Interrogés en juillet sur leurs projets personnels, leurs habitudes de vacances, ils semblent en majorités calmes. Ils partent. La situation n'est pas si mauvaise.

Extrait et adapté d'un article de *L'Express*, 1975

Répondez aux questions suivantes d'après le texte.

1 Pour quoi travaille-t-on toute l'année?
2 A cause de la crise économique, les Français se privent-ils de vacances?
3 Comment sont les vacances, selon les Français interrogés?
4 Pourquoi est-ce que l'ambiance au Syndicat des agences de voyages n'est pas triste?
5 Qu'est-ce qui est plus important pour les Français, le bifteck ou les vacances?
6 Comment est-ce que l'inquiétude quant à la situation économique se traduit, selon le directeur des relations humaines d'une société de travaux publics?
7 Où est-ce que les journalistes de *L'Express* ont enquêté?
8 Quel était le but de leur enquête?
9 Quel pourcentage des Français estiment avoir fait des sacrifices pour s'offrir des vacances?
10 Est-ce que le coût des vacances a augmenté depuis un an?
11 Qu'est-ce qui est arrivé au pouvoir d'achat depuis un an?
12 Pour s'offrir des vacances, les Français font des sacrifices sur quoi?
13 Selon la jeune employée des chèques postaux, qu'est-ce qu'il y a chez elle?
14 Comment passe-t-elle ses journées?
15 A cause de quoi sacrifierait-elle n'importe quoi aux vacances?
16 Pourquoi est-ce que le marchand de tissus d'ameublement est victime des vacances des autres?
17 Quel pourcentage des Français partent en vacances chaque année?
18 Comment les Français font-ils des économies sur la voiture?
19 Est-ce que la majorité des Français ont l'intention de se restreindre pendant les vacances?
20 Comment est-ce que le technicien du Havre ressent la crise économique?
21 Quels sont les projets de M. Pestier?
22 Quelle est la philosophie de M. Pestier vis à vis le coût des vacances?
23 Qu'est-ce que les vacances signifient pour l'électronicien à Paris?
24 Quel pourcentage des personnes interrogées ont l'intention de dépenser moins pendant leurs vacances?
25 Selon M. Cabriel, qu'est-ce que sa famille fait le soir au lieu de dîner dans un bistrot ou dans une pizzeria?
26 Où déjeunent-ils?
27 Qu'est-ce que la famille de M. Schmutz fait pour économiser?
28 Comment est-ce que Mme Frénot fait des économies?

29 Si les Français qui partent en vacances sont aussi nombreux cette année que dans le passé, quel changement peut-on observer à cause de la crise?

30 En général, quelle était l'attitude des Français au moment où les journalistes de *L'Express* les ont interrogés?

Golf en Bretagne

GRAMMAIRE

Another very important function of *faire* is in the formation of the causative construction. In this construction, *faire* in any tense is followed immediately by an infinitive. Pronoun objects, if any, precede *faire* and noun objects follow the infinitive. In the causative construction, the subject causes an action to be performed by someone or something else.

NONCAUSATIVE CONSTRUCTION	CAUSATIVE CONSTRUCTION
Il construit une maison.	Il **fait construire** une maison.
Il la construit.	Il **la fait construire.**

When there is only one noun or pronoun complement in the causative construction, it is the direct object. When there are two noun or pronoun complements, one is the direct object and one the indirect object. The indirect object is the person or thing made to perform the action.

ONE COMPLEMENT	TWO COMPLEMENTS
Le professeur fait comprendre **les étudiants.**	Le professeur fait comprendre **la leçon aux étudiants.**
Le professeur **les** fait comprendre.	Le professeur **la leur** fait comprendre.
Le professeur fait comprendre **la leçon.**	
Le professeur **la** fait comprendre.	

Occasionally ambiguity can occur with the indirect object complement. The sentence *Elle fait écrire une lettre à son fils* is ambiguous since it can mean (1) she had her son write a letter or (2) she had a letter written to her son by an unidentified person. If the first meaning is intended, the preposition *par* can replace *à* to avoid ambiguity: *Elle fait écrire une lettre par son fils.*

Verbs other than *faire* can occur in the causative construction. The principal ones are *laisser, entendre, voir, regarder, apercevoir, sentir,* and *écouter.*

WITH NOUN COMPLEMENT	WITH PRONOUN COMPLEMENT
Je **laisse sortir** le chat.	Je le **laisse sortir**.
Nous **entendons chanter** les enfants.	Nous les **entendons chanter**.
Elle **voit venir** son frère.	Elle le **voit venir**.
Il **regarde passer** le train.	Il le **regarde passer**.

When there are two noun complements in a causative construction with a verb other than *faire,* the following pattern occurs:

Je laisse **mon fils** écrire **une lettre.**

Plage bretonne : à cheval

In other words, the noun which names the performer of the action follows the causative verb; the noun which expresses what is done follows the infinitive.

The noun naming the performer may be replaced by either the direct object or the indirect object pronoun.

> Je **le** laisse écrire une lettre.
> Je **lui** laisse écrire une lettre.

When both noun complements are replaced by pronouns, one is the direct object and one the indirect object, exactly as with *faire*. The person or thing made to perform the action is represented by the indirect object pronoun.

> Je **la lui** laisse écrire.

EXERCICES   I   Répondez d'après le modèle.

    Modèle: Construit-il une maison?
              Non, mais il fait construire une maison.

1 Chante-t-elle une chanson?   2 Ecrivent-ils une lettre?   3 Le professeur corrige-t-il les papiers?   4 Le patron fait-il des économies?   5 Fermez-vous les fenêtres?

  II   Répondez aux questions suivantes en employant la réponse donnée.

    Modèle: Est-ce que le professeur fera comprendre les étudiants?
              Oui, il les fera comprendre.

1 Est-ce que le moniteur fera comprendre les élèves?   2 Est-ce que le professeur fera réciter la classe?   3 Est-ce que le directeur fera travailler les employés?   4 Est-ce que vous ferez venir le médecin?   5 Est-ce qu'on fera raconter l'histoire?

    Modèle: Le professeur fait-il comprendre la leçon aux étudiants?
              Oui, il la leur fait comprendre.

6 Le moniteur fait-il chanter la chanson aux enfants?   7 Le professeur fait-il expliquer le roman aux étudiants?   8 La mère fait-elle écrire la

lettre à sa fille? 9 Faites-vous apprendre les verbes aux étudiants?
10 Faisons-nous réciter le poème à la classe?

> Modèle: Le chat sort-il?
> Oui, je laisse sortir le chat.

11 Les enfants jouent-ils? 12 Le bébé dort-il? 13 Le chien entre-t-il?
14 Marie part-elle?

> Modèle: Est-ce que le facteur est venu?
> Oui, nous avons vu venir le facteur.

15 Est-ce que le taxi est arrivé? 16 Est-ce que le train est parti?
17 Est-ce que Pauline est venue? 18 Est-ce que l'enfant est tombé?

> Modèle: Laissez-vous sortir le chat?
> Oui, je le laisse sortir.

19 Laissez-vous jouer les enfants? 20 Voyez-vous venir ma sœur?
21 Entendent-ils chanter les jeunes filles? 22 Laisse-t-il entrer le chat?
23 Avez-vous vu venir le taxi?

> Modèle: Avez-vous fait réciter le poème à la classe?
> Oui, nous avons fait réciter le poème par la classe.

24 Avez-vous fait écrire un résumé aux étudiants? 25 Avez-vous fait
envoyer un chèque à l'employé? 26 Avez-vous fait écrire une lettre au
secrétaire? 27 Avez-vous fait expliquer les règles au moniteur?

Plage à Cannes

Formation

The verb *aller* is a high-frequency irregular verb. The present tense has five oral and six written forms.

je vais	nous allons
tu vas	vous allez
on va	
il va	ils vont
elle va	elles vont

Observe the forms of the imperative. Notice that the *–s* is dropped from the 2nd person singular form as it is with regular *–er* verbs.

Va.   Allez.   Allons.

The imperfect tense of *aller* is formed regularly on the 1st person plural form *allons*, by replacing the *–ons* ending with the imperfect endings *–ais, –ais, –ait, –ions, –iez, –aient.*

En ce temps-là, j'allais à l'école primaire.
Nous allions à la campagne tous les week-ends.

The literary past tense (passé simple) is also built on the 1st person plural form of the present tense. The *–ons* ending is replaced by the endings *–ai, –as, –a, –èrent, –âmes, –âtes.*

Lafayette alla aux Etats-Unis.

The present participle of *aller* is formed regularly.

allant

The present subjunctive is regular in the 1st and 2nd person plural forms but develops a new stem for all other forms.

j'aille	nous allions
tu ailles	vous alliez
on aille	
il aille	ils aillent
elle aille	elles aillent

The future tense and the conditional tense of *aller* are built on a special stem *ir–* to which the regular endings are added.

FUTURE

Tu iras avec nous cet après-midi.

CONDITIONAL

En ce cas-là, j'irais la voir.

The compound tenses of *aller* are formed by using *être* in the appropriate tense as the auxiliary verb and the past participle *allé* which must agree in number and gender with the subject.

J'y suis allé.

Usage of *aller*

The verb *aller* has four primary uses.

1. To designate a change of place

> Il va à Paris.

2. To form the future and the past progressive tenses
Aller in the present tense followed by an infinitive is used to indicate an action that will occur in the near future.

> Je vais prendre le train ce soir.

A cheval dans le Bois de Boulogne

Aller in the imperfect tense followed by an infinitive is used to indicate an action that was going to happen in the past. This action may or may not have actually occurred.

J'allais déjeuner dans un bistrot, quand j'ai rencontré Paul.

When the infinitive of a reflexive verb is used after *aller*, the reflexive pronoun precedes the infinitive.

Je vais me coucher.

When the object of the infinitive is a pronoun, it also precedes the infinitive.

Je vais voir les Martin. Je vais les voir.

3. In a number of idiomatic expressions

aller à la guerre — *to go to war*
aller à la pêche — *to go fishing*
aller à la chasse — *to go hunting*
aller en voiture, en train — *to go by car, train*
aller à pied — *to go on foot, to walk*
aller à bicyclette — *to go by bicycle*
aller loin — *to succeed*
      Ce garçon est très intelligent; il ira loin.
aller trop loin — *to go too far (to go beyond what is acceptable to others)*
      Cet homme va trop loin! Je commence à être fâché.
aller bien, mal, mieux — *to feel well, bad, better*
aller à quelqu'un — *to suit, to become, to please someone*
      Cette robe vous va admirablement.
      Ces gants me vont tout à fait.
Allez-y — *Go ahead.*
Comment allez-vous? ⎫
Comment vas-tu? ⎬ *How are you?*
Comment va-t-elle? *How is she?*
Ça va? *Informal for "How are you?"*
Allons!, Allez!, Allons donc, Allez donc — *interjections indicating disbelief, impatience, etc.*

4. In the expression *s'en aller (to leave, to go away)*

Je m'en vais.

The imperative forms are as follows:

Va-t'en!	Ne t'en va pas!
Allez-vous-en!	Ne vous en allez pas!
Allons-nous-en!	Ne nous en allons pas!

EXERCICES   I   Répondez aux questions suivantes en employant le présent du verbe *aller* et la réponse donnée.

1 Où allez-vous? (à la pharmacie)   2 Comment va-t-il en ville? (à pied)
3 Comment est-ce que ce chapeau me va? (très bien)   4 Comment vont-ils à Paris? (en voiture)   5 Avec qui allons-nous sortir? (avec Georges et son ami)

II   Répondez aux questions suivantes en employant l'imparfait du verbe *aller*.

Modèle: Allez-vous jouer au tennis?
           Non, j'allais jouer au tennis mais je n'ai pas le temps.

1 Allez-vous partir en vacances?   2 Allez-vous voyager en Suisse?
3 Allez-vous assister à la conférence?   4 Allez-vous visiter Versailles?
5 Allez-vous rendre visite aux Dupont?

III   Répondez aux questions suivantes en employant le subjonctif du verbe *aller*.

Modèle: Pourquoi allez-vous à la conférence?
           Parce qu'il est important que j'y aille.

1 Pourquoi allez-vous au meeting?   2 Pourquoi va-t-elle au cours?
3 Pourquoi vas-tu à la bibliothèque?   4 Pourquoi vont-ils en classe?
5 Pourquoi est-ce que vous et Marie allez à l'examen?

IV   Suivez le modèle.

Modèle: Allez-vous à la pêche aujourd'hui?
           Non, mais j'irai demain.

1 Va-t-il à la chasse ce matin? (demain matin)   2 Allez-vous mieux aujourd'hui? (dans quelques jours)   3 Vas-tu à la bibliothèque maintenant? (dans quelques minutes)   4 Vont-ils à Chambord ce week-end? (la semaine prochaine)   5 Allons-nous au magasin tout de suite? (bientôt)

Modèle: Allez-vous voir les Leblanc? (si j'avais le temps)
           J'irais voir les Leblanc si j'avais le temps.

6 Allez-vous en France cet été? (si j'avais l'argent)   7 Allez-vous en ville à pied? (si je n'étais pas fatigué)   8 Va-t-elle au restaurant? (si elle n'était pas pressée)   9 Vont-ils à St.-Tropez? (s'ils étaient riches)
10 Allons-nous au Louvre? (si nous avions plus de temps)

Modèle: Où êtes-vous allé? (voir la cathédrale)
Je suis allé voir la cathédrale.

11 Avec qui est-elle allée au bal? (avec Robert) 12 A quelle heure est-il allé à l'auberge? (à sept heures et demie) 13 Où sont-ils allés? (à l'étranger) 14 Comment est-elle allée à l'aéroport? (dans un taxi) 15 Sont-ils allés à la pêche ou à la chasse? (à la chasse)

V Dites à ...

1 Dites à quelqu'un d'aller soigner le bébé. 2 Dites à quelqu'un de ne pas aller au meeting. 3 Dites à quelqu'un de s'en aller tout de suite. 4 Dites à quelqu'un de ne pas s'en aller. 5 Dites à un ami de s'en aller immédiatement. 6 Dites à une amie d'aller faire son lit. 7 Dites à un ami de ne pas aller si vite. 8 Dites à une amie de ne pas s'en aller.

VI Demandez ...

1 Demandez à un ami quand il s'en va. 2 Demandez à une amie quand elle s'en va. 3 Demandez à Monsieur pourquoi il s'en va. 4 Demandez à Madame avec qui elle s'en va. 5 Demandez à quelqu'un quand Marie s'en va. 6 Demandez à quelqu'un à quelle heure les Martin s'en vont.

Direct and indirect object pronouns in affirmative commands occur in the following combinations. Hyphens connect the verb and pronouns to one another.

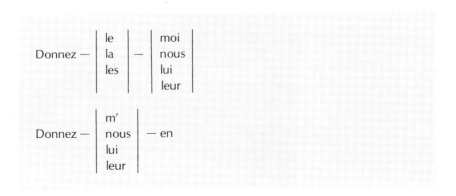

EXERCICES I Dites à quelqu'un...

Modèle: de vous donner le crayon.
Donnez-moi le crayon. Donnez-le-moi tout de suite!

1 de vous passer le carnet. 2 de vous envoyer le chèque. 3 de vous apporter les achats. 4 de vous apporter du beurre. 5 de vous donner du café.

Dites à une amie ou à un ami...

Modèle: de vous donner de l'eau.
Donne-nous de l'eau. Donne-nous-en maintenant!

6 de vous passer du sucre. 7 de vous apporter des journaux. 8 de vous rendre l'argent. 9 de vous donner la clef. 10 de vous envoyer les lettres.

II Répondez d'après le modèle.

Modèle: Faut-il donner des timbres à l'employé?
Oui, donnez-lui-en.

1 Faut-il rendre les tickets au patron? 2 Faut-il passer le cendrier aux invités? 3 Faut-il expliquer les règles aux ouvriers? 4 Faut-il apporter du café aux clients? 5 Faut-il envoyer de l'argent aux enfants?

Lequel as an interrogative pronoun

Lequel, laquelle, lesquels, lesquelles and their combined forms with *à* and *de* can be used interrogatively to ask "which one, which ones."

Laquelle des jeunes filles est malade? *Which one of the girls is sick?*
Duquel parlez-vous? *Which one are you talking about?*

EXERCICES   I   Répondez d'après le modèle.

Modèle: Laquelle de ces auberges préférez-vous?
Je préfère celle-ci.

1 Lequel de ces journaux préférez-vous? 2 Laquelle de ces églises préférez-vous? 3 Lesquels de ces tableaux impressionnistes préférez-vous? 4 Laquelle de ces cathédrales gothiques préférez-vous? 5 Lequel de ces romans modernes préférez-vous?

II   Répondez d'après le modèle.

> Modèle: Regardez ces livres.
> Lequel de ces livres aimez-vous mieux?

1 Regardez ces ouvrages.   2 Regardez ces cendriers.   3 Regardez ces tissus.   4 Regardez ces serrures.   5 Regardez ces pistes.

> Modèle: Je voudrais voir des pastilles.
> Lesquelles de ces pastilles préférez-vous?

6 Je voudrais voir des porte-monnaie.   7 Je voudrais voir des pâtes dentifrices.   8 Je voudrais voir des robes de cocktail.   9 Je voudrais voir des romans.   10 Je voudrais voir des tartes.

COMPOSITION

1   Quel est votre avis sur les vacances? Devrait-on faire des sacrifices pour s'offrir des vacances? Sur quoi? Devrait-on se restreindre pendant les vacances?

2   Si vous partiez en vacances et étiez riche et pouviez aller n'importe où, que feriez-vous? Décrivez vos vacances «idéales».

Littérature

Marius

Marcel Pagnol

Vocabulaire

I

Qu'arrive-t-il?   Qu'est-ce qui se passe?
                      Vous avez l'air inquiet. Qu'arrive-t-il?

conseil — m.   avis donné à quelqu'un pour orienter son action
                      Elle a raison de suivre votre conseil.

lunettes — f. pl.   paire de verres placée sur le nez devant les yeux
                      Il lisait le journal avec ses grosses lunettes.

rattraper   prendre quelque chose de nouveau
                      L'agent de police veut rattraper le prisonnier.

avouer   admettre une chose comme vraie; reconnaître la réalité d'un fait
                      L'assassin a avoué son crime.

Environs de Marseille

II

guérir   délivrer quelqu'un d'une maladie, d'un mal, d'un défaut
         Ce médicament vous guérira.

marin — m.   personne dont la profession est de naviguer sur la mer
         Marius veut être marin.

éclairé, e   répandu de lumière; lumineux
         On peut voir sans difficulté puisque les rues sont bien éclairées.

supplier   demander quelque chose à quelqu'un avec humilité et insistance
(syn. = je t'en prie)
         Je t'en supplie; ne pars pas sans moi.

souhaiter   désirer l'accomplissement d'une chose
         J'étais jalouse de cette fille. Je lui souhaitais la mort.

avenir — m.   le temps futur
         Il faut penser à l'avenir si vous voulez réussir dans la vie.

EXERCICES DE VOCABULAIRE   I

A   Dans les phrases suivantes, remplacez se *passer* par *arriver*.

1   Qu'est-ce qui se passe?
2   Je ne sais pas ce qui se passe.
3   Expliquez-moi ce qui se passe.

B   Complétez les phrases suivantes en employant le mot indiqué.

1   Quel _____ vous a-t-il donné? (conseil)
2   Je lui ai donné le _____ de rester ici. (conseil)
3   Méfiez-vous de lui; c'est le _____ d'un ami. (conseil)
4   Je ne peux pas voir; j'ai oublié mes _____. (lunettes)
5   Mon père porte toujours ses _____. (lunettes)
6   Quand je lis, je mets mes _____. (lunettes)

C   Répondez aux questions suivantes en employant la réponse donnée.

1   Qui a rattrapé le prisonnier? (l'agent de police)
2   Par qui est-ce que le criminel a été rattrapé? (par les autorités)
3   Qu'est-ce qu'il a avoué? (qu'il m'aime)
4   Qu'est-ce que le prisonnier a avoué? (son crime)

D   Répondez aux questions suivantes en employant la réponse donnée.

1   Qui a guéri le malade? (l'infirmière)
2   De quoi le médecin vous a-t-il guéri? (d'une angine)
3   Quelle est votre métier? (marin)
4   Qu'est-ce qu'il veut être? (marin)

E   Complétez les phrases suivantes en employant le mot *éclairé*.

1   Je n'ai pas peur; la maison est bien _____.
2   Cet appartement est sombre; il n'est pas assez _____.
3   Cette boutique semble bien _____.

F   Suivez le modèle.

Modèle :   Ferme cette porte.
           Je te supplie de fermer cette porte.

1   Jette un coup d'œil sur ce journal.
2   Avoue que tu m'aimes.
3   Marie-toi.

G   Répondez aux questions suivantes en employant la réponse donnée.

1   Qu'est-ce que vous souhaitez à vos amis? (la santé)
2   Qui vous a souhaité le bonheur? (mon ami Jacques)
3   Qu'est-ce qu'on vous a souhaité? (bon voyage)

H   Répondez d'après le modèle.

Modèle :   Avez-vous vu vos amis?
           Oui, mais à l'avenir je ne les verrai pas.

1   Avez-vous quitté vos amis?
2   Avez-vous oublié vos lunettes?
3   Avez-vous gâché vos vacances?

MARSEILLE

Marseille, qui se trouve sur la mer Méditerranée, est la plus ancienne de toutes les villes françaises. Son histoire remonte au sixième siècle avant Jésus–Christ quand les Grecs y ont construit un port. Le port de Marseille a toujours été sa raison d'être. Jusqu'au début du 19e siècle, il n'y avait qu'un port, le Vieux Port, mais l'augmentation du trafic au cours du 19e siècle rendait de plus en plus urgente la construction de ports auxiliaires. Actuellement, le Vieux Port n'est plus occupé que par la navigation de pêche ou de plaisance. Aujourd'hui le port de Marseille tient la première place parmi les ports français sur le continent européen, et il est dépassé seulement par Rotterdam et Anvers en Belgique. C'est de Marseille que les navires partent pour l'Afrique et pour l'Orient.

Paul Cézanne : l'Estaque

Marius

I

La pièce se passe dans le bar de César, le père de Marius, sur le Vieux Port à Marseille.

ACTE II
Scène VI
Marius, Fanny

MARIUS   C'est toi?

FANNY   Oui, tu attendais quelqu'un?

MARIUS   Non. Qu'arrive-t-il?

FANNY   Pas grand'chose. Tout à l'heure, en fermant l'éventaire... J'avais laissé la clef sur le cadenas... Je suis venue la chercher, voilà tout.

éventaire (m.) étalage de marchandises à l'extérieur d'une boutique
cadenas (m.) petite serrure mobile (padlock)

MARIUS   Ah oui!... Et moi, tu vois, je fais mon petit travail avant de me coucher.

fente (f.) ouverture étroite et longue

FANNY   J'ai vu de la lumière par la fente, j'ai frappé, voilà!

MARIUS   Tu as bien fait.

FANNY   Et puis, je voulais te dire que j'ai suivi ton conseil. J'ai refusé Panisse.

MARIUS   Quand?

FANNY   Tout à l'heure, en partant, je suis allée chez lui toute seule. Il était dans la salle à manger, il lisait le journal avec ses grosses lunettes. Je lui ai dit que j'avais réfléchi et que je ne voulais pas.

MARIUS   Je ne sais pas si tu as raison...

FANNY   Comment? C'est toi qui m'as conseillé de refuser.

MARIUS	Je trouve que tu es allée un peu vite... et moi, peut-être j'aurais mieux fait de me taire... et de ne pas prendre une pareille responsabilité.
FANNY	Laquelle?
MARIUS	De te faire manquer un beau parti. (*On entend un soulier qui frappe le plafond.*) C'est mon père qui se couche.
FANNY	Oh! ne sois pas inquiet pour moi, ce ne sont pas les partis qui manquent... (*On entend le deuxième soulier.*)
MARIUS	Panisse, c'était bien, tu sais... Enfin, si tu le veux, tu peux encore le rattraper.
FANNY	Alors, maintenant, c'est toi qui me conseilles de me vendre?...
MARIUS	Je veux te parler à propos de ce mariage. Je veux te parler comme un frère.
FANNY	Tu n'es pas mon frère.
MARIUS	Non, je le sais bien, mais c'est presque...
FANNY	Non, ce n'est pas presque. Tu n'es pas mon frère.
MARIUS	En tout cas, je te considère comme ma sœur.
FANNY	Je ne veux pas être ta sœur.
MARIUS	Mais pourquoi? (*Fanny fond en larmes, Marius s'approche d'elle, très ému.*) Fanny, qu'est-ce que tu as?
FANNY	C'est toi que j'aime, c'est toi que je veux. (*Il s'approche d'elle, il essaie de lui relever la tête.*) Maintenant que tu me l'as fait dire, sois au moins assez poli pour ne pas me regarder. (*Un temps.*) Et toi, Marius, tu ne m'aimes pas? (*Il se tait.*) Mais oui, tu m'aimes! Je le sais! J'en suis sûre! Allons, parle, dis-le moi.
MARIUS	Je te l'ai déjà dit, Fanny. Je ne peux pas me marier!
FANNY	Pourquoi! Parce que tu as une maîtresse? Tu pourrais bien me l'avouer. Pour un garçon, ce n'est pas un crime! Oh! va, j'ai déjà demandé à la fille du café de la Régence!

un beau parti une personne à marier qui représente des avantages considérables
soulier (m.) chaussure

fond en larmes pleure abondamment
ému se dit d'une personne qui éprouve une émotion

MARIUS	Qu'est-ce que tu lui as demandé?
FANNY	Si elle était ta bonne amie. Elle m'a juré qu'elle ne te connaît pas, et elle se marie la semaine prochaine.
MARIUS	Mais que va-t-elle penser de toi?
FANNY	*(se lève)* Oh! ce qu'elle voudra. Et, maintenant, je vais surveiller le jour et la nuit, et je finirai bien par savoir qui c'est!
MARIUS	Mais ce n'est personne!... Si je me mariais, ce serait avec toi. Ne me pose plus de questions, tu sauras tout dans quelques jours. Mais, maintenant, va-t'en, va-t'en, Fanny... *(Il remet la chaise en place.)*
FANNY	Non, non, je ne m'en vais pas. Je veux savoir. Je veux que tu me dises que je ne suis pas assez jolie, ou pas assez riche, ou alors, que tu me donnes une raison! Enfin, on ne fait pas pleurer les gens comme ça! Marius, dis-moi ton secret!
MARIUS	Si je te le disais, tu ne comprendrais pas, et peut-être, tu me trahirais!
FANNY	Moi, te trahir? *(Dans un sanglot.)* Marius!
MARIUS	Tu le répéterais parce que tu croirais que c'est pour mon bien.
FANNY	Dis-le moi, et je te jure devant Dieu que personne ne le saura jamais! Dis-le moi, Marius....
MARIUS	J'ai confiance en toi, je vais te le dire. Je veux partir.
FANNY	Partir? Pour aller où?
MARIUS	N'importe où, mais très loin. Partir.
FANNY	Pourquoi? Est-ce que ton père te rend malheureux?
MARIUS	Oh! non. Mon père a son caractère, mais il m'aime bien, et j'aurai de la peine à le quitter.
FANNY	Alors, qui t'oblige à partir?
MARIUS	Rien. Une envie.

j'aurai de la peine je serais triste

FANNY	Tu ne veux pas m'emmener avec toi?
MARIUS	Je ne peux pas t'emmener.
FANNY	C'est sur les bateaux que tu veux aller? ...

II

FANNY	Alors ce sont ces îles que tu veux connaître?
MARIUS	Les îles Sous-le-Vent? J'aimerais mieux ne jamais y aller pour qu'elles restent comme je les ai faites. Mais j'ai envie d'ailleurs, voilà ce qu'il faut dire. C'est une chose bête, une idée qui ne s'explique pas. J'ai envie d'ailleurs.

J'ai envie d'ailleurs Je désire être en un autre lieu

FANNY	Et c'est pour cette envie que tu veux me quitter?
MARIUS	Oui.
FANNY	Il n'y a rien d'autre?
MARIUS	Non, il n'y a rien d'autre.
FANNY	Marius, j'avais peur que tu ne m'aimes pas, je tremblais à l'idée que tu pouvais aimer une autre femme. Mais cette envie je n'en ai pas peur. Ce n'est rien, c'est une bêtise, c'est un rêve d'enfant, si tu m'aimes, je te guérirai!
MARIUS	Je ne sais pas.
FANNY	Et puis, si je ne réussis pas, tu seras marin! Tu feras comme les autres, tu ne seras pas toujours sur la mer! Est-ce que cela peut nous empêcher de nous marier, si tu veux de moi? *(Il se tait.)* Tu m'aimes, Marius, n'est-ce pas? Dis-le-moi au moins une fois!
MARIUS	Oui, je t'aime. *(Il s'est approché d'elle, elle se jette dans ses bras; ils s'embrassent longuement, puis Fanny le repousse avec douceur. Elle est profondément troublée, presque chancelante.)*

chancelante manquant d'équilibre

FANNY	Non, Marius... Assez... Je m'en vais... Si je rentrais trop tard, les voisins le diraient à ma mère...
	C'est vrai, va-t'en, tu as raison, va, ma petite Fanny...

Je ne peux pas t'accompagner, à cause de mon père...
Mais les rues sont encore éclairées... A demain, ma
petite Fanny... *(Elle hésite sur la porte.)* Tu as peur?

FANNY
Je n'ai pas peur de partir seule... Mais c'est drôle...
Il me semble que si je te quitte, je ne te verrai jamais
plus!

MARIUS
Quelle idée! Tu me verras ici demain matin!...

FANNY
C'est vrai. Eh bien, je m'en vais. Mais alors, jure-moi
que demain matin tu seras ici... C'est très bête, mais
jure-le-moi sur la mémoire de ta mère... Jure, Marius...

MARIUS
Non, ça me porterait malheur.

FANNY
Ça ne porte pas malheur quand on dit la vérité... Tu
ne veux pas jurer? *(D'un signe de tête, il refuse.
Fanny avance vers lui.)* Marius, tu pars cette nuit! Tu
pars cette nuit!

MARIUS
Oui, peut-être.

FANNY
Pourquoi dis-tu peut-être?

MARIUS
Parce que ce n'est pas sûr... Un matelot du *Coromandel*,
qui était en permission, n'est pas rentré. S'il n'est pas
à bord à minuit, je prends sa place.

> **matelot** (m.) homme de
> l'équipage d'un navire
> **permission** (f.) congé de
> courte durée accordé à un
> militaire

FANNY
Et tu attends qu'on vienne t'appeler?

MARIUS
Oui.

FANNY
Où va-t-il ce bateau?

MARIUS
En Australie.

FANNY
Dans combien de temps reviendras-tu?

MARIUS
C'est un voilier. Il faut compter six mois.

> **voilier** (m.) bateau à voiles;
> bateau que le vent fait
> avancer

FANNY
Marius, ne t'en va pas, je t'en supplie... Tu partiras plus
tard, sur un autre bateau... Marius, tu ne m'aimes pas!

MARIUS
Je ne t'aime pas! Si je ne t'aimais pas, je serais parti
depuis bien longtemps... C'est toujours ta jolie figure qui
m'a retenu... Mais maintenant, j'ai bien réfléchi, et je
sais qu'il faut que je parte...

> **figure** (f.) visage

	FANNY Si tu pars pour toujours, ma vie est perdue.
	MARIUS Mais non! Tu es bien jeune. Tu oublieras!
tresses (f. pl.) (braids)	FANNY T'oublier? Mais alors tu n'as pas compris! Marius, toi, je t'ai toujours aimé... Même quand j'étais petite, quand j'avais encore des tresses.
	MARIUS Tais-toi!
	FANNY Non, non, il faut que tu le saches... quand tu es parti soldat, je comptais les jours, et c'est pour te plaire que j'ai appris à coudre, pour qu'à chaque permission tu me voies dans une robe nouvelle... Et si tu parlais à une fille devant moi, je pleurais, je devenais toute pâle, et je lui souhaitais la mort!
	MARIUS Fanny!
	FANNY Quand je pensais à l'avenir, c'est toi que je voyais près de moi! Depuis des années, j'attendais d'être grande pour devenir ta femme et, chaque matin, je me disais: «C'est aujourd'hui qu'il me parlera...» J'ai tout essayé pour que tu me parles... J'ai accepté des fleurs de Victor, je t'ai dit que j'allais au bal, j'ai fait semblant d'écouter Panisse et, maintenant que tu me parles, c'est pour m'apprendre que tu m'aimes et que tu t'en vas!
	MARIUS Fanny, je t'en supplie, ne me dis plus rien, n'essaie pas de me retenir, c'est inutile... Je ne sais plus que faire, moi, entre toi qui me retiens et cette force qui me tire! On a frappé! (Il va vers la porte.)
s'accroche se retient à quelqu'un	FANNY (dans un cri) Non! Non! (Ils écoutent. Silence. Elle s'accroche à lui.)
	MARIUS Personne! Il est minuit moins cinq!
	FANNY Marius, ne pars pas, je t'en supplie... Reste encore un peu... Deux jours, tiens, deux jours...
menottes (f. pl.) bracelets métalliques avec lesquels on attache les poignets des prisonniers	MARIUS Si tu voyais qu'on m'emmène avec des menottes, tu ne pleurerais pas, pour ne pas m'enlever mon courage... Au contraire, tu me consolerais... Ne me dis rien: ce

n'est pas moi qui commande... Ma petite Fanny, je t'aime, je ne veux pas faire ton malheur... Laisse-moi partir. Oublie-moi...

FANNY   Jamais, jamais. Je t'attendrai.

MARIUS   Ne m'attends pas. Je repartirai. *(On frappe doucement au rideau de fer. La voix d'un marin appelle: «Marius! Marius!»)*

FANNY   Tais-toi, ne réponds pas; tais-toi... *(Il la repousse.)* Si tu pars, je me jette à la mer!

LA VOIX DU
MARIN   Il est rentré... il vient de rentrer!

MARIUS   Il est rentré?

FANNY   Tu ne pars pas! Ne sois pas triste, Marius... Tu verras, je t'aimerai tant que je finirai bien par te guérir! Va, puisque tu n'es pas parti, maintenant, je te garderai!

Marcel Pagnol

Marius (1929)

QUESTIONS   Répondez aux questions suivantes d'après le texte.

I
1   Qui travaille dans le bar?
2   Qui entre?
3   Sous quel prétexte Fanny vient-elle?
4   De l'extérieur comment est-ce que Fanny savait que Marius ne s'était pas couché?
5   Quel conseil a-t-elle suivi?
6   Quand a-t-elle refusé Panisse?
7   Où était Panisse quand Fanny est allée chez lui?
8   Que faisait-il?
9   Comment est-ce que Marius veut parler avec Fanny?
10 Fanny veut-elle être considérée comme une sœur?
11 Avec qui Fanny veut-elle se marier?
12 Marius aime-t-il Fanny?
13 Pourquoi ne peut-il pas se marier?
14 Où veut-il aller?
15 Est-ce que le père de Marius le rend malheureux?
16 Quels seront les sentiments de Marius en quittant son père?

Marseille : vue du Vieux Port

II

1 Quelle envie Marius a-t-il?
2 Qu'est-ce que Fanny pense de cette envie?
3 Quel pressentiment a-t-elle?
4 Pourquoi Marius a-t-il peur de continuer leur conversation?
5 Qu'est-ce que Fanny demande à Marius de jurer?
6 Sur quoi veut-elle qu'il jure?
7 Que dit-il en refusant?
8 Quand est-ce que cela ne porte pas malheur?
9 Pourquoi est-ce que Marius ne peut pas jurer d'être là le lendemain?
10 Marius va prendre la place de qui sur le *Coromandel?*
11 A quelle heure est-ce que le matelot doit être à bord?
12 Où va ce bateau?
13 Quelle sorte de bateau est-ce?
14 Combien de temps faut-il compter pour le voyage?
15 Qu'est-ce qui a toujours retenu Marius?
16 Depuis quand est-ce que Fanny aime Marius?
17 Que faisait-elle quand Marius est parti soldat?
18 Pourquoi a-t-elle appris à coudre?
19 Pourquoi pleurait-elle?
20 Qu'est-ce qu'elle souhaitait à une fille avec qui Marius parlait?
21 Pourquoi voulait-elle être grande?
22 Qu'est-ce qu'elle se disait chaque matin?
23 Pourquoi a-t-elle accepté des fleurs de Victor?
24 Pourquoi a-t-elle fait semblant d'écouter Panisse?
25 Qu'est-ce que le marin annonce?
26 Qu'est-ce que Fanny dit pour consoler Marius?

GRAMMAIRE

POSSESSIVE PRONOUNS

The possessive pronoun is used to replace a possessive adjective and a noun.

> son livre — le sien
> sa lettre — la sienne
> ses crayons — les siens

Possessive pronouns are always preceded by the definite articles *le, la, les* or by their contracted formes *au, aux, du, des*. They agree in gender and number with the noun they replace.

MASCULINE		FEMININE	
Singular	*Plural*	*Singular*	*Plural*
le mien	les miens	la mienne	les miennes
le tien	les tiens	la tienne	les tiennes
le sien	les siens	la sienne	les siennes
le nôtre	les nôtres	la nôtre	les nôtres
le vôtre	les vôtres	la vôtre	les vôtres
le leur	les leurs	la leur	les leurs

The vowel of *nôtre* and *vôtre* is pronounced /o/. The vowel of the possessive adjectives *notre* and *votre* is pronounced /ɔ/.

EXERCICES   I   Répondez d'après le modèle.

Modèle: Aimez-vous ma robe?
           Oui, j'aime la vôtre mais je préfère la mienne.

1 Aimez-vous mon carnet?   2 Aimez-vous mes chaussures?   3 Aimez-

vous mes dessins?   4 Aimez-vous la blouse de Marie?   5 Aimez-vous l'appartement de Paul?   6 Aimez-vous les amis de Robert?   7 Aimez-vous les camarades de Jacques et de Charles?   8 Aimez-vous l'auto des Lévèque?   9 Aimez-vous notre épicerie?   10 Aimez-vous nos meubles?

II   Répondez d'après le modèle.

> Modèle: Voici mon hôtel. Où est le vôtre?
> Le mien est là-bas.

1 Voici ma voiture. Où est la vôtre?   2 Voici mes bagages. Où sont les vôtres?   3 Voici mes parents. Où sont les vôtres?   4 Voici mon bus. Où est le vôtre?

> Modèle: Est-ce que ce livre est à nous?
> Oui, c'est le nôtre.

5 Est-ce que cet achat est à nous?   6 Est-ce que cet appareil est à toi?   7 Est-ce que cette auberge est à lui?   8 Est-ce que ce bistrot est à vous?   9 Est-ce que cette bôite aux lettres est à elle?   10 Est-ce que cette boucherie est à eux?   11 Est-ce que cette boulangerie est à elles?

«C'est sur les bateaux que tu veux aller?»

THIRD-GROUP VERB: *SAVOIR*

The present tense of *savoir* has four oral and five written forms.

je sais	nous savons
tu sais	vous savez
on sait	
il sait	ils savent
elle sait	elles savent

The imperfect tense is formed regularly on the stem *sav–*.

Il savait parler français quand il était jeune.

400   *Reflets du monde français*

The future tense and the conditional tense are formed on the special stem *saur–*.

FUTURE

Je saurai ce soir qui viendra.

CONDITIONAL

Tu saurais la leçon si tu avais étudié.

The present participle, the imperatives, and the present subjunctive are built on another special stem *sach–*.

PRESENT PARTICIPLE

sachant

IMPERATIVES

Sache.   Sachez.   Sachons.

Notice that *sache* is spelled without an *–s*.

PRESENT SUBJUNCTIVE

je sache	nous sachions
tu saches	vous sachiez
on sache	
il sache	ils sachent
elle sache	elles sachent

The past participle of *savoir* is *su*. The compound tenses are conjugated with *avoir* in the appropriate tense as the auxiliary verb.

The past conversational tense (passé composé) of *savoir* means "to know" or "to find out."

> J'ai su la vérité. *I found out the truth.*

The literary past tense (passé simple) adds the regular endings for second-group verbs, –s, –t, –rent, –ˆmes, –ˆtes.

> On sut les intentions des prisonniers.
> Nous sûmes la vérité.

Both *savoir* and *connaître* mean "to know," but they can rarely be used in the same construction. *Savoir* expresses:

1. Knowledge, usually of a factual nature.

> Je sais la date de la bataille de Waterloo.

2. The acquisition of a skill.

> Elle sait parler français.

Connaître is used to express:

1. Acquaintance.

> Je connais Marie Lagarde.

2. Familiarity with people, places, works of art or literature.

Il ne connaît pas la France.

Savoir and *connaître* may be used interchangeably in a construction such as:

Je sais ce poème.
Je connais ce poème.

The meaning of the two sentences is different, however. The use of *savoir* indicates a thorough knowledge and probably memorization; the use of *connaître* merely suggests knowledge of the existence of the poem and general familiarity with its contents.

Savoir may be followed by a noun, an infinitive, or a subordinate clause. *Connaître* is followed only by a noun.

Le Vieux Port : bateaux de pêche

EXERCICES I Posez la question d'après le modèle. Employez *savoir* ou *connaître* selon le cas.

> Modèle: les Rousseau
> Connaissez-vous les Rousseau?

> Modèle: jouer du piano
> Savez-vous jouer du piano?

1 Londres   2 le russe   3 Charles Dubois   4 jouer aux cartes   5 les poèmes de Prévert   6 parler espagnol   7 l'adresse de Pierre

II Dites à quelqu'un que vous savez ou que vous connaissez la chose mentionnée selon le cas.

> Modèle: les Rousseau
> Je connais les Rousseau.

> Modèle: jouer du piano
> Je sais jouer du piano.

1 cette région   2 lire   3 ce roman   4 où habitent les parents de Paul   5 son numéro de téléphone   6 leur fils   7 cet endroit

III Suivez le modèle.

> Modèle: Sait-il ce qui arrive?
> Maintenant non, mais autrefois il savait ce qui arrivait.

1 Savez-vous ce qui se passe?   2 Sait-il qui est le directeur?   3 Savent-ils où elle passe ses vacances?   4 Savez-vous quand le train part?   5 Sait-elle qui fait ce travail?

Modèle: Sait-elle la nouvelle?
　　　　 Non, mais elle la saura demain.

6 Savez-vous la date de son anniversaire?   7 Sait-elle votre adresse?
8 Sais-tu tes leçons?   9 Savent-ils leurs rôles?   10 Sait-il son discours par
cœur?

Modèle: Savez-vous le grec?
　　　　 Non, mais si j'étudiais, je le saurais.

11 Sais-tu le latin?   12 Savent-ils la grammaire?   13 Savez-vous les
verbes?   14 Sait-elle la règle des participes?   15 Sait-il le poème?

IV　Dites à...

1 Dites à quelqu'un de savoir le poème par cœur.   2 Dites à quelqu'un
de savoir écrire ce paragraphe en français.   3 Dites à quelqu'un de
savoir compter jusqu'à cent.   4 Dites à quelqu'un de savoir parfaitement
son rôle.   5 Dites à une amie de savoir bien son discours.   6 Dites à un
ami de savoir sa leçon.   7 Dites à une amie de savoir la chanson.
8 Dites à un ami de savoir toutes les formes du verbe *savoir*.

V　Répondez d'après le modèle.

Modèle: Il sait le grec, n'est-ce pas?
　　　　 Oui, et il est bon qu'il sache le grec.

1 Vous savez jouer au tennis, n'est-ce pas?   2 Il sait faire la cuisine,
n'est-ce pas?   3 Nous savons lire l'espagnol, n'est-ce pas?   4 Tu sais la
vérité, n'est-ce pas?   5 Vous savez son adresse à Paris, n'est-ce pas?

THIRD-GROUP VERB: *S'ASSEOIR*

The present tense of *s'asseoir* has four oral and five written forms and
involves an internal stem change.

je m'assieds	nous nous asseyons
tu t'assieds	vous vous asseyez
on s'assied	
il s'assied	ils s'asseyent
elle s'assied	elles s'asseyent

The imperative forms of *s'asseoir* are taken from the present indicative.

Assieds-toi.   Asseyez-vous.   Asseyons-nous.

The imperfect tense and the present subjunctive of *s'asseoir* are formed regularly on the stem *assey–*.

IMPERFECT

Je m'asseyais au fond de la classe.

PRESENT SUBJUNCTIVE

je m'asseye	nous nous asseyions
tu t'asseyes	vous vous asseyiez
on s'asseye	
il s'asseye	ils s'asseyent
elle s'asseye	elles s'asseyent

The future tense and the conditional tense of *s'asseoir* are built upon a special stem *assiér–*.

The past participle of *s'asseoir* is *assis*. The compound tenses are formed by using *être* in the appropriate tense as the auxiliary verb. The past participle agrees in number and gender with the subject. The masculine form is pronounced /a si/; the feminine form /a siz/.

Il s'est assis. *He sat down.*

The verb *asseoir* may be used in the passive voice to mean "to be seated." In this construction, the verb *être* is the main verb of the sentence and the past participle functions as an adjective.

Il est assis. *He is seated.*
Elle était assise. *She was seated.*

The literary past tense (passé simple) of *s'asseoir* is derived from the stem *assi–* to which the regular endings (*–s, –t, –rent, –̂mes, –̂tes*) are added.

Nous nous assîmes à nos pupitres.

I Répondez aux questions suivantes en employant la réponse donnée et le présent du verbe *s'asseoir.*

1 Pourquoi vous asseyez-vous? (parce que je ne me sens pas bien) 2 Où s'assied-il? (au fond de la salle) 3 Avec qui s'asseyent-elles? (avec leurs parents) 4 Sur quoi t'assieds-tu? (sur la chaise) 5 Qui s'assied sur ce banc? (mes amis et moi)

II Répondez aux questions suivantes en employant la réponse donnée et l'imparfait du verbe *s'asseoir.*

1 Pourquoi vous asseyiez-vous? (parce que j'étais fatigué) 2 Où s'asseyait-elle? (dans un fauteuil) 3 Avec qui s'asseyaient-ils? (avec leurs camarades) 4 Quand nous asseyions-nous? (avant la classe) 5 A côté de qui est-ce que je m'asseyais? (à côté de Pierre)

III Répondez aux questions suivantes en employant la réponse donnée et le futur du verbe *s'asseoir.*

1 Où vous assiérez-vous? (nous...au premier rang) 2 Quand vous assiérez-vous? (dans quelques minutes) 3 Pourquoi s'assiéra-t-il au dernier rang? (pour que le professeur ne le voie pas) 4 Où s'assiéront-ils? (au balcon) 5 Quand t'assiéras-tu? (bientôt)

IV Répondez aux questions suivantes en employant la réponse donnée et le passé composé du verbe *s'asseoir.*

1 Où s'est-elle assise? (dans son fauteuil) 2 Pourquoi vous êtes-vous assis? (parce que j'étais fatigué) 3 Quand t'es-tu assis? (tout à l'heure) 4 Pourquoi se sont-elles assises? (parce qu'elles avaient le temps) 5 Où se sont-ils assis? (devant le feu)

V Répondez aux questions suivantes comme vous voulez en employant le verbe *asseoir* à la voix passive.

1 Où êtes-vous assis? 2 Où est-ce que votre ami est assis? 3 Où est-ce que Marie est assise? 4 Avec qui est-ce que Paul est assis? 5 A côté de qui est-ce que le professeur est assis?

VI Répondez d'après le modèle.

Modèle: Pourquoi vous levez-vous? (elle)
Je me lève afin qu'elle s'asseye.

1 Pourquoi cédez-vous votre place? (elle) 2 Pourquoi changez-vous de place? (les jeunes filles) 3 Pourquoi cherchez-vous une chaise? (vous) 4 Pourquoi vous levez-vous? (l'enfant) 5 Pourquoi restez-vous debout? (les autres)

VII Dites à …

1 Dites à quelqu'un de s'asseoir.   2 Dites à quelqu'un de s'asseoir dans le fauteuil.   3 Dites à quelqu'un de ne pas s'asseoir.   4 Dites à quelqu'un de ne pas s'asseoir au fond de la salle.   5 Dites à un ami de s'asseoir. 6 Dites à une amie de s'asseoir à côté de vous.   7 Dites à un ami de ne pas s'asseoir.   8 Dites à une amie de ne pas s'asseoir sur le banc.

THE COMPOUND TENSES OF FRENCH

The compound tenses are formed by using *avoir* or *être* in the appropriate tense as the auxiliary verb and the past participle of the main verb.

The conversational past tense (passé composé) is formed by the present tense of *avoir* or *être* and the past participle.

J'ai parlé.	Je suis allé.
Il a fini.	Il est arrivé.

La Canebière : boulevard central de Marseille

The pluperfect tense *(plus-que-parfait)* is formed by the imperfect of *avoir* or *être* and the past participle.

Tu avais donné.   Tu étais entré.
Elle avait choisi.   Elle était restée.

The pluperfect is used to express an action which occurred at a more distant past time than that expressed by the conversational past tense.

Elle **avait** déjà **fini** quand je **suis arrivé**.

The future perfect tense *(futur antérieur)* is formed with the future tense of *avoir* or *être* and the past participle.

Ils auront demandé.   Ils seront montés.
Vous aurez obéi.   Vous serez tombé.

The future perfect tense indicates an action which will have taken place at some future time. It implies a completed action in the future.

Ils **auront dîné** avant mon arrivée.

The past conditional tense *(conditionnel passé)* is formed with the conditional tense of *avoir* or *être* and the past participle.

Dans ce cas, j'aurais déjeuné.   Dans ce cas, je serais venu.
Dans ce cas, tu aurais attendu.   Dans ce cas, tu serais parti.

The conditional past tense describes an action that would have happened or a condition that would have existed.

The past subjunctive tense *(subjonctif passé)* is formed by the present subjunctive of *avoir* or *être* and the past participle.

Je suis content qu'il ait parlé.   Je suis content qu'il soit venu.
Elle regrette que vous ayez attendu.   Elle regrette que vous soyez resté.

The past subjunctive has the same meaning as the past conversational tense.

The past infinitive is formed with the infinitive *avoir* or *être* and the past participle.

Après avoir parlé, il est parti.   Après être arrivé, il a commencé à
                                        travailler.

AGREEMENT OF THE PAST PARTICIPLE

The past participle of verbs conjugated with *avoir* must agree in number and gender with the preceding direct object. Agreement occurs most often in the following constructions:

1. In a relative clause introduced by *que*.

Voici la lettre **que** j'ai **écrite**.

2. In a sentence with a direct object pronoun.

Où est la lettre?
Je **l**'ai **donnée** au facteur.

3. In a question begun by an interrogative such as *quel* or *combien*.

Quelles fleurs avez-vous **choisies**?
Combien de fleurs avez-vous **achetées**?

The past participle of verbs conjugated with *être* agree in number and gender with the subject.

Ma **tante** est **morte** en février.
Mes **parents** sont **partis** hier.

EXERCICES Répondez d'après les modèles.

Modèle: Quand avez-vous étudié? (quand vous avez téléphoné)
          J'avais déjà étudié quand vous avez téléphoné.

1 Quand avez-vous fini votre travail? (quand vous êtes arrivé) 2 Quand avez-vous écrit votre composition? (quand Jean est arrivé) 3 Quand avez-vous déjeuné? (quand vous êtes venu) 4 Quand avez-vous envoyé la lettre? (quand je vous ai vu) 5 Quand vous êtes-vous réveillé? (quand vous m'avez appelé) 6 Quand vous êtes-vous levé? (quand vous m'avez téléphoné) 7 Quand êtes-vous sorti? (quand mes amis sont arrivés) 8 Quand êtes-vous revenu? (quand vous êtes entré)

Modèle; Quand sera-t-elle rentrée? (avant minuit)
          Elle sera rentrée avant minuit.

9 Qu'est-ce qu'ils auront demandé? (deux jours de congé) 10 Avec qui serez-vous sorti? (avec mon ami Robert) 11 Où aura-t-elle dîné? (à l'hôtel) 12 Où seront-ils allés? (au music-hall) 13 Qu'est-ce que vous aurez admiré? (les tableaux du Louvre) 14 A quelle heure serez-vous retournée? (vers trois heures de l'après-midi) 15 Qu'est-ce qu'elle aura acheté? (deux robes) 16 A qui auras-tu écrit? (à tous mes amis)

Modèle: Dans ce cas-là, serait-il rentré de bonne heure?
          Bien sûr. Il serait rentré de bonne heure.

17 Dans ce cas-là, seriez-vous allé au bal? 18 Dans ce cas-là, serait-elle venue seule? 19 Dans ce cas-là, est-ce que ses amis seraient descendus

à Nice? 20 Dans ce cas-là, aurait-elle habité cet appartement? 21 Dans ce cas-là, aurais-tu dit la vérité?

Modèle: Vous avez eu faim, n'est-ce pas? (... si j'avais bien mangé)
Oui, mais si j'avais bien mangé, je n'aurais pas eu faim.

22 Vous avez eu soif, n'est-ce pas? (... si j'avais bu de l'eau)   23 Elle a été malade, n'est-ce pas? (... si elle avait pris ce médicament)   24 Vous avez été triste, n'est-ce pas? (... si j'étais resté avec vous)   25 Elle a été fatiguée, n'est-ce pas? (... si elle s'était bien reposée)   26 Il a été en retard, n'est-ce pas? (... s'il s'était dépêché)

Modèle: Sont-ils partis en voyage?
Je ne crois pas qu'ils soient partis en voyage.

27 Est-elle revenue de bonne heure?   28 Avons-nous eu l'intention d'étudier?   29 Est-ce que Paul a hésité à y aller?   30 Est-ce que les enfants ont parlé à haute voix?   31 Sommes-nous arrivés en retard?

Modèle: Avez-vous écrit la lettre à votre mère?
Oui, je l'ai écrite à ma mère.

32 A-t-elle mis la robe sur le lit?   33 Avez-vous offert la pomme à l'enfant?   34 A-t-il couvert la chaise?   35 As-tu craint la vérité?   36 Ont-ils pris la bonne route?

QUESTIONS À DISCUTER

1 Décrivez Marius tel que vous l'imaginez. Quel âge doit-il avoir? Est-il beau, fort, sérieux, sympathique, romatique, responsable? A-t-il beaucoup d'imagination? Aime-t-il l'aventure?

2 Décrivez Fanny telle que vous la voyez. Quel âge doit-elle avoir? Est-elle jolie? Comment savez-vous qu'elle est admirée des garçons? Est-elle vivace, passionnée, tendre, jalouse? Donnez autant d'exemples que possible pour donner du poids à votre interprétation.

3 Si Marius ne part pas, croyez-vous que Fanny puisse le guérir de sa folie? Expliquez votre raisonnement.

4 Marius a envie d'ailleurs. Est-ce que comme lui vous avez eu une envie folle de faire quelque chose? Décrivez cette envie.

COMPOSITION

A Répondez aux questions suivantes.

1 Où est-ce que la pièce se passe?
2 Qui est César?
3 Où se trouve le bar de César?
4 Qui travaille dans le bar?
5 Qui entre dans le bar?
6 Sous quel prétexte est-ce que cette personne entre?

7   Qu'est-ce que Fanny vient de faire?
8   Pourquoi ne veut-elle pas ce beau parti?
9   Qui Fanny aime-t-elle?
10 Depuis quand aime-t-elle cette personne?
11 Est-ce que Marius aime Fanny?
12 Quelle envie secrète Marius a-t-il?
13 Qu'est-ce que Marius espère faire cette nuit?
14 Pourquoi ne part-il pas?
15 Que dit Fanny pour le consoler?

B Lisez les réponses que vous avez écrites. Arrangez-les en paragraphes. Améliorez le style en combinant les phrases et en les modifiant autant que nécessaire.

C Ajoutez tous les détails que vous jugez essentiels à un bon résumé de la pièce.

Verbs

In this list, the number at the right of each verb corresponds to the number of the verb, or of a similarly conjugated verb, in the table which follows. An asterisk (*) indicates that être is used as the auxiliary verb in the compound tenses. Verbs without the asterisk require avoir as the auxiliary verb.

accueillir (to receive)	7	dormir (to sleep)	31	promettre (to promise)	29
acheter (to buy)	2	écrire (to write)	26	recevoir (to receive)	35
admettre (to admit)	29	élire (to elect)	28	reconnaître (to recognize)	22
*aller (to go)	44	*s'endormir (to fall asleep)	31	reconstruire (reconstruct)	21
*s'en aller (to go away)	44	envoyer (to send)	8	recouvrir (to recover completely)	15
apercevoir (to perceive)	35	essayer (to try)	9	*redevenir (to become again)	41
*apparaître (to appear)	22	être (to be)	47	remettre (to postpone)	29
appartenir (to belong)	39	faire (to do)	48	reprendre (to take back)	34
appeler (to call)	3	falloir (to be necessary)	49	retenir (to reserve)	39
apprendre (to learn)	34	finir (to finish)	17	*revenir (to come back)	41
*s'asseoir (to sit down)	45	joindre (to join)	27	revoir (to see again)	16
atteindre (to attain)	23	lire (to read)	28	rire (to laugh)	14
attendre (to wait for)	18	manger (to eat)	10	rompre (to break)	36
avoir (to have)	46	mentir (to lie)	31	savoir (to know)	51
battre (to beat)	19	mettre (to put)	29	sentir (to smell)	31
*se battre (to fight)	19	*mourir (to die)	11	*se sentir (to feel)	31
boire (to drink)	20	*naître (to be born)	30	servir (to serve)	31
combattre (to combat)	19	nettoyer (to clean)	12	*se servir de (to use)	31
commencer (to begin)	4	obtenir (to obtain)	39	*sortir (to go out)	31
comprendre (to understand)	34	offrir (to offer)	15	souffrir (to suffer)	15
conduire (to drive, to conduct)	21	ouvrir (to open)	15	sourire (to smile)	14
connaître (to know)	22	paraître (to appear)	22	*se souvenir (to remember)	41
construire (to construct)	21	parcourir (to travel over)	5	suffire (to suffice)	37
contenir (to contain)	39	parler (to speak)	1	suivre (to follow)	38
convenir (to agree)	41	*partir (to leave)	31	surprendre (to surprise)	34
courir (to run)	5	parvenir (to reach, to succeed)	41	survivre (to survive)	42
couvrir (to cover)	15	peindre (to paint)	23	*se taire (to keep quiet)	32
craindre (to fear)	23	permettre (to permit)	29	tenir (to hold)	39
croire (to believe)	6	plaire (to please)	32	traduire (to translate)	21
cueillir (to pick, to gather)	7	pleuvoir (to rain)	50	transmettre (to transmit)	29
découvrir (to discover)	15	poursuivre (to pursue)	38	valoir (to be worth)	52
décrire (to describe)	26	pouvoir (to be able)	33	vaincre (to conquer)	40
détruire (to destroy)	21	préférer (to prefer)	13	*venir (to come)	41
*devenir (to become)	41	prendre (to take)	34	vivre (to live)	42
devoir (to owe, to have to)	24	prévoir (to foresee)	16	voir (to see)	16
dire (to say)	25	produire (to produce)	21	vouloir (to want)	43
disparaître (to disappear)	22				

FIRST-GROUP VERBS

1. **parler** *to speak*

Present Participle	parlant		nous parlerions
			vous parleriez
Past Participle	parlé		ils parleraient
			elles parleraient

Present	je parle	Literary Past	je parlai
	tu parles		tu parlas
	il parle		il parla
	elle parle		elle parla
	nous parlons		nous parlâmes
	vous parlez		vous parlâtes
	ils parlent		ils parlèrent
	elles parlent		elles parlèrent

Present Subjunctive	je parle	Imperative	parle
	tu parles		parlons
	il parle		parlez
	elle parle		
	nous parlions	Conversational Past	j'ai parlé
	vous parliez		tu as parlé
	ils parlent		il a parlé
	elles parlent		elle a parlé
			nous avons parlé
Imperfect	je parlais		vous avez parlé
	tu parlais		ils ont parlé
	il parlait		elles ont parlé
	elle parlait		
	nous parlions	Future Perfect	j'aurai parlé
	vous parliez		tu auras parlé
	ils parlaient		il aura parlé
	elles parlaient		elle aura parlé
			nous aurons parlé
Future	je parlerai		vous aurez parlé
	tu parleras		ils auront parlé
	il parlera		elles auront parlé
	elle parlera		
	nous parlerons	Pluperfect	j'avais parlé
	vous parlerez		tu avais parlé
	ils parleront		il avait parlé
	elles parleront		elle avait parlé
			nous avions parlé
Conditional	je parlerais		vous aviez parlé
	tu parlerais		ils avaient parlé
	il parlerait		elles avaient parlé
	elle parlerait		

Conditional Past	j'aurais parlé
	tu aurais parlé
	il aurait parlé
	elle aurait parlé
	nous aurions parlé
	vous auriez parlé
	ils auraient parlé
	elles auraient parlé

Past Subjunctive	j'aie parlé
	tu aies parlé
	il ait parlé
	elle ait parlé
	nous ayons parlé
	vous ayez parlé
	ils aient parlé
	elles aient parlé

2. acheter[1]   to buy

Pres. Part.	achetant
Past Part.	acheté
Pres.	il achète, nous achetons, ils achètent
Pres. Subj.	il achète, nous achetions, ils achètent
Imperf.	il achetait, nous achetions, ils achetaient
Fut.	il achètera, nous achèterons, ils achèteront
Cond.	il achèterait, nous achèterions, ils achèteraient
Lit. Past	il acheta, nous achetâmes, ils achetèrent

3. appeler[2]   to call

	appelant
	appelé
	il appelle, nous appelons, ils appellent
	il appelle, nous appelions, ils appellent
	il appelait, nous appelions, ils appelaient
	il appellera, nous appellerons, iis appelleront
	il appellerait, nous appellerions, ils appelleraient
	il appela, nous appelâmes, ils appelèrent

4. commencer[3]   to begin

Pres. Part.	commençant
Past Part.	commencé
Pres.	il commence, nous commençons, ils commencent
Pres. Subj.	il commence, nous commencions, ils commencent
Imperf.	il commençait, nous commencions, ils commençaient
Fut.	il commencera, nous commencerons, ils commenceront
Cond.	il commencerait, nous commencerions, ils commenceraient
Lit. Past	il commença, nous commençâmes, ils commencèrent

5. courir   to run

Pres. Part.	courant
Past Part.	couru
Pres.	il court, nous courons, ils courent
Pres. Subj.	il coure, nous courions, ils courent
Imperf.	il courait, nous courions, ils couraient
Fut.	il courra, nous courrons, ils courront
Cond.	il courrait, nous courrions, ils courraient
Lit. Past	il courut, nous courûmes, ils coururent

6. croire   to believe

	croyant
	cru
	il croit, nous croyons, ils croient
	il croie, nous croyions, ils croient
	il croyait, nous croyions, ils croyaient
	il croira, nous croirons, ils croiront
	il croirait, nous croirions, ils croiraient
	il crut, nous crûmes, ils crurent

[1] Like *acheter* are *mener, se promener, crever, lever, élever,* etc.

[2] Like *appeler* are *rappeler, jeter, projeter,* etc.

[3] Like *commencer* are *annoncer, avancer, se fiancer, forcer, influencer, lancer, menacer, placer, prononcer, recommencer, remplacer, tracer,* etc.

7. **cueillir** *to pick, to gather*

Pres. Part.	cueillant
Past Part.	cueilli
Pres.	il cueille, nous cueillons, ils cueillent
Pres. Subj.	il cueille, nous cueillions, ils cueillent
Imperf.	il cueillait, nous cueillions, ils cueillaient
Fut.	il cueillera, nous cueillerons, ils cueilleront
Cond.	il cueillerait, nous cueillerions, ils cueilleraient
Lit. Past	il cueillit, nous cueillîmes, ils cueillirent

8. **envoyer** *to send*

Pres. Part.	envoyant
Past Part.	envoyé
Pres.	il envoie, nous envoyons, ils envoient
Pres. Subj.	il envoie, nous envoyions, ils envoient
Imperf.	il envoyait, nous envoyions, ils envoyaient
Fut.	il enverra, nous enverrons, ils enverront
Cond.	il enverrait, nous enverrions, ils enverraient
Lit. Past	il envoya, nous envoyâmes, ils envoyèrent

9. **essayer** *to try*

Pres. Part.	essayant
Past Part.	essayé
Pres.	il essaie, nous essayons, ils essaient
Pres. Subj.	il essaie, nous essayions, ils essaient
Imperf.	il essayait, nous essayions, ils essayaient
Fut.	il essaiera (essayera), nous essaierons, ils essaieront
Cond.	il essaierait (essayerait), nous essaierions, ils essaieraient
Lit. Past	il essaya, nous essayâmes, ils essayèrent

10. **manger**[4] *to eat*

Pres. Part.	mangeant
Past Part.	mangé
Pres.	il mange, nous mangeons, ils mangent
Pres. Subj.	il mange, nous mangions, ils mangent
Imperf.	il mangeait, nous mangions, ils mangeaient
Fut.	il mangera, nous mangerons, ils mangeront
Cond.	il mangerait, nous mangerions, ils mangeraient
Lit. Past	il mangea, nous mangeâmes, ils mangèrent

11. **mourir** *to die*

Pres. Part.	mourant
Past Part.	mort
Pres.	il meurt, nous mourons, ils meurent
Pres. Subj.	il meure, nous mourions, ils meurent
Imperf.	il mourait, nous mourions, ils mouraient
Fut.	il mourra, nous mourrons, ils mourront
Cond.	il mourrait, nous mourrions, ils mourraient
Lit. Past	il mourut, nous mourûmes, ils moururent

12. **nettoyer** *to clean*

Pres. Part.	nettoyant
Past Part.	nettoyé
Pres.	il nettoie, nous nettoyons, ils nettoient
Pres. Subj.	il nettoie, nous nettoyions, ils nettoient
Imperf.	il nettoyait, nous nettoyions, ils nettoyaient
Fut.	il nettoiera, nous nettoierons, ils nettoieront
Cond.	il nettoierait, nous nettoierions, ils nettoieraient
Lit. Past	il nettoya, nous nettoyâmes, ils nettoyèrent

13. **préférer**[5] *to prefer*

Pres. Part.	préférant
Past Part.	préféré
Pres.	il préfère, nous préférons, ils préfèrent
Pres. Subj.	il préfère, nous préférions, ils préfèrent
Imperf.	il préférait, nous préférions, ils préféraient
Fut.	il préférera, nous préférerons, ils préféreront
Cond.	il préférera, nous préférerions, ils préféreront
Lit. Past	il préféra, nous préférâmes, ils préférèrent

[4] Like *manger* are *aménager, changer, diriger, encourager, s'engager, juger, mélanger, nager, negliger, neiger, voyager*, etc.

[5] Like *préférer* are *célébrer, compléter, considérer, espérer, pénétrer, posséder, précéder, régler, régner, répéter* and *suggérer.*

14. **rire** *to laugh*

Pres. Part.	riant
Past Part.	ri
Pres.	il rit, nous rions, ils rient
Pres. Subj.	il rie, nous riions, ils rient
Imperf.	il riait, nous riions, ils riaient
Fut.	il rira, nous rirons, ils riront
Cond.	il rirait, nous ririons, ils riraient
Lit. Past	il rit, nous rîmes, ils rirent

15. **souffrir** *to suffer*

souffrant
souffert
il souffre, nous souffrons, ils souffrent
il souffre, nous souffrions, ils souffrent
il souffrait, nous souffrions, ils souffraient
il souffrira, nous souffrirons, ils souffriront
il souffrirait, nous souffririons, ils souffriraient
il souffrit, nous souffrîmes, ils souffrirent

16. **voir** *to see*

Pres. Part.	voyant
Past Part.	vu
Pres.	il voit, nous voyons, ils voient
Pres. Subj.	il voie, nous voyions, ils voient
Imperf.	il voyait, nous voyions, ils voyaient
Fut.	il verra, nous verrons, ils verront
Cond.	il verrait, nous verrions, ils verraient
Lit. Past	il vit, nous vîmes, ils virent

SECOND-GROUP VERBS

17. **finir** *to finish*

Present Participle	finissant
Past Participle	fini

Present	
	je finis
	tu finis
	il finit
	elle finit
	nous finissons
	vous finissez
	ils finissent
	elles finissent

Present Subjunctive	
	je finisse
	tu finisses
	il finisse
	elle finisse
	nous finissions
	vous finissiez
	ils finissent
	elles finissent

Imperfect	
	je finissais
	tu finissais
	il finissait
	elle finissait
	nous finissions
	vous finissiez
	ils finissaient
	elles finissaient

Future	
	je finirai
	tu finiras
	il finira
	elle finira
	nous finirons
	vous finirez
	ils finiront
	elles finiront

Conditional	je finirais		ils finirent
	tu finirais		elles finirent
	il finirait		
	elle finirait	Imperative	finis
	nous finirions		finissons
	vous finiriez		finissez
	ils finiraient		
	elles finiraient	Conversational Past	j'ai fini
			tu as fini
Literary Past	je finis		il a fini
	tu finis		elle a fini
	il finit		nous avons fini
	elle finit		vous avez fini
	nous finîmes		ils ont fini
	vous finîtes		elles ont fini

18. attendre *to wait*

Pres. Part.	attendant
Past Part.	attendu
Pres.	il attend, nous attendons, ils attendent
Pres. Subj.	il attende, nous attendions, ils attendent
Imperf.	il attendait, nous attendions, ils attendaient
Fut.	il attendra, nous attendrons, ils attendront
Cond.	il attendrait, nous attendrions, ils attendraient
Lit. Past	il attendit, nous attendîmes, ils attendirent

19. battre *to beat*

	battant
	battu
	il bat, nous battons, ils battent
	il batte, nous battions, ils battent
	il battait, nous battions, ils battaient
	il battra, nous battrons, ils battront
	il battrait, nous battrions, ils battraient
	il battit, nous battîmes, ils battirent

20. boire *to drink*

Pres. Part.	buvant
Past Part.	bu
Pres.	il boit, nous buvons, ils boivent
Pres. Subj.	il boive, nous buvions, ils boivent
Imperf.	il buvait, nous buvions, ils buvaient
Fut.	il boira, nous boirons, ils boiront
Cond.	il boirait, nous boirions, ils boiraient
Lit. Past	il but, nous bûmes, ils burent

21. conduire *to lead*

	conduisant
	conduit
	il conduit, nous conduisons, ils conduisent
	il conduise, nous conduisions, ils conduisent
	il conduisait, nous conduisions, ils conduisaient
	il conduira, nous conduirons, ils conduiront
	il conduirait, nous conduirions, ils conduiraient
	il conduisit, nous conduisîmes, ils conduisirent

22. connaître *to know*

Pres. Part.	connaissant
Past Part.	connu
Pres.	il connaît, nous connaissons, ils connaissent
Pres. Subj.	il connaisse, nous connaissions, ils connaissent
Imperf.	il connaissait, nous connaissions, ils connaissaient
Fut.	il connaîtra, nous connaîtrons, ils connaîtront
Cond.	il connaîtrait, nous connaîtrions, ils connaîtraient
Lit. Past	il connut, nous connûmes, ils connurent

23. craindre *to fear*

	craignant
	craint
	il craint, nous craignons, ils craignent
	il craigne, nous craignions, ils craignent
	il craignait, nous craignions, ils craignaient
	il craindra, nous craindrons, ils craindront
	il craindrait, nous craindrions, ils craindraient
	il craignit, nous craignîmes, ils craignirent

24. **devoir** *to have to*

Pres. Part.	devant
Past Part.	dû, due (f.)
Pres.	il doit, nous devons, ils doivent
Pres. Subj.	il doive, nous devions, ils doivent
Imperf.	il devait, nous devions, ils devaient
Fut.	il devra, nous devrons, ils devront
Cond.	il devrait, nous devrions, ils devraient
Lit. Past	il dut, nous dûmes, ils durent

25. **dire** *to say*

	disant
	dit
	il dit, nous disons, vous dites, ils disent
	✓il dise, nous disions, ils disent
	il disait, nous disions, ils disaient
	il dira, nous dirons, ils diront
	il dirait, nous dirions, ils diraient
	il dit, nous dîmes, ils dirent

26. **écrire** *to write*

Pres. Part.	écrivant
Past Part.	écrit
Pres.	il écrit, nous écrivons, ils écrivent
Pres. Subj.	il écrive, nous écrivions, ils écrivent
Imperf.	il écrivait, nous écrivions, ils écrivaient
Fut.	il écrira, nous écrirons, ils écriront
Cond.	il écrirait, nous écririons, ils écriraient
Lit. Past	il écrivit, nous écrivîmes, ils écrivirent

27. **joindre** *to join*

	joignant
	joint
	il joint, nous joignons, ils joignent
	il joigne, nous joignions, ils joignent
	il joignait, nous joignions, ils joignaient
	il joindra, nous joindrons, ils joindront
	il joindrait, nous joindrions, ils joindraient
	il joignit, nous joignîmes, ils joignirent

28. **lire** *to read*

Pres. Part.	lisant
Past Part.	lu
Pres.	il lit, nous lisons, ils lisent
Pres. Subj.	il lise, nous lisions, ils lisent
Imperf.	il lisait, nous lisions, ils lisaient
Fut.	il lira, nous lirons, ils liront
Cond.	il lirait, nous lirions, ils liraient
Lit. Past	il lut, nous lûmes, ils lurent

29. **mettre** *to put*

	mettant
	mis
	il met, nous mettons, ils mettent
	✓ il mette, nous mettions, ils mettent
	il mettait, nous mettions, ils mettaient
	il mettra, nous mettrons, ils mettront
	il mettrait, nous mettrions, ils mettraient
	il mit, nous mîmes, ils mirent

30. **naître** *to be born*

Pres. Part.	naissant
Past Part.	né
Pres.	il naît, nous naissons, ils naissent
Pres. Subj.	il naisse, nous naissions, ils naissent
Imperf.	il naissait, nous naissions, ils naissaient
Fut.	il naîtra, nous naîtrons, ils naîtront
Cond.	il naîtrait, nous naîtrions, ils naîtraient
Lit. Past	il naquit, nous naquîmes, ils naquirent

31. **partir** *to leave*

	partant
	parti
	il part, nous partons, ils partent
	il parte, nous partions, ils partent
	il partait, nous partions, ils partaient
	il partira, nous partirons, ils partiront
	il partirait, nous partirions, ils partiraient
	il partit, nous partîmes, ils partirent

32. **plaire** *to please*

Pres. Part.	plaisant
Past Part.	plu
Pres.	il plaît, nous plaisons, ils plaisent
Pres. Subj.	il plaise, nous plaisions, ils plaisent
Imperf.	il plaisait, nous plaisions, ils plaisaient
Fut.	il plaira, nous plairons, ils plairont
Cond.	il plairait, nous plairions, ils plairaient
Lit. Past	il plut, nous plûmes, ils plurent

33. **pouvoir** *to be able*

	pouvant
	pu
	il peut, nous pouvons, ils peuvent
	il puisse, nous puissions, ils puissent
	il pouvait, nous pouvions, ils pouvaient
	il pourra, nous pourrons, ils pourront
	il pourrait, nous pourrions, ils pourraient
	il put, nous pûmes, ils purent

34. prendre *to take*

Pres. Part.	prenant
Past Part.	pris
Pres.	il prend, nous prenons, ils prennent
Pres. Subj.	il prenne, nous prenions, ils prennent
Imperf.	il prenait, nous prenions, ils prenaient
Fut.	il prendra, nous prendrons, ils prendront
Cond.	il prendrait, nous prendrions, ils prendraient
Lit. Past	il prit, nous prîmes, ils prirent

35. recevoir *to receive*

	recevant
	reçu
	il reçoit, nous recevons, ils reçoivent
	il reçoive, nous recevions, ils reçoivent
	il recevait, nous recevions, ils recevaient
	il recevra, nous recevrons, ils recevront
	il recevrait, nous recevrions, ils recevraient
	il reçut, nous reçûmes, ils reçurent

36. rompre *to break*

Pres. Part.	rompant
Past Part.	rompu
Pres.	il rompt, nous rompons, ils rompent
Pres. Subj.	il rompe, nous rompions, ils rompent
Imperf.	il rompait, nous rompions, ils rompaient
Fut.	il rompra, nous romprons, ils rompront
Cond.	il romprait, nous romprions, ils rompraient
Lit. Past	il rompit, nous rompîmes, ils rompirent

37. suffire *to suffice*

	suffisant
	suffi
	il suffit, nous suffisons, ils suffisent
	il suffise, nous suffisions, ils suffisent
	il suffisait, nous suffisions, ils suffisaient
	il suffira, nous suffirons, ils suffiront
	il suffirait, nous suffirions, ils suffiraient
	il suffit, nous suffîmes, ils suffirent

38. suivre *to follow*

Pres. Part.	suivant
Past Part.	suivi
Pres.	il suit, nous suivons, ils suivent
Pres. Subj.	il suive, nous suivions, ils suivent
Imperf.	il suivait, nous suivions, ils suivaient
Fut.	il suivra, nous suivrons, ils suivront
Cond.	il suivrait, nous suivrions, ils suivraient
Lit. Past	il suivit, nous suivîmes, ils suivirent

39. tenir *to hold*

	tenant
	tenu
	il tient, nous tenons, ils tiennent
	il tienne, nous tenions, ils tiennent
	il tenait, nous tenions, ils tenaient
	il tiendra, nous tiendrons, ils tiendront
	il tiendrait, nous tiendrions, ils tiendraient
	il tint, nous tînmes, ils tinrent

40. vaincre *to conquer*

Pres. Part.	vainquant
Past Part.	vaincu
Pres.	je vaincs, tu vaincs, il vainc, nous vainquons, ils vainquent
Pres. Subj.	il vainque, nous vainquions, ils vainquent
Imperf.	il vainquait, nous vainquions, ils vainquaient
Fut.	il vaincra, nous vaincrons, ils vaincront
Cond.	il vaincrait, nous vaincrions, ils vaincraient
Lit. Past	il vainquit, nous vainquîmes, ils vainquirent

41. venir *to come*

Pres. Part.	venant
Past Part.	venu
Pres.	il vient, nous venons, ils viennent
Pres. Subj.	il vienne, nous venions, ils viennent
Imperf.	il venait, nous venions, ils venaient
Fut.	il viendra, nous viendrons, ils viendront
Cond.	il viendrait, nous viendrions, ils viendraient
Lit. Past	il vint, nous vînmes, ils vinrent

42. vivre *to live*

	vivant
	vécu
	il vit, nous vivons, ils vivent
	il vive, nous vivions, ils vivent
	il vivait, nous vivions, ils vivaient
	il vivra, nous vivrons, ils vivront
	il vivrait, nous vivrions, ils vivraient
	il vécut, nous vécûmes, ils vécurent

43. vouloir *to want*

Pres. Part.	voulant
Past Part.	voulu
Pres.	il veut, nous voulons, ils veulent
Pres. Subj.	il veuille, nous voulions, ils veuillent
Imperf.	il voulait, nous voulions, ils voulaient
Fut.	il voudra, nous voudrons, ils voudront
Cond.	il voudrait, nous voudrions, ils voudraient
Lit. Past	il voulut, nous voulûmes, ils voulurent

THIRD-GROUP VERBS *(irregular verbs)*

44. aller *to go*

Pres. Part.	allant
Past Part.	allé
Pres.	je vais, tu vas, il va, nous allons, vous allez, ils vont
Pres. Subj.	j'aille, tu ailles, il aille, nous allions, vous alliez, ils aillent
Imperf.	j'allais, tu allais, il allait, nous allions, vous alliez, ils allaient
Fut.	j'irai, tu iras, il ira, nous irons, vous irez, ils iront
Cond.	j'irais, tu irais, il irait, nous irions, vous iriez, ils iraient
Lit. Past	j'allai, tu allas, il alla, nous allâmes, vous allâtes, ils allèrent
Imper.	va, allons, allez

45. s'asseoir *to sit down*

Pres. Part.	s'asseyant
Past Part.	assis
Pres.	je m'assieds, tu t'assieds, il s'assied, nous nous asseyons, vous vous asseyez, ils s'asseyent
Pres. Subj.	je m'asseye, tu t'asseyes, il s'asseye, nous nous asseyions, vous vous asseyiez, ils s'asseyent
Imperf.	je m'asseyais, tu t'asseyais, il s'asseyait, nous nous asseyions, vous vous asseyiez, ils s'asseyaient
Fut.	je m'assiérai, tu t'assiéras, il s'assiéra, nous nous assiérons, vous vous assiérez, ils s'assiéront
Cond.	je m'assiérais, tu t'assiérais, il s'assiérait, nous nous assiérions, vous vous assiériez, ils s'assiéraient
Lit. Past	je m'assis, tu t'assis, il s'assit, nous nous assîmes, vous vous assîtes, ils s'assirent
Imper.	assieds-toi, asseyons-nous, asseyez-vous

46. avoir *to have*

Pres. Part.	ayant
Past.	eu
Pres.	j'ai, tu as, il a, nous avons, vous avez, ils ont
✓ Pres. Subj.	j'aie, tu aies, il ait, nous ayons, vous ayez, ils aient
Imperf.	j'avais, tu avais, il avait, nous avions, vous aviez, ils avaient
Fut.	j'aurai, tu auras, il aura, nous aurons, vous aurez, ils auront
Cond.	j'aurais, tu aurais, il aurait, nous aurions, vous auriez, ils auraient
Lit. Past	j'eus, tu eus, il eut, nous eûmes, vous eûtes, ils eurent
Imper.	aie, ayons, ayez

47. être *to be*

Pres. Part.	étant
Past Part.	été
Pres.	je suis, tu es, il est, nous sommes, vous êtes, ils sont
Pres. Subj.	je sois, tu sois, nous soyons, vous soyez, ils soient *soit*
Imperf.	j'étais, tu étais, il était, nous étions, vous étiez, ils étaient
Fut.	je serai, tu seras, il sera, nous serons, vous serez, ils seront
Cond.	je serais, tu serais, il serait, nous serions, vous seriez, ils seraient
Lit. Past	je fus, tu fus, il fut, nous fûmes, vous fûtes, ils furent
Imper.	sois, soyons, soyez

48. faire *to do, to make*

Pres. Part.	faisant
Past Part.	fait
Pres.	je fais, tu fais, il fait, nous faisons, vous faites, ils font
Pres. Subj.	je fasse, tu fasses, il fasse, nous fassions, vous fassiez, ils fassent
Imperf.	je faisais, tu faisais, il faisait, nous faisions, vous faisiez, ils faisaient
Fut.	je ferai, tu feras, il fera, nous ferons, vous ferez, ils feront
Cond.	je ferais, tu ferais, il ferait, nous ferions, vous feriez, ils feraient
Lit. Past	je fis, tu fis, il fit, nous fîmes, vous fîtes, ils firent
Imper.	fais, faisons, faites

49. falloir *to be necessary*   50. pleuvoir *to rain*

Pres. Part.	——	pleuvant
Past Part.	fallu	plu
Pres.	il faut	il pleut
Pres. Subj.	il faille	il pleuve
Imperf.	il fallait	il pleuvait
Fut.	il faudra	il pleuvra
Cond.	il faudrait	il pleuvrait
Lit. Past	il fallut	il plut
Imper.	——	——

51. savoir *to know*

Pres. Part.	sachant
Past Part.	su
Pres.	je sais, tu sais, il sait, nous savons, vous savez, ils savent
Pres. Subj.	je sache, tu saches, il sache, nous sachions, vous sachiez, ils sachent
Imperf.	je savais, tu savais, il savait, nous savions, vous saviez, ils savaient
Fut.	je saurai, tu sauras, il saura, nous saurons, vous saurez, ils sauront
Cond.	je saurais, tu saurais, il saurait, nous saurions, vous sauriez, ils sauraient
Lit. Past	je sus, tu sus, il sut, nous sûmes, vous sûtes, ils surent
Imper.	sache, sachons, sachez

52. valoir *to be worth*

Pres. Part.	valant
Past Part.	valu
Pres.	je vaux, tu vaux, il vaut, nous valons, vous valez, ils valent
Pres. Subj.	je vaille, tu vailles, il vaille, nous valions, vous valiez, ils vaillent
Imperf.	je valais, tu valais, il valait, nous valions, vous valiez, ils valaient
Fut.	je vaudrai, tu vaudras, il vaudra, nous vaudrons, vous vaudrez, ils vaudront
Cond.	je vaudrais, tu vaudrais, il vaudrait, nous vaudrions, vous vaudriez, ils vaudraient
Lit. Past	je valus, tu valus, il valut, nous valûmes, vous valûtes, il valurent
Imper.	vaux, valons, valez

Vocabulary

Numbers correspond to the lesson in which a word appeared in *Vocabulaire actif.*

abondamment   abundantly

d'abord   at first; to begin with

aboutir   to lead to; to result in; to succeed

abri *m*   shelter, cover

abriter   to shelter, protect

accabler   to crush, overcome, to overthrow

accélérer   to accelerate   12

accomplissement *m*   accomplishment

s'accouder   to lean on one's elbows

accoutumé, -e   habitual

s'accrocher   to cling to

accroissement *m*   increase

accueillir   to greet, welcome

accueil *m*   greeting

achat *m*   purchase   1

achever   to finish, terminate

acier *m*   steel

acte *m*   action

actuellement   currently   9

adage *m*   adage, saying

admettre   to admit

s'adoucir   to soften

adroit, -e   capable, skillful   16

aérien, -enne   aerial

affaire *f*   affair; business; **homme d'—s** *m*   businessman   2

affamer   to starve

affiche *f*   poster, placard

afficher   to post an announcement   4

affreux, -euse   awful, horrible

agir   to act; **s'— de**   to be a question of   16

s'agiter   to be agitated; to move

agraire   agrarian

aigu, -ë   sharp acute

aiguille *f*   needle

ailleurs   elsewhere

aîné, -e   elder, eldest   7

ainsi   thus   5

aisance *f*   assurance, ease

ajouter   to add

alimentaire   relating to food; **produits —s**   food products

allié, -e   allied

s'allonger   to stretch out; to lie down

allumer   to light   3

alors   then; at that time

alpinisme *m*   mountain climbing

ambiance *f*   atmosphere   8

âme *f*   soul

améliorer   to better, improve   11

aménagé, -e   arranged, prepared

aménager   to prepare

amener   to bring, lead

s'amenuiser   to become smaller

amertume *f*   bitterness

amitié *f*   friendship

ancien, -enne   former   1

angine *f*   tonsillitis

angoisse *f*   anguish, distress, agony

apaiser   to appease, pacify; to calm; **s'—**   to subside

apercevoir   to perceive; to catch sight of; **s'—**   to realize; to be aware of

apparaître   to appear

appareil *m*   telephone   12

appareil de photo *m*   camera

apparence *f*   appearance

appartenir   to belong to   4

s'appliquer   to apply oneself; to devote oneself

appuyer   to support; to lean; to press; **s'— sur**   to lean against, rest on   16

aquarelle *f*   water-color

arête *f*   bone

arpète *f*   apprentice

s'arracher   to tear away

arrière *m*   rear; **en —**   behind, backwards

arriver   to arrive; to happen   17; **— à**   to succeed   7

arrondissement *m*   district, ward

arroser   to water, sprinkle

artisanal, -e   made by hand

aspirateur *m*   vacuum cleaner

assister   to assist, aid; **— à**   to attend, be present at   3

assommer   to stun

assurer   to assure, affirm   8

atteindre   to reach, attain

attendre   to wait for, await; **s'— à**   to expect; **— de**   to want from

attente *f*   wait   12

atterrir   to land   2

atterrissage *m*   landing

attirer   to attract   8

attraper   to catch (a cold)   16

attribuer   to attribute; to allot, assign

auberge *f*   inn; **— de jeunesse**   youth hostel   6

aucun, -e   not any; **— ...ne**   no, not any, no one

ausculter   to examine

aussitôt que   as soon as

auteur *m*   author

autour   around

autrefois   formerly

avance: en —   early   14

avenir *m*   future   17

avertir   to warn; to notify

aveugle   blind   16

avis *m*   opinion, judgment   16

avouer   to admit, acknowledge   17

baguette *f*   long thin loaf of French bread

baigner   to bathe; to give a bath; to dip; **se —**   to bathe oneself   8

baisser   to lower, let down; to drop   12

balbutier   to stammer

banc *m*   bench, seat

banlieue *f*   suburbs   8

baraque *f*   shed; barracks

barbelé *m*   barbed wire

barbouiller   to smear, dirty

bas, basse   low

bâtard *m* short one-pound loaf of bread
battant *m* swinging door
batteuse *f* electric mixer
battre to beat; to defeat; **se —** to fight
bavarder to gossip; to chat 10
bénéficier to benefit, profit
bénir to bless
besoin *m* need
bête *f* beast, animal
bêtise *f* piece of stupidity 8
bienséance *f* decency, seemliness
bientôt soon
billet *m* ticket; **— aller et retour** round-trip ticket
bistrot *m* pub 17
boeuf *m* beef
bois *m* wood, forest
boisson *f* beverage, drink
boîte *f* box, jar, can; **— aux lettres** mailbox 3 **— de bouquiniste** display case
bonbon *m* candy
bondir to jump; to bounce
bonheur *m* happiness
bonne *f* maid, servant
bord *m* shore, bank
borne *f* boundary, limit 16
boucher *m* butcher
boucherie *f* butcher shop 10
bouger to move, budge, stir
boulangerie *f* bakery 10
bouleversement *m* overthrow, overturning, upsetting
bouleverser to upset, disrupt
bouquiniste *m* second-hand bookseller
bourgeron *m* overalls
bourse *f* purse, bag, pouch; funds; scholarship 8
bout *m* extremity, end 1
bouteille *f* bottle
boutique *f* shop 10
bref in short, briefly
briller to shine, sparkle
broder to embroider
brouillard *m* fog
bruit *m* noise
brûlant, -e burning

brûler to burn 7
brusquement suddenly, abruptly 12
bruyant, -e noisy, loud
but *m* aim, goal 5
buté, -e obstinate
buter to knock against; to trip

cabine *f* telephone booth 12
cabinet *m* chambers, office where clients are received 16
câbleur *m* person who installs cables
cacher to hide, conceal
cachet *m* medicine
cadenas *m* padlock
cadence *f* rhythm
cadre *m* managerial staff 9
caillou *m* pebble 4
caméra *f* movie camera
car because, for; as; *m* bus
carnet *m* notebook 15
carnet de timbres *m* book of stamps 12
carrefour *m* crossroads, intersection
carrière *f* career
carte *f* card; **— d'alimentation** ration ticket; **— postale** post card
casser to break
causer to converse, chat
céder to give in, submit, yield
cendre *f* ash 4
cendrier *m* ash tray 4
centrale électrique *f* power-station
cependant yet, still, nevertheless
cerner to surround
certes yes; indeed!
chacun, -e each (one) 12
champ *m* field
chancelant, -e wavering, unsteady
chant *m* lyric
charcuterie *f* pork butcher shop 10
chasse *f* hunt, hunting
chasser to hunt; to dismiss
châtier to punish, chastise
chauffeur routier *m* truck driver
chemin *m* path, road; **— de fer** railroad 14

cheminée *f* chimney
chèque postal *m* check drawn on French Post Office bank
chiffre *m* figure, digit 17
choix *m* choice 4
chômage *m* unemployment
chuchoter to whisper 16
chute *f* fall
cimetière *m* cemetery 4
circulation *f* traffic
ciseaux *m pl* scissors
citoyen, -enne *m/f* citizen
clandestin, -e clandestine, secret
cochonnerie *f* filthiness
cogner to beat
coin *m* corner 5
colifichet *m* trinket
coller to affix
colombe *f* dove
colonie de vacances *f* summer camp 6
colonne *f* column, pillar
commandement *m* command, order
commencement *m* beginning
commerçant *m* merchant
commettre to commit
communauté *f* community
compatriote *m/f* compatriot
complice *m/f* accomplice
composer to dial; **se —** to consist
compter to count; to rely
comptoir *m* store counter
concevoir to conceive; to imagine
concierge *m/f* caretaker
conclure to conclude
concours *m* cooperation, assistance, help; competitive examination 9
condamner to condemn
conduire to drive; to take
confection *f* putting together (of parts of garment, etc.)
confier to entrust; to disclose
congé *m* leave, holiday; discharge 1
se consacrer to dedicate oneself
conscience *f* consciousness
conseil *m* advice 17
conseiller to advise, recommend

conséquent par — consequently
consigne *f* baggage-check
consommation *f* consumption;
  de — courante the latest style
constatation *f* remark, observation
constater to state
construire to construct, build
consultation *f* consultation 16
contemporain, -e contemporary
contenir to contain
contenter to content, satisfy;
  se — to be content
contenu *m* contents
contrarier to oppose, run counter
  to
contrat *m* contract, agreement
contrôler to check (tickets)
convaincre to convince 3
convenable suitable 7
convenir à to agree; to suit 10
corde *f* rope
cordonnier *m* shoemaker 10
correspondance *f* communication
  transfer 4
cortège *m* procession
côtelette *f* cutlet; — de porc
  pork chop
couchette *f* Pullman berth
coudre to sew, stitch 5
couler to run, flow; se — to slip
couloir *m* corridor
cour *f* court; courtyard
courant, -e current; running;
  au — informed; de consommation —e the latest style
couronnement *m* coronation
courrier *m* mail 12
cours *m* course, class; au — de
  during; — du change rate of
  exchange
courses *f pl* errands, shopping;
  faire des — to go shopping
  10
coût *m* cost, price 17
couture *f* dressmaking; haute —
  high-fashion 5
couturier *m* high fashion
  designer 5
couvert *m* cover; dinner utensils
couverture *f* covering, cover
crainte *f* fear

crèche *f* day-care center
créer to create 5
creux,-euse hollow
crocheter to pick (a lock)
cruauté *f* cruelty
cuiller *f* spoon
cuire to cook
cuisinière *f* kitchen range 17
cuisson *f* cooking, baking

daim *m* suede
dalle *f* paving stone
davantage more
débarquement *m* debarkation
débarquer to land, disembark
  15
débiter to debit
debout upright, on end;
  standing 8
début *m* beginning, start,
  outset 1
débutant *m* novice
décès *m* decease, death: acte
  de — death certificate
décevoir to deceive, delude
déchirer to rend, tear up
déclencher to set into motion
décollage *m* take-off
décoller to take off in flight
découverte *f* discovery
décréter to decree
défaire to destroy, to undo, pull
  to pieces
défaut *m* imperfection
défi *m* challenge
défilé *m* parade; —de
  mannequins fashion show
se dégager to free oneself, get free
délabré, -e ruined, shattered
demander to ask; se — to
  wonder
demi-tour *m* half-turn
dépêche *f* telegram 12
se dépêcher to hurry
dépendre to depend 7
dépense *f* expenditure,
  expense 8
déplacement *m* displacement
déplaire to displease
déranger to bother, disturb
déroulement *m* unwinding

dès as long ago as; — que as
  soon as
désormais henceforth, from now
  on
dessein *m* intention, purpose
desservir to serve (district)
dessin *m* design, pattern 5
dessous under(neath), below; *m*
  lower part, bottom 7
dessus above, over; *m* top,
  upper part
destin *m* fate, destiny
détaillé, -e detailed
détendre to slacken, relax; se —
  to become slack; to relax 3
détente *f* relaxation
détruire to destroy 3
dette *f* debt
dévaloriser to devaluate
diapason *m* pitch
digne worthy, deserving
diriger to direct, control, manage;
  se — to make one's way
discours *m* talk, speech
disposer to arrange
distraction *f* diversion,
  entertainment
se distraire to amuse oneself
divers, -e diverse
divertissement *m* entertainment,
  pastime
diviser to divide
dizaine *f* (about) ten 5
dominer to rule; to tower above
dommage *m* pity, c'est — Quel —!
  That's too bad! What a shame! 5
don *m* gift; talent; present
donner to give; — congé to
  dismiss
dont from, by, with, whom or
  which
doter to give, endow
douanier *m* customs officer
douceur *f* sweetness, gentleness
douleur *f* pain, suffering
douloureux, -euse painful
se douter to suspect
douteux,-euse doubtful,
  questionable
drap *m* (bed-) sheet
droit *m* law; right 9

durée f   duration
durer   to last, endure   1

échanger   to exchange
échapper   to escape   1
échec m   failure
éclairé, –e   lit, illuminated   17
écoulé, –e   run out
écran m   screen
écraser   to crush
effectuer   to carry out
s'efforcer   to strive, endeavour   17
effrayer   to frighten   4
égal, –e   equal
égoïste m/f   egoist; egoistic
électronicien, –ienne m/f   electronics specialist
élever   to elevate, raise; **s'—**   to rise (up)
s'éloigner   to move off, withdraw
embarquement m   embarkation
embarras m   obstruction
embouteillage m   bottleneck, traffic jam   1
emmener   to take; to take away
empêcher   to prevent, hinder   12
empire m   control
empirer   to worsen
emporter   to take; to take away
emprunter   to borrow
enclume f   anvil
encombrement m   congestion
encombrer   to obstruct; to encumber   2
endosser   to take on, assume
endroit m   place, spot
enfer m   hell
enfermer   to enclose; to shut up
s'enfuir   to flee
englober   to include, embody
enivrer   to transport, carry away
enlèvement m   removal
ennui m   worry, trouble, annoyance   11
ennuyer   to worry, annoy, bother; to bore
ennuyeux, –euse   tedious; annoying, worrying
enquérir   to inquire, ask
enqête f   inquiry, survey
enregistrer   to check (baggage)

ensemble   whole, entirety; together
ensoleillé, –e   sunny
ensuite   after, afterwards, then
s'entasser   to crowd together
entendre   to hear; **s'—**   to be understood; to be heard   15
enterrer   to bury   8
entêté, –e   obstinate, headstrong
entier, –ère   entire, whole
entortiller   to mess up
entrelacé, –e   interlaced, interwoven
entreprise f   business concern
s'entretenir   to talk, converse
entretien m   conversation   16
envahir   to invade
envers   towards   13
envie f   **avoir — de**   to feel like; to want to   3
environ   about   15
environs m pl   surroundings, outskirts   11
s'envoler   to fly away
s'épandre   to spread
épaule f   shoulder
épicerie f   grocery   10
époque f   period of time   13
époux, épouse m/f   husband; wife; m pl   married couple   11
éprouver   to try, put to the test; to feel, experience   1
épuiser   to use up
errer   to roam, wander
escalier m   stairs, staircase
espace m   space, distance
esprit m   spirit, feeling
essayage m   trying-on, fitting (of clothes)
essayer   to try, attempt; to try on
estime f   esteem
établir   to establish
étage m   floor; **premier —**   second floor
étalage m   display
état m   state, condition
état-major m   staff
éteindre   to extinguish, put out   13
s'étendre   to stretch oneself out, lie down; to extend

étoffe f   material
étonnant, –e   suprising, astonishing
s'étonner   to be astonished, surprised
étouffer   to suffocate; to damp; to hush up
etranger, –ère m   foreigner; **à l'—**   outside the country, abroad   12
s'évader   to escape   16
évasion f   evasion, escape   16
éveillé, –e   awake
événement m   event, happening   3
éventaire m   display
éviter   to avoid
évoquer   to call to mind
exigence f   demand, exigence, requirement
exiger   to demand, require   10
expérimenté, –e   experienced   8
expert-comptable m   accountant
expirer   to breathe out
explorateur m   explorer
exprès   on purpose
exprimer   to express   1
exténuant, –e   exhausting
extrémité f   extremity, end

fabrique f   factory
face f   face; **en — de**   opposite
faciliter   to aid
façon f   way, manner
facteur m   postman
facture f   bill
faillir   to fail; to be on the point of
faillite f   failure
fait m   act, deed, feat, achievement   9
faîte m   top, summit
falloir   to be necessary; **Il faut que...**   It's necessary...   8
familial, –e   for the family
fantôme m   phantom, ghost
farouche   wild, savage
faute f   fault; error, mistake
faux, fausse   false
féliciter   to congratulate
femme d'affaires f   businesswoman
fente f   crack, split, slit
fer m   clothes iron

fermement firmly, steadily

fêter to celebrate; to feast; to entertain

feu *m* fire; **feux d'artifice** *m pl* fireworks

feuille *f* piece, sheet of paper

feuilleter to leaf through 1

fiasco *m* fiasco, flop

fiche *f* form 9

fidèle faithful, loyal

fierté *f* pride

fièvre *f* fever

figure *f* face

fil *m* thread

filet *m* net shopping bag

fixer to fix; to stare at

flamme *f* flame

flûte *f* long loaf of bread

foi *f* faith; belief

folie *f* madness: folly

fonctionnaire *m* official

fond *m* the most interior part 16

fonder to found

fondre to melt; **— en larmes** to burst into tears

fondue *f* fondue, melted cheese

forêt *f* forest

forgeron *m* blacksmith

formule *f* form

fortune *f* fortune, chance, luck

fou, fol, folle mad, insane, crazy

fouiller to search, to rummage

foule *f* crowd 1

fouler to trample, to crush

four *m* oven

fournisseur *m* supplier; caterer

foyer *m* hearth, home

frais *m pl* cost, expenses 3

frais, fraîche fresh

franc, tranche frank, straightforward

franchir to pass over, cross

frapper to strike, hit

fréquenter to frequent, visit frequently 1

froncer to frown

front *m* forehead, brow

frontière *f* frontier

fuir to flee, run away

fuite *f* flight, escape; leak

fumée *f* smoke 4

fumer to smoke

funèbre funereal

fuyant, –e running

gâcher to bungle (job)

gamin *m* child

garder to keep, retain; **— le lit** to stay in bed

gardien, -ne guard

gare *f* (railway) station

gauche left; awkward, clumsy

gazeux, -euse gaseous

gémir to moan, groan

gendarme *m* soldier of the police militia

genre *m* (literary) kind, style

gérant syndiqué *m* manager

geste *m* gesture, sign

gigot *m* leg of lamb

glisser to slip, slide

gorge *f* throat

goût *m* taste; preference

grâce à thanks to, owing to 13

grandir to grow bigger

gras, grasse fat

gratuitement free of charge

gravement gravely

grippe *f* influenza, flu

gros, grosse big, bulky

guère ne... — scarcely, hardly 3

guérir to cure; to recover 17

guichet ticket window; cashier's window 12

Note that * indicates aspirate H.

habileté *f* cleverness, smartness

s'habiller to dress oneself

habit *m* dress

habitant, –e inhabitant; resident, dweller

habitude *f* habit

***haine** *f* hatred, hate

***hâte** *f* haste, hurry; **avoir —** to be hurried 7

***hausser** to lift, raise; **— les épaules** to shrug one's shoulders 16

***haut, –e** high; **–e couture** high-fashion design

***havre** *m* haven; refuge

herbe *f* grass; herb 4

hériter to inherit

héroïque heroic

heure *f* hour; time; **à l'—** on time; **de bonne —** early; **tout à l'—** in a moment, just now, not long ago

se*heurter à to strike; to run into 13

honoraires *m pl* doctor's fee

***honte** *f* shame, disgrace

***honteux, –euse** shameful, disgraceful

horaire *m* timetable, schedule 9

***hors** outside 6

humeur *f* humor, disposition; mood

immeuble *m* house, block of flats

importer to matter; **n'importe qui** anyone; **n'importe quoi** anything; **n'importe quel** no matter which 7

imprimé *m* printed material

inachevé, –e unfinished

inconvénient *m* disadvantage, drawback 7

incroyable unbelievable

indigne unworthy, undeserving

infirmier, –ère *m/f* nurse 15

inquiet, –ète worried, anxious 12

inquiétude *f* anxiety, apprehension

insensé, –e mad, insane

s'installer to settle, set up

instituteur, –trice *m/f* schoolteacher

intercepter to intercept

interdiction prohibition, forbidding

interdire to forbid

intrigue *f* intrigue; plot, scheme

inutile useless

jaillir to spring up

jaloux, -ouse jealous

jamais ever; **ne... —** never

jeun: à — fasting

jeunesse *f* youth, childhood

joue *f* cheek

jouet *m* toy, plaything

journée *f* day

juge *m* judge

juger to judge

jurer to swear
jusque as far as, up to

kiosque *m* newsstand 14

là-bas over there
lâcher to release; to loosen; to set free 12
laine *f* wool
laisser to leave; to let; to allow; **se — aller** to give in, yield
laiterie *f* dairy 10
lampe-tempête *f* storm-lantern
lancer to throw; **se —** to involve oneself, engage oneself
langouste *f* lobster
larme *f* tear
las, lasse tired, weary
lassitude *f* tiredness, weariness
lavage *m* washing
layette *f* set of baby garments
lecture *f* reading
léger, -ère light
lendemain *m* next day
lent, -e slow
levée *f* pick-up
lever to raise; **se —** to get up
lieu *m* place; **au — de** instead of 4; **avoir —** to take place
ligne *f* line 4
linge *m* linen
lisse smooth, glossy
lit *m* bed; **garder le —** to stay in bed
logement *m* lodging, housing 11
loin far
lointain distant, remote
longtemps for a long time
lopin *m* allotment
lors: depuis — from that time, ever since then
lorsque when
lot *m* share, lot
louer to rent 11
lourd, -e heavy 3
loyauté *f* loyalty
loyer *m* rent(al)
lubie *f* whim
lueur *f* gleam, glimmer, glow
lumière *f* light
lumineux, -euse luminous

lunettes *f pl* eyeglasses 17
luxe *m* luxury; **de —** luxurious
lycéen, enne *m/f* student at a lycée 9

maille *f* stitch
maire *m* mayor
maîtresse *f* mistress
maîtriser to master; to overcome; **se —** to control, master oneself, 16
malaise *m* uneasiness, discomfort 13
malgré in spite of 11
malheureux, -euse unhappy; unfortunate
malice *f* malice, spitefulness
malle *f* trunk
mandat *m* postal money order 12
manière *f* manner, way
se manifester to show itself
mannequin *m* mannequin, model 5
manque *m* lack, absence 11
manquer to lack; to miss; fail
marche *f* step, stair
marché *m* market
maréchal *m* blacksmith
marin *m* sailor 17
matelot *m* sailor
maternelle *f* nursery school
mécanicien, -ienne *m/f* mechanic
mécanisme d'horlogerie *m* timing mechanism
mèche *f* lock (of hair)
mécontent, -e discontented, displeased, dissatisfied
médicament *m* medicine
méfiance *f* distrust, mistrust 9
meilleur, -e better
mélange mixture
ménage *m* housekeeping, housework
ménagère *f* housewife; housekeeper
ménages *m pl* married couples
mendiant, -e *m/f* beggar
mener to lead; to conduct
menottes *f pl* handcuffs
mentir to lie, fib
mépriser to scorn 1

messe *f* mass
métier *m* trade, profession 9
métro *m* subway
mettre to place, put; **se — à** to begin
meuble *m* piece of furniture
meurtre *m* murder 13
mil *m* millet
milieu *m* middle 1
mince thin, slender
mine *f* appearance, look 16
mineur, -e minor
ministre *m* minister
minoritaire minority
minutieusement scrupulously, carefully
mode *f* style, fashion 5
modèle *m* design
mœurs *f pl* customs; manners 8
moitié *f* half
mondial, -e, -aux world
moniteur, trice *m/f* monitor; instructor
monnaie *f* coins
montée *f* rise
monter to climb, ascend; to get on; to carry up; **— la tête** to excite
se moquer de to make fun of 8
morceau *m* piece 15
morne dejected, gloomy
morosité *f* sadness, moroseness
mouche *f* fly
mouillé, -e moist, damp, wet
moulin à légumes *m* vegetable grinder
mouton *m* mutton
moyen, -enne middle, average; **— de transport** *m* means of transportation 14
munir to furnish, equip

naissance *f* birth 13
naître to be born
natal, -e native, natal
naviguer to sail, navigate
navire *m* ship
net, nette clean, spotless
nettoyage *m* cleaning; **— à sec** dry cleaning
nettoyer to clean

neuf, neuve new

nier to deny 11

niveau *m* level

noircir to darken, to write on

nombreux numerous

note *f* grade 9

noter to put down, jot down

nourrice *f* (wet-)nurse

nourriture *f* food, nourishment 17

nouveau, nouvel, nouvelle new; **de —** again

nouvelle *f* (piece of) news

nouvelles *f pl* news

nul, -le no, no one

obéir to obey

obliger to oblige 5

obstiné, -e stubborn, obstinate

obtenir to obtain, get

d'occasion second-hand 1

s'occuper de to keep oneself busy 3

œuvre *f* work

ombre *f* shade, shadow 4

opérateur, opératrice *m/f* operator

opprimer to oppress, crush

ordonnance *f* medical prescription 16

ordonner to arrange

ordure *f* dirt, filth; *f pl* garbage

organisme *m* organization 9

oser to dare 16

ôter to remove, take away

ouverture *f* opening

ouvrage *m* work 16

paillasse *f* straw mattress

paire *f* pair

paisiblement peacefully 16

paix *f* peace

panne *f* breakdown 7

paquet *m* package, parcel

par by; through; at; out of; **— conséquent** consequently

parcouru, -e travelled

pareil, -eille like, alike, similar

parenthèse *f* parenthesis; **entre —s** aside

parfois sometimes

parmi among

parole *f* word, utterance

part: à — except for

partager to divide, share

partenaire *m/f* partner

parti *m* marriageable person; **un beau —** a good match

partir to leave; **à — de** starting with, from 13

parvenir to reach; to succeed 13

pas *m* pace, step, walk; **faire un —** to take a step, to walk

passer to pass; to spend (time); **se —** to happen; **se — de** to do without

pastille *f* lozenge 10

pâte *f* **— dentifrice** toothpaste 10

patron, patronne *m/f* head, owner, proprietor 1

patrouille *f* patrol

paysage *m* landscape, scenery

peau *f* skin

pêche *f* fishing

pêcheur, -euse *m/f* someone who fishes

pécule *m* savings

peindre to paint

peine *f* punishment; **à —** hardly, scarcely

peinture *f* painting

pelure *f* onionskin (paper)

pendant during; **— que** while

pénible painful

pensée *f* thought

pension *f* pension; room and board

permis *m* permit

permission *f* leave of absence

persil *m* parsley

personnage *m* character 1

personnification *f* personification

peser to weigh

peut-être perhaps

physionomie *f* countenance; appearance

pièce *f* play; piece; room 3

pierre *f* stone

piler to grind, pound

pilon *m* pestle

pincé, -e thin

pis worse; **Tant —!** That's too bad! 8

piste *f* trail; ski slope 8

se plaindre to complain

plaire to please; to be pleasing

plaisance *f* pleasure

plaisanterie *f* joke

plaisir *m* pleasure

plat *m* dish 1

plat, -e flat, level

plein, -e full, filled

pleurer to cry

pli *m* crease

plonger to plunge

plupart *f* majority, most 9

pluvieux, -ieuse rainy

poche *f* pocket 8

poids *m* weight

poignet *m* wrist

poil *m* hair

poilu, -e furry

pondéré, -e calm

pont *m* bridge

popote *f* soup (child's word); **faire la —** to do the cooking

portée *f*: **à la — de** accessible to

porte-monnaie *m* purse 7

porteur, -euse *m/f* porter, carrier, bearer

portier, -ière *m/f* porter, doorkeeper

posséder to possess, own

poste *f* post office; **— restante** general delivery

poumon *m* lung

pour in order to; for; **— -cent** percent

poursuivre to pursue 16

pourtant nevertheless, however

pourvu que provided that 11

pousser to push

poussière *f* dust

pouvoir to be able, can; *m* power; **n'y — rien** to be unable to do anything about something 7; **Il se peut que** It's possible that 10

près near

pressentir to have a presentiment of; to sound out 12

se presser to hurry

pressing *m* laundry; dry cleaner

preuve *f* proof 16

prévenir to prevent; to warn, caution 7

prévoir to foresee, forecast

prévu, –e anticipated, allowed

prier to pray; to request, beg

principe m principle; **en —** in theory 9

prisonnier; –ière m/f prisoner

privé, –e private 6

priver to deprive 12

prix m price, prize

prochain, -e next

produire to produce

profiter to benefit; **—de** to take advantage of 4

propre own; clean 4

propriétaire m/f owner 3

propriété f property

provincial, -e m/f person from the country

provision f provision, supply

prudent, –e prudent, discreet, careful

publier to publish

puis then

puisque since

pureté f purity

quai m quay, wharf, pier 1/14

quand when; **— même** nevertheless

quant à with respect to

quartier m neighborhood, quarter

quelquefois sometimes

queue f line 10

quinte de toux f attack of coughing

quoique even though, although 11

quotidien, -enne daily 9

raconter to relate, tell, narrate 16

refraîchir to refresh, cool

raison f reason; **avoir —** to be right 8

rampe f banister

rang m rank

se rappeler to remember, recall

rapport m relation

rapprochement m reconciliation

rapprocher to bring (objects) nearer

rassurer to reassure 8

rattraper to catch again; to recover 17

ravager to ravage, ruin

ravi, –e delighted

rayon m ray (of light)

réagir to react

récepteur m receiver

recevoir to receive

réchaud m small portable stove

récipient m container, receptacle

récit m story, narrative

réclamer to call (out) for, to clamor for

recommandé, –e recommended; **en —** registered

réconcilier to reconcile

réconfort m comfort

reconnaître to recognize

recueil m collection

recueillir to gather; **se —** to collect one's thoughts

récupérer to retrieve; to recover 2

réduire to reduce; **se —** to confine oneself

réfléchir to reflect; to ponder

refléter to reflect

se réfugier to take refuge

régler to pay

reléguer to relegate

relier to connect, bind, join

remercier to thank

remettre to put back; to put off 17

remonter to remount, climb again; to date back

remplacer to replace

remplir to fill up; to refill

remporter to win

rendre to render; 13; **— visite à** to visit; **se — compte de** to realize 1

renforcer to strengthen; to increase; to intensify 13

renommée f renown, reputation

renoncer to renounce

renouveau m renewal

renseignement m information

renverser to overturn 7

renvoyer to send back

répandre to spread

réparation f repair

réparer to repair

repas m meal

repassage m ironing

repasser to iron 10

se repentir to repent

repos m rest 6

se reposer to rest

repousser to repel, drive back, push away

reprendre to resume, begin again; to retake

réseau ferré m railway network

réseau téléphonique m telephone system

résidu m residue

résonner to resound

résoudre to resolve

ressemblance f resemblance, likeness

ressentiment m resentment 13

ressentir to feel 17

se restreindre to cut down expenses 17

résultat m result

résumé m summary, resumé

retaper to recover

retenir to hold back, retain; to reserve 6

retirer to pull out 12; **se —** to withdraw, to retire, to retreat 7

retraité m retired person

réunir to (re)unite

réussir to succeed

revanche f revenge 13

se réveiller to wake up

revenir to come back, return

rez-de-chaussée m ground floor 3

rideau m curtain

se rider to wrinkle

rien nothing; **de — du tout** without importance 12

rigolo amusing

rivalité f rivalry

robinet m faucet

roman m novel

rompre to break; to break up

rond *m* ring, circle 4
rôti *m* roast
rouillé, -e rusty
ruban *m* ribbon
ruse *f* trick

sacré, -e sacred 17
sage wise, sage; good
saisir to seize, grasp 12
salaire *m* wage, pay; **— d'appoint** supplementary salary
sale dirty
sana *m* sanatorium
sang *m* blood
sanglot *m* sob
satisfaire to satisfy; **se —** to be satisfied 9
sauf except
sauter to jump 11
se sauver to escape; to run away
savant, -e learned; clever
savon *m* soap 7
secourir to aid, help
secours *m* help
seigneur *m* lord, nobleman
séjour *m* stay, sojourn
selon according to
sembler to seem 1
sentier *m* path 4
sentir to smell; **se —** to feel
sépulture *f* burial
serrer to tighten; to press, squeeze 12
serrure *f* lock 16
serveur *m* waiter
servir to serve; **se — de** to use 17
seuil *m* threshold
seul, -e alone; only; sole
siècle *m* century
siffler to whistle
signifier to mean, signify 17
situer to locate, situate
soie *f* silk
soigner to attend to, take care of 9
soigneusement carefully, mindfully
soin *m* care, attention; **prendre — de** to take care of
soixantaine *f* about sixty 5

sol *m* ground
sombrer to dull; to make gloomy; to sink
somme *f* sum, amount
sommet *m* top, summit
sondage *m* poll 9
songer to dream; to think
sorcellerie *f* sorcery, witchcraft
sortie *f* excursion
sou *m* penny
soudain, -e sudden, unexpected
souhaiter to wish, desire 17
soulager to relieve
soulever to raise, lift; **se —** to rise; to revolt, rebel
souligner to underline; to emphasize 11
soupçon *m* suspicion
soupirer to sigh, to gasp
source *f* spring; source 4
sourcil *m* eyebrow 8
sourd, -e deaf
soutenir to support, sustain 4
souvenir *m* remembrance, recollection
se souvenir to remember, recall
stage *m* period of instruction 8
subir to undergo
subvention *f* subsidy, grant (of money)
suffire to suffice
suite *f* continuation, succession
suivant, -e following
supplier to beseech, beg 17
surchargé, -e overloaded
sûrement surely, certainly, assuredly
surgir to surge, spring up
surprenant, -e surprising
surveiller to watch over 11
survivre to survive
syndicat *m* syndicate

tacher to stain, spot
taille *f* height
se taire to be quiet, silent; to hush 12
tandis que while, whereas
tapage *m* noise, uproar
tarif *m* rate 6

taux *m* rate (of wages)
tel, telle such; certain
tellement so, so much
témoignage *m* testimony
température *f* temperature
ténèbres *f pl* darkness, obscurity
tenir to hold; **— compte de** to take into consideration
tentative *f* attempt, endeavor
tenter to try, attempt
terrain *m* piece of ground, plot of land
tiers *m* one third
timbre *m* stamp 12
tirer to pull
tiroir *m* drawer
tissu *m* fabric 5; **— d'ameuble-ment** furnishing fabric
toile *f* canvas
toilette *f* toilet, dressing; **faire sa —** to groom oneself
toiture *f* roofing
tonalité *f* sound
toucher to cash; **— un mot** to mention
tousser to cough 16
tout very, quite; **— à coup** suddenly; **— à fait** completely; **— à l'heure** a little while ago, in a little while; **— de suite** right away
traduire to express; to translate
trahir to betray, deceive; to disclose
train *m* train; noise, clatter; **en — de** in the midst of (doing something) 8; **— de vie** way of life
traîner to drag, pull; to bring along 15
trait *m* trait, feature 13
traité *m* treaty
traitement *m* treatment
traître *m* traitor
trame *f* web, thread
tranchant, -e cutting, sharp
travers *m* breadth; **à —** through; **en —** across, crosswise
traverser to cross, to traverse
tremper to soak, dip
trésor *m* treasure

tresses *f pl* braids

tribu *f* tribe

tricot *m* knitting 4

tricoter to knit

tromper to deceive, mislead, betray 12; **se —** to be wrong

trottoir *m* sidewalk 15

trou *m* hole 8; **— de la serrure** keyhole

tuer to kill

tutoyer to address as "tu"

uni, -e united

urbain, -e urban

usine *f* factory 5

utile useful

utiliser to use, employ 3

vadrouiller to roam about

vagabonder ro roam; to play truant

vaincre to conquer, beat

vaisselle *f* table-service, plates and dishes 7

valeur *f* value, worth

valoir to be worth; **— mieux** to be better

varier to change, vary 12

veau *m* veal

veiller sur to protect, watch over

vénérer to revere, adore

se venger to avenge oneself, get revenge

verdure *f* greenery

vérité *f* truth

vers *m* verse, line (of poetry)

vers towards, to; about

vertige *m* dizziness

vide empty, unoccupied

se vider to empty; to become empty

violemment violently 12

vitesse *f* speed 14

vitrail *m* stained-glass window

vitre *f* window pane 7

voie *f* track

voilier *m* sailboat

voiture *f* car

vol *m* flying, flight 2

volonté *f* will

volontiers willingly, with pleasure

vue *f* view; **en — de** with intent to

wagon *m* train coach; **—lit** sleeping car; **—restaurant** dining car

y there; in it; on it

yeux *m pl* eyes; *sing* œil

Index

adjectives:
  agreement, 46, 52
  comparative, 113
  demonstrative, 245
  descriptive, 46–50
  ending in *-al*, 48
  formation of plural, 46–48
  position of, 46
  superlative, 114–115
  with partitive, 51–52
adverbs:
  comparative, 113
  formation, 98–101
  of intensity, 205
  of manner, 205
  of place, 204
  of time, 204
  superlative, 115
  usage, 206–208
aller:
  usage, 376–378
avoir:
  as auxiliary verb, 158, 191, 409–411
  usage, 303–305
causative, 370–372

conditional tense:
  of first and second-group verbs, 283
  usage, 284–285
connaître:
  contrasted with *savoir*, 402–403
conversational past tense (*passé composé*):
  auxiliary verbs, 158, 188–190
  formation of past participles, 154–158
  interrogative patterns, 160–161
  negative patterns, 161–162
  negative and interrogative patterns in reflexive verbs, 189–190
  usage: 192–193
craindre:
  followed by an infinitive, 102
  followed by a noun, 102
être:
  as auxiliary verb, 158, 188–191, 409–411
  usage, 317–319
faire:
  in causative, 370–371
  usage, 338–341
future perfect tense (*futur antérieur*), 410

future tense:
  of regular first and second-group verbs, 246–247
  of verbs which use 3rd person singular as future stem, 248
  of verbs with special future stem, 249
  usage, 249–251
imperatives (commands)
  position of object pronouns with, 17, 73, 193
imperfect tense:
  formation, 137
  usage, 139–140, 192–193
infinitive:
  position of direct object pronouns with, 18
  position of indirect object pronouns with, 124
literary past tense (*passé simple*):
  of regular first-group verbs, 331
  of regular second-group verbs, 332
  of verbs with past participle ending in *-i,* + consonant, 333
  of verbs with past participle ending in *-u*, 334
  usage, 331

negation:
    aucun/aucune ...... *ne*, 142
    of reflexive verbs, 31–32
    in conversational past tense, 161–162
    ne ...... *aucun/aucune*, 55
    ne ...... *ni* ...... *ni*, 54
    ne ...... *pas, ne* ...... *plus, ne* ...... *jamais,*
      ne ...... *guère, ne* ...... *point,* 53–54
    ne ...... *personne,* 55
    ne ...... *que,* 54
    ne ...... *rien,* 55
    personne ...... *ne,* 142
    rien ...... *ne,* 142
partitive:
    with adjectives which precede noun,
      51–52
    negative, 53–54
past conditional tense (*conditionnel*
    passé), 410–411
past infinitive, 411
past participle:
    agreement of, 159, 411–412
    formation, 154–158
past subjunctive (*subjonctif passé*), 411
pluperfect tense (*plus-que-parfait*), 410
present indicative tense:
    formation, 11–16, 27–30, 66–72,
      102–103, 116–118
    of first-group verbs ending in -cer,
      11–12
    of first-group verbs ending in -ger, 12
    of first-group verbs ending in -yer, 13
    of first-group verbs with -é- in
      infinitive, 14
    of first-group verbs with -e- in
      infinitive, 15
    of first-group verbs with variable base,
      29–30
    of regular first-group verbs, 11
    of regular second-group verbs, 66–72
    of second-group verbs with internal
      vowel change, 102–103, 116–117
    of second-group verbs with variable
      base, 117–118
    of special first-group verbs, 27
    usage, 120–121
present participle:
    first-group verbs:
      formation, 34
      usage, 34
    second-group verbs, 122
present subjunctive:
    of regular first and second-group
      verbs, 210
    of verbs and internal vowel change,
      211–212

of verbs with irregular base, 214
of verbs with variable base, 212–213
usage:
    denial, 228
    doubt, 227
    emotions, 228
    indirect imperatives, 233
    negative of *croire, penser,* 234
    negative impersonal expressions,
      234
    order command, 228
    permission, 228
    superlative adjective, *seul,* 234
    wish, preference, 227
    with impersonal expressions, 230
    with subordinating conjunctions,
      231–232
pronouns:
    demonstrative, 245
    direct object *-me, te, le, la, les, nous,*
      vous, 16
    in affirmative command, 73
    in affirmative and negative
      command, 17
    in affirmative and negative
      question, 17
    in affirmative and negative
      sentence, 17
    of infinitive, 18
    with compound verb, 18
    with simple verb, 18
    with *voici* and *voilà,* 18
    en, 253–254
    indirect interrogative *qui, ce qui, ce que,*
      quoi, ce dont, 287–288
    interrogative:
      direct object—*que, qu'est-ce que, qui,*
        qui est-ce que, 152
      lequel, 382
      object of preposition—*qui, quoi,*
        152–153
      subject—*qu'est-ce qui, qui,* 152
    indirect object—*me, le, lui, leur, nous,*
      vous, 123
    in affirmative and negative command,
      124, 193
    in affirmative and negative question,
      124
    in affirmative and negative sentence,
      124
    of infinitive, 124
    le, 18
    possessive, 398
    reflexive, 30–31, 188
      imperatives, 33
      interrogative, 32, 189–190

    negative, 31–32, 189
    with present participle, 34
    usage, 31
    relative—*qui, que, lequel/laquelle,*
      duquel/de laquelle, ou, 297–299
    stressed—*moi, toi, lui, elle, nous, vous,*
      eux, elles, 280–282
    with causative, 370–372
    word order of object pronouns, 321, 381
    y, 253–254
savoir:
    contrasted with *connaitre,* 402–403
verbs:
    auxiliary, 158–409–411
    causative, 370–372
    compound tenses, 409–411
    conditional tense, 283
    conversational past tense (*passé*
      composé), 154–162, 188–193, 409
    future tense, 246–251
    future perfect tense (*futur antérieur*),
      410
    imperatives:
      regular first-group, 11
      regular second-group, 67
    imperfect tense (*imparfait*), 137–140,
      192
    irregular, 415   (appendix)
    linking, 52
    literary past tense (*passé simple*), 331–
      335
    negative, 31–32, 53–55, 161–162
    past conditional tense (*conditionnel*
      passé), 410–411
    past infinitive, 411
    past participle, 155–159, 411–412
    past subjunctive (*subjonctil passé*), 411
    pluperfect tense (*plus-que-parfait*), 410
    present indicative tense, 11–16, 27–30,
      66–72, 102–103, 116–121, 300–302,
      315–316
    present participle:
      first-group verbs, 34
      second-group verbs, 122
    present subjunctive, 210–214, 227–229
    reflexive:
      conversational past tense, 188–190
      imperatives, 33
      present indicative tense, 30–32
    third-group:
      aller, 374–378
      avoir, 301–305
      être, 315–319
      faire, 336–341
      s'asseoir, 405–407
      savoir, 400–403